Les cahiers d'**exercices**

Espagnol
Faux-débutants

Belén Ausejo – Juan Córdoba

À propos de ce cahier

En quelque 170 exercices, les 16 chapitres de ce cahier vous permettront d'effectuer un balayage systématique et progressif des fondamentaux de la grammaire espagnole : de la prononciation des signes jusqu'à la phrase complexe, en passant par les éléments constitutifs du groupe nominal et de la phrase simple.

La formation des temps et leur emploi constituent une des grandes difficultés de l'espagnol. Ce point fait donc l'objet d'une révision particulière tout au long du cahier et un tableau récapitulatif des conjugaisons, régulières et irrégulières, figure en fin d'ouvrage.

Trois chapitres intercalés sont en outre consacrés à un travail lexical et de lecture, qui a aussi pour but de reprendre de façon active et contextuelle les différents acquis. Il s'agit donc d'une remise à niveau complète de vos connaissances de la langue, base pour de futurs approfondissements.

Enfin, ce cahier vous permet d'effectuer votre autoévaluation : après chaque exercice, dessinez l'expression de vos icônes (☺ pour une majorité de bonnes réponses, 😐 pour environ la moitié et ☹ pour moins de la moitié). À la fin de chaque chapitre, reportez le nombre d'icônes relatives à tous ces exercices et, en fin d'ouvrage, faites les comptes en reportant les icônes des fins de chapitres dans le tableau général prévu à cet effet !

Sommaire

1. Les signes et les sons **3-7**	**11.** Aspects de la phrase simple **68-73**
2. Articles, noms, adjectifs et numéraux **8-13**	**Lexique et lecture 2** : se déplacer **74-79**
3. Le pronom personnel et la conjugaison **14-19**	**12.** L'expression du futur **80-85**
4. Les possessifs, les démonstratifs, les indéfinis .. **20-25**	**13.** Les temps du passé **86-91**
5. *Ser, estar* et la forme progressive **26-31**	**14.** Les temps du passé (suite) **92-97**
6. Le présent irrégulier et la phrase simple **32-37**	**15.** La phrase complexe au passé **98-103**
Lexique et lecture 1 : identité et famille **38-43**	**16.** L'auxiliaire et les temps composés **104-109**
7. Nuances de l'action et présent irrégulier **44-49**	**Lexique et lecture 3** : s'habiller **110-113**
8. Le subjonctif présent **50-55**	Tableaux de conjugaison **114-121**
9. Conjugaisons irrégulières et emploi des modes .. **56-61**	Solutions **122-127**
10. L'ordre, l'obligation, la nécessité **62-67**	Tableau d'autoévaluation **128**

Les signes et les sons

Alphabet, orthographe, prononciation

- L'alphabet espagnol compte 27 lettres, une de plus que le français : **ñ**, qui correspond à notre son [gn]. Les lettres sont féminines en espagnol : **la a**, **la b**, etc.

A a	F efe	K ka	O o	T te	Y i griega
B be	G ge	L ele	P pe	U u	Z zeta
C ce	H hache	M eme	Q cu	V uve	
D de	I i	N ene	R erre	W uve doble	
E e	J jota	Ñ eñe	S ese	X equis	

- L'orthographe espagnole est globalement plus simple que celle du français : les mots s'écrivent pratiquement comme ils se prononcent. La transcription de certains sons peut cependant poser problème aux francophones :
  – **e** et **u** se prononcent respectivement [é] et [ou].
  – **s**, dans **sa, se, si, so, su** : toujours dur, comme le [ss] français.
  – **z**, dans **za, zo, zu** : comme le [th] anglais de *think*, la langue entre les dents.
  – **c** : dans **ca, co, cu**, prononcé comme en français / dans **ce** et **ci** prononcé comme la **zeta** espagnole.
  – **j, la jota** : prononcé du fond de la gorge, comme un raclement.
  – **ll** : comme [lli] dans le français *million*.
  – **g** : prononcé comme en français dans **ga, go, gu** / prononcé comme la **jota** dans **ge** et **gi**.

❶ En espagnol aussi, les sigles remplacent nombre de mots. Apprenez l'alphabet par cœur puis, sans le consulter, indiquez le sigle des termes suivants et comment vous le prononceriez. Ex. : Compact Disc: CD (ce de)

a. Disco Versátil Digital: ....

b. Global Positioning System: ....

c. Documento Nacional de Identidad: ....

d. World Wide Web: ....

e. Organización No Gubernamental: ....

f. HyperText Transfer Protocol: ....

LES SIGNES ET LES SONS

2 Après avoir lu les règles d'orthographe page 3, et sans vous y reporter de nouveau, placez les 30 mots suivants dans la case du tableau qui correspond à la transcription de leur initiale :

Calor (chaleur)
Camino (chemin)
Cero (zéro)
Ciruela (prune)
Colega (copain)
Cumpleaños (anniversaire)
Gafas (lunettes)
Gato (chat)
Gel (gel)
Girasol (tournesol)
Gitano (gitan)
Golondrina (hirondelle)
Gorra (casquette)
Guerra (guerre)

Guitarra (guitare)
Jamón (jambon)
Jirafa (girafe)
Julio (juillet)
Queso (fromage)

Quizás (peut-être)
Sal (sel)
Salsa (sauce)
Semáforo (feu)
Silla (chaise)
Sol (soleil)

Sur (sud)
Zapato (chaussure)
Zoológico (zoo)
Zorro (renard)
Zumo (jus)

COMME [SS] EN FRANÇAIS	COMME [TH] EN ANGLAIS	COMME LA JOTA ESPAGNOLE	COMME [G] DANS GO EN FRANÇAIS	COMME [K] EN FRANÇAIS

LES SIGNES ET LES SONS

L'accent tonique (1)

- Si vous ne voulez pas passer pour un « **guiri** » *(un touriste étranger)*, évitez de laisser systématiquement tomber la voix sur la dernière syllabe : **Pic**asso, **corr**ida, **pae**lla.
- Pour les mots se terminant par une voyelle, un **-n** ou un **-s**, il faut marquer l'avant-dernière syllabe : **Es**paña, **Hon**duras, **Car**men.
- Les mots se terminant par une consonne autre que **-n** ou **-s** portent l'accent tonique sur la dernière syllabe : **Ma**drid, **a**mor, **a**bril.
- Lorsqu'il y a exception à ces règles ou lorsque le mot porte un accent tonique sur l'avant-avant-dernière syllabe, l'accent est écrit : **Pana**má, **At**lántico.

3 Comme dans l'exemple (Francia), repérez la syllabe tonique de chaque nom de pays et cochez la case qui correspond : la barre orange haute représente la tonique.

	▮□□	□▮□	□□▮	□▮	▮□
a. Francia					✓
b. México					
c. España					
d. Portugal					
e. Perú					
f. Bélgica					
g. Canadá					
h. Argelia					
i. Suiza					
j. Brasil					

4 Les mots suivants ont une accentuation régulière ; l'accent tonique n'est donc pas écrit. Cochez en vis-à-vis la syllabe tonique.

a. paella ▢▢▢   e. mujer ▢▢   i. estadio ▢▢▢

b. gambas ▢▢   f. salud ▢▢   j. pasaporte ▢▢▢▢

c. arroz ▢▢   g. voleibol ▢▢▢   k. Valladolid ▢▢▢▢

d. cerveza ▢▢▢   h. Esteban ▢▢▢   l. martes ▢▢

LES SIGNES ET LES SONS

5 À l'inverse, les mots suivants sont tous irréguliers : il faut donc signaler l'accent tonique. Réécrivez les mots en reportant l'accent sur la voyelle concernée.

a. frances

b. Cadiz

c. futbol

d. cafe

e. Paris

f. dolar

g. menu

h. sofa

i. sandwich

j. modem

k. vater

l. jamon

L'accent tonique (2)

- **Petit piège orthographique**

Sauf exceptions, la voyelle tonique d'un mot reste la même, quelles que soient les transformations de ce mot : par exemple, s'il s'allonge d'une syllabe pour passer au pluriel, on ne va pas faire voyager l'accent tonique ! **Par contre, l'accent écrit, lui, apparaîtra ou disparaîtra :**

– **un francés**, *un Français* / **dos franceses**, *deux Français* (l'accent écrit disparaît au pluriel)

– **un joven**, *un jeune* / **dos jóvenes**, *deux jeunes* (l'accent écrit apparaît au pluriel)

6 Ajoutez ou non l'accent écrit sur les formes du pluriel.

a. **un árbol**, un arbre → **dos arboles**

b. **un inglés**, un Anglais → **dos ingleses**

c. **un balón**, un ballon → **dos balones**

d. **un andén**, un quai → **dos andenes**

e. **un móvil**, un portable → **dos moviles**

7 Ajoutez ou non l'accent écrit sur les formes du singulier.

a. **dos alemanes**, deux Allemands → **un aleman**

b. **dos portátiles**, deux portables → **un portatil**

c. **dos papeles**, deux papiers → **un papel**

d. **dos daneses**, deux Danois → **un danes**

e. **dos mítines**, deux meetings → **un mitin**

LES SIGNES ET LES SONS

La ponctuation

- L'espagnol a un usage particulier des points d'exclamation (**signos de admiración**) et d'interrogation (**signos de interrogación**) : on met un point d'interrogation (ou d'exclamation) à l'envers en début de phrase et ce même point à l'endroit en fin de phrase : ¿…? ¡…!

- Pour utiliser Internet, il peut être utile de connaître le nom de quelques signes de ponctuation : **punto**, *point* ; **dos puntos**, *deux points* ; **guión**, *tiret* ; **guión bajo**, *underscore* ; **barra**, *barre* ; **barra doble**, *double barre*.

- Et aussi **arroba**, *arobase*, qui est à l'origine le nom d'une mesure de poids espagnole notée @.

8 Interrogation ou exclamation ? Ponctuez les bulles !

a. ENCANTADO
b. HABLAS ESPAÑOL
c. BIENVENIDO
d. DE DÓNDE ERES
e. HOLA
f. CÓMO TE LLAMAS

9 Écrivez ces adresses Internet telles que vous les liriez, en détaillant notamment les signes de ponctuation.

a. http://www.assimil.com

→ ....

b. belen_ausejo@hotmail.com

→ ....

c. juan-cordoba@gmail.com

→ ....

Bravo, vous êtes venu à bout du chapitre 1 ! Il est maintenant temps de comptabiliser les icônes et de reporter le résultat en page 128 pour l'évaluation finale.

Articles, noms, adjectifs et numéraux

Singulier et pluriel

- Il y a 4 articles définis : **el / los** au masculin et **la / las** au féminin. Comme en français, l'article peut prendre des formes contractées après certaines prépositions :

    – **a + el ➜ al** (comme *à + le ➜ au*)
    – **de + el ➜ del** (comme *de + le ➜ du*)

    Attention : contrairement au français, la contraction ne se fait qu'au singulier : *des (de + les)* ➜ **de los** / *aux (à + les)* ➜ **a los**.

- Pour former le pluriel des noms et de la plupart des adjectifs, on ajoute **-s** aux mots terminés en voyelle / **-es** aux mots terminés en consonne et en **-y** :

    – **el hombre alto** *(l'homme grand)* ➜ **los hombres altos** *(les hommes grands)*
    – **la mujer actual** *(la femme actuelle)* ➜ **las mujeres actuales** *(les femmes actuelles)*
    – **la ley nacional** *(la loi nationale)* ➜ **las leyes nacionales** *(les lois nationales)*

- L'article indéfini ne s'utilise qu'au singulier : **un huevo**, *un œuf* / **una manzana**, *une pomme*. Il s'efface au pluriel.

    – **¿Hay manzanas?** ➜ *Est-ce qu'il y a des pommes ?*

- Le partitif *du, de la, des* n'existe pas en espagnol : *du vin* ➜ **vino**.

    – *Je veux du pain* ➜ **Quiero pan**.
    – *Veux-tu de la tortilla ?* ➜ **¿Quieres tortilla?**

---

1 Voici les titres de six films très célèbres, mais il y manque les articles (et parfois le groupe préposition + article). Ceux-ci se trouvent dans le clap ci-dessous : remettez-les à leur place.

a. Mujeres ……… borde de un ataque de nervios

b. ……… cabaña ……… tío Tom

c. ……… señor ……… ……… anillos

d. ……… guerra ……… ……… galaxias

e. Blancanieves y ……… siete enanos

f. ……… libro ……… ……… selva

ARTICLES, NOMS, ADJECTIFS ET NUMÉRAUX

2 Traduisez ces phrases en complétant l'amorce.

a. Le prix de l'omelette.
   El precio ....

b. Je veux de l'omelette.
   Quiero ....

c. Je veux une omelette.
   Quiero ....

d. Je veux des pommes.
   Quiero ....

e. Le prix des œufs.
   El precio ....

f. Je veux des œufs.
   Quiero ....

g. Je veux du vin.
   Quiero ....

h. Je veux un pain.
   Quiero ....

3 Mettez ces groupes nominaux au singulier.

a. Los productos de los mercados. → ....

b. Las imágenes de las ciudades. → ....

c. Las leyes de los países. → ....

Masculin et féminin

- « **o** » est généralement la marque du masculin des noms et « **a** » celle du féminin. Mais il y a de nombreuses exceptions courantes : **la mano**, *la main* ; **la modelo**, *le mannequin* ; **el día**, *le jour* ; **el idioma**, *la langue* ; **el problema**, *le problème*, etc.

- Les noms se terminant en **-ista** et **-ante** ont les deux genres : **el / la cantante**, *le chanteur / la chanteuse* ; **el / la deportista**, *le sportif / la sportive*.

- Lorsqu'ils désignent des êtres sexués, les noms se terminant en **-o** ont un féminin en **-a** (**el hijo / la hija**, *le fils / la fille*) et ceux finissant en **-or** font leur féminin en **-ora** (**el profesor / la profesora**, *le professeur / la professeure*).

- Les adjectifs en **-o** ont un féminin en **-a**, mais ils sont invariables en genre lorsqu'ils finissent par une consonne ou par une autre voyelle que **-o** : **la música actual**, *la musique actuelle* ; **una chica alegre**, *une jeune fille joyeuse*.

ARTICLES, NOMS, ADJECTIFS ET NUMÉRAUX

4 Complétez le tableau suivant, en donnant dans chaque cas toutes les variations en genre et en nombre.

FÉMININ SINGULIER	MASCULIN SINGULIER	FÉMININ PLURIEL	MASCULIN PLURIEL
	el estudiante serio		
la directora alegre			
		las tenistas tristes	
			los chicos simpáticos
la pianista famosa			
	el escritor interesante		
			los amigos fieles
		las cantantes actuales	

5 Saurez-vous deviner le sens de ces mots et leur associer la couleur qui leur correspond ?

a. La sangre es ....

b. Los árboles son ....

c. La leche es ....

d. Tus ojos son .... como el cielo.

e. La hierba es ....

f. Las panteras son ....

g. El jamón de york es ....

h. Los limones son ....

ARTICLES, NOMS, ADJECTIFS ET NUMÉRAUX

Les adjectifs de nationalité

- Les adjectifs de nationalité se terminant en **–o** font leur féminin en **–a**. Ils sont invariables en genre lorsqu'ils se terminent par une autre voyelle.
  - **polaco / polaca**, *polonais / polonaise*
  - **el amigo croata / la amiga croata**, *l'ami(e) croate*
  - **el chico canadiense / la chica canadiense**, *le garçon canadien / la fille canadienne*
  - **el estudiante magrebí / la estudiante magrebí**, *l'étudiant(e) maghrébin(e)*

- Ils portent la marque du féminin lorsqu'ils se terminent par une consonne au masculin :
  - **el profesor francés / la profesora francesa**, *le professeur français / la professeure française*

- Pour dire sa nationalité, on utilise **ser** + adjectif ; si on indique sa ville de résidence, **ser de** + nom de ville.

6 Voici 18 étiquettes : 6 prénoms, 6 nationalités (au masculin) et 6 villes. Rédigez six phrases en associant une étiquette de prénom, une nationalité (en faisant l'accord) et une ville. Exemple : Inés es española. Es de Barcelona.

alemán | marroquí | Fernanda | estadounidense | Rabat | Hinge
Barack | Berlín | belga | Guadalupe | portugués | mexicano
Cancún | Jacques | Bruselas | Nueva York | Samia | Lisboa

a. Barack es .... Es de ....

b. Jacques es .... Es de ....

c. Samia es .... Es de ....

d. Fernanda es .... Es de ....

e. Hinge es .... Es de ....

f. Guadalupe es .... Es de ....

ARTICLES, NOMS, ADJECTIFS ET NUMÉRAUX

Les numéraux

- De zéro à 29, les chiffres s'écrivent en un seul mot. À partir de 30, le groupe « dizaine + unité » s'écrit en trois mots, avec un **y** (➜ *et)* intercalé.

0 cero	10 diez	20 veinte	30 treinta
1 uno	11 once	21 veintiuno	31 treinta y uno
2 dos	12 doce	22 veintidós	32 treinta y dos…
3 tres	13 trece	23 veintitrés	40 cuarenta
4 cuatro	14 catorce	24 veinticuatro	50 cincuenta
5 cinco	15 quince	25 veinticinco	60 sesenta
6 seis	16 dieciséis	26 veintiséis	70 setenta
7 siete	17 diecisiete	27 veintisiete	80 ochenta
8 ocho	18 dieciocho	28 veintiocho	90 noventa
9 nueve	19 diecinueve	29 veintinueve	100 cien

- **Cien** devient **ciento** entre 101 et 199 **(ciento uno, ciento dos, … ciento noventa y nueve)**. Il reste **cien** quand il multiplie un nombre **(cien mil, cien millones…)**

- À partir de 200, les centaines sont considérées comme des adjectifs et s'accordent donc en genre : **doscientos amigos, trescientas cincuenta amigas.**

100 cien, ciento	600 seiscientos, as
200 doscientos, as	700 setecientos, as
300 trescientos, as	800 ochocientos, as
400 cuatrocientos, as	900 novecientos, as
500 quinientos, as	1000, 2000 mil, dos mil, etc.

7 Écrivez les opérations écrites sur le tableau et leur résultat en toutes lettres en espagnol : más (+), menos (—), por (x), entre (:), igual (=).

a. ....

b. ....

c. ....

d. ....

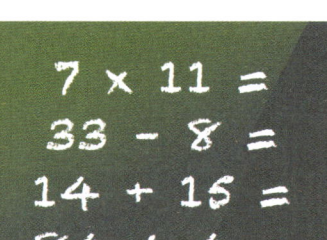

ARTICLES, NOMS, ADJECTIFS ET NUMÉRAUX

8 Par quelles cases devez-vous passer pour sortir de ce labyrinthe ?
Écrivez en toutes lettres les chiffres qui correspondent à votre trajet.

2	421	3330	164	7207
708	901	9908	512	199
41	15	654	4612	237
86	23	803	312	540
57	50	73	7	5462

a. ....
b. ....
c. ....
d. ....
e. ....
f. ....
g. ....
h. ....
i. ....
j. ....
k. ....
l. ....
m. ....

9 Traduisez en écrivant les chiffres en toutes lettres.

a. 347 pommes. → ....

b. 2513 amies. → ....

c. 1928 omelettes. → ....

Bravo, vous êtes venu à bout du chapitre 2 ! Il est maintenant temps de comptabiliser les icônes et de reporter le résultat en page 128 pour l'évaluation finale.

13

3
Le pronom personnel et la conjugaison

Le présent des trois modèles réguliers

- Il y a trois modèles de conjugaison réguliers, en **–ar**, en **–er** et en **–ir** (voir tableau de conjugaison pages 114-115).

- En espagnol, le pronom personnel sujet ne s'utilise que pour insister ou pour lever une ambiguïté : **canto**, *je chante* ; **yo canto**, *moi, je chante*. Dans le cas d'un verbe pronominal comme **llamarse**, *s'appeler*, on aura donc **me llamo**, *je m'appelle* et **yo me llamo**, *moi, je m'appelle*.

> **yo,** *je*
> **tú,** *tu*
> **él / ella,** *il / elle*
> **nosotros / nosotras,** *nous*
> **vosotros / vosotras,** *vous*
> **ellos / ellas,** *ils / elles*

1 Traduisez ces verbes et reportez-les dans la grille. Pour vous aider, une des initiales est déjà indiquée. Verbes fournis : hablar *(parler)*, cantar *(chanter)*, bailar *(danser)*, comer *(manger)*, beber *(boire)*, leer *(lire)*, vivir *(vivre)*, escribir *(écrire)*, abrir *(ouvrir)*.

a. Vous lisez ....
b. Nous chantons .... **B**
c. Il écrit ....
d. Je parle ....
e. J'ouvre ....
f. Nous dansons ....
g. Ils lisent ....
h. Tu manges ....
i. Vous buvez ....
j. Nous vivons ....

LE PRONOM PERSONNEL ET LA CONJUGAISON

2 Retrouvez dans cette *sopa de letras* (soupe de lettres) 10 formes verbales conjuguées au présent de l'indicatif, puis réécrivez-les et traduisez-les ci-dessous. Ces formes verbales se trouvent horizontalement, verticalement ou en diagonale.

a. .... → ....
b. .... → ....
c. .... → ....
d. .... → ....
e. .... → ....
f. .... → ....
g. .... → ....
h. .... → ....
i. .... → ....
j. .... → ....

B	A	I	L	O	U	T	X	E	I
E	R	T	A	L	H	A	B	L	E
B	O	L	L	Y	A	V	I	V	E
E	S	C	R	I	B	Í	S	T	O
M	U	A	C	H	L	O	L	O	T
O	C	N	T	O	A	B	R	E	S
S	O	T	I	U	M	B	C	H	E
O	M	A	N	G	O	E	L	F	P
T	A	N	X	Y	S	V	N	A	R

Le pronom personnel complément

- Vous avez vu les formes du pronom personnel sujet. Abordons maintenant le pronom personnel complément d'objet : direct *(je le vois)* et indirect *(je lui donne)*.

- Vous rencontrerez souvent **le** comme complément d'objet direct quand il s'agit d'une personne : **le quiero mucho** ou **lo quiero mucho**, *je l'aime beaucoup*. Cet usage n'est correct qu'au masculin singulier.

- Lorsque deux pronoms à la 3ᵉ personne se suivent, un COD et un COI, le COI devient **se** au lieu de **le** ou **les**. Autre particularité : le COI passe devant le COD, contrairement au français.

  Se lo digo.   *Je le lui/leur dis.*
  ↑ ↑   ↑ ↑
  COI COD   COD COI

COD		COI	
me	(me)	me	(me)
te	(te)	te	(te)
lo [le] / la	(le, la)	le	(lui)
nos	(nous)	nos	(nous)
os	(vous)	os	(vous)
los / las	(les)	les	(leur)

LE PRONOM PERSONNEL ET LA CONJUGAISON

3 Remplacez les mots en italique par le pronom complément qui leur correspond dans la phrase. Modèle : Je lis *des livres.* → Je *les* lis.

a. Leo *libros.*
.... leo.

b. Compro *pan.*
.... compro.

c. Como *huevos.*
.... como.

d. Toco *la guitarra.*
.... toco.

e. Quiero *tortillas.*
.... quiero.

f. Canto *las canciones.*
.... canto.

g. Escribo *una carta.*
.... escribo.

h. Hablo *español.*
.... hablo.

4 Traduisez puis, dans un deuxième temps, transformez votre traduction en remplaçant le COD en italique par le pronom personnel qui lui correspond.

Il nous écrit *des lettres*.

a. .... cartas.

b. ....

Nous vous écrivons *un mail.*

c. .... un mail.

d. ....

Tu me lis *des livres.*

e. .... libros.

f. ....

Ils t'ouvrent *les bras.*

g. .... los brazos.

h. ....

Nous leur ouvrons *la porte.*

i. .... la puerta.

j. ....

Je lui lis *des poésies.*

k. .... poesías.

l. ....

LE PRONOM PERSONNEL ET LA CONJUGAISON

Le pronom personnel après préposition

- Le pronom personnel peut être sujet *(je mange)*, complément d'objet *(je la vois ; il me parle)*, mais il peut aussi suivre une préposition (**pour** *moi*, **à** *toi*, **avec** *lui*, etc.). Il y a dans ce cas quelques formes qui changent.

- Pour la préposition **con** *(avec)*, il y a des formes spéciales aux deux premières personnes du singulier : **conmigo** *(avec moi)* et **contigo** *(avec toi)*.

- La préposition **a** est obligatoire devant un COD lorsqu'il désigne une personne : *Je vois une femme*, **Veo a una mujer**.

a	*(à)*	
de	*(de)*	
por	*(par)*	mí
para	*(pour)*	ti
en	*(en, dans)*	él, ella
sin	*(sans)*	nosotros, nosotras
delante de	*(devant)*	vosotros, vosotras
detrás de	*(derrière)*	ellos, ellas
antes de	*(avant)*	
después de	*(après)*	

5 Traduisez ces phrases.

a. Le livre est pour elles.
→ ....

b. Tu chantes pour moi.
→ ....

c. Nous dansons devant eux.
→ ....

d. Vous mangez après nous.
→ ....

e. Ils parlent de vous.
→ ....

f. Je mange sans toi.
→ ....

g. Il veut manger avec moi.
→ ....

6 Réécrivez les phrases proposées en y insérant une des prépositions suivantes : *delante de / antes de / después de / detrás de*.

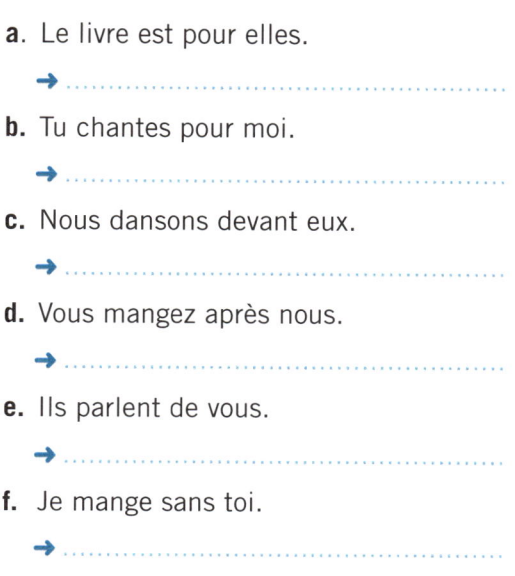

a. Me lavo las manos XXX comer.
→ ....

b. Me lavo los dientes XXX comer.
→ ....

c. Como XXX la tele.
→ ....

d. Echo la siesta XXX comer.
→ ....

e. Se esconde *(il se cache)* XXX un árbol.
→ ....

LE PRONOM PERSONNEL ET LA CONJUGAISON

Gustar et les verbes à construction indirecte

- **Querer** signifie *vouloir* ou *aimer d'amour* : **Quiero pan**, *Je veux du pain* ; **Te quiero**, *Je t'aime*. Pour dire *j'aime le poisson*, l'espagnol dit *le poisson me plaît* : **Me gusta el pescado**. L'accord du verbe se fait avec le sujet, au singulier ou au pluriel :
  - *Nous aimons le poisson*, **Nos gusta el pescado** (➜ *le poisson nous plaît*)
  - *Tu aimes les livres*, **Te gustan los libros** (➜ *les livres te plaisent*)

- Sur le même modèle, pour exprimer des goûts, nous aurons : **Me horroriza(n)**, *J'ai horreur de* ou **Me encanta(n)**, *J'adore*.

- Vous pouvez insister en utilisant le pronom précédé de la préposition **a** : **A mí me gusta comer**, *Moi, j'aime manger*. Pour une phrase négative, on ajoute **no** : **No me gusta**, *Je n'aime pas*.

7 Rédigez les phrases qui correspondent aux cases marquées de ce tableau.
Exemple case 1 : **A ellos les encanta España.**

	España	las gambas	los ordenadores	leer libros
ellos	♥♥		⚡	
nosotras		♥		
yo			⚡⚡	
tú		♥♥		
vosotros	♥			
él				⚡

♥ = gustar
♥♥ = encantar
⚡ = no gustar
⚡⚡ = horrorizar

a. ....

b. ....

c. ....

d. ....

e. ....

f. ....

LE PRONOM PERSONNEL ET LA CONJUGAISON

Le vous de politesse en espagnol

- Le tutoiement est courant en Espagne, mais il n'est pas automatique. Le vouvoiement s'exprime à travers la 3e personne du singulier, comme si on s'adressait à un roi en français : *Votre Majesté veut-elle que je lui apporte son croissant ?*

- Le pronom personnel sujet pour le vouvoiement est **usted** construit avec la 3e personne du singulier du verbe : **¿Quiere usted tortilla?** *Voulez-vous de l'omelette ?*

- **Usted** sert également après une préposition : **La tortilla es para usted**. *L'omelette est pour vous.*

- Le pronom complément sera celui de la 3e personne du singulier : **¿Le gusta España?** pourra donc signifier *Aime-t-il l'Espagne ?* ou *Aimez-vous l'Espagne ?* (vous de politesse). De même, **La quiero mucho** pourra se traduire par *Je l'aime beaucoup* ou *Je vous aime beaucoup*, en parlant d'une femme ou en s'adressant à elle en la vouvoyant.

8 Réécrivez ce dialogue dans les bulles de droite en le transposant au vouvoiement.

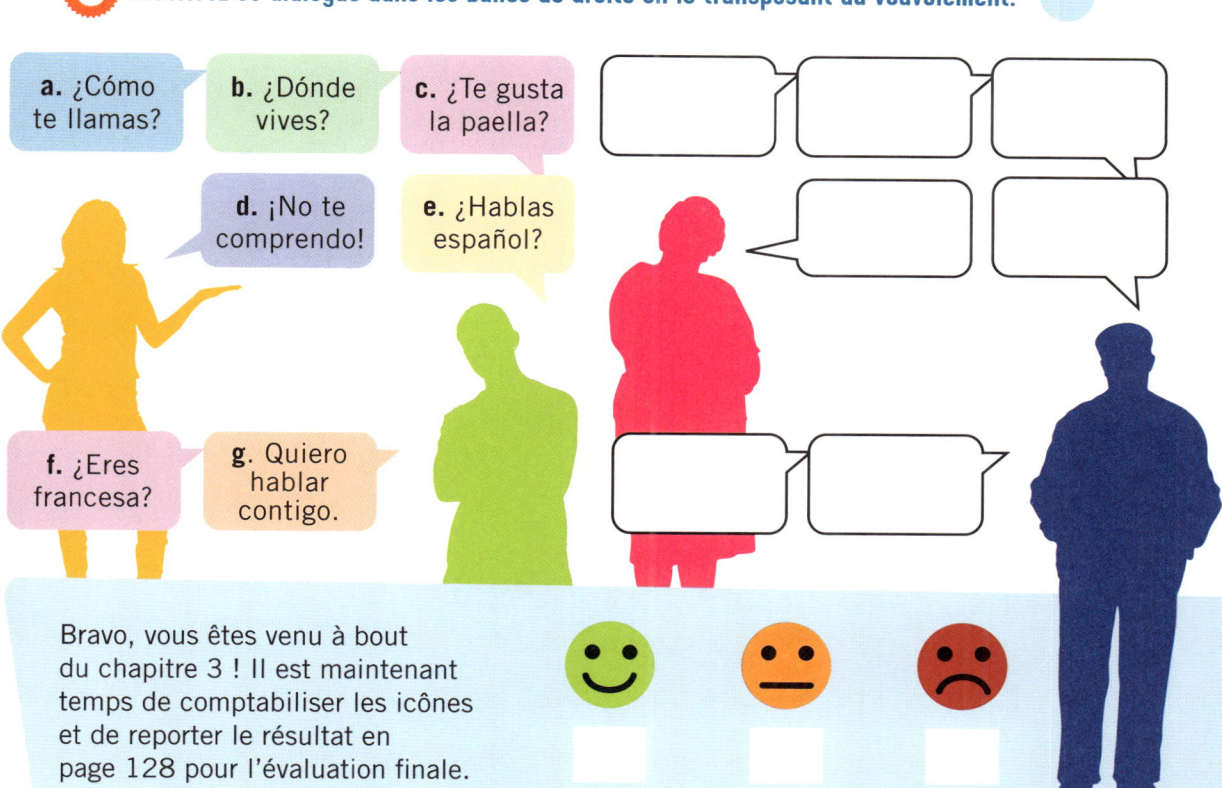

a. ¿Cómo te llamas?
b. ¿Dónde vives?
c. ¿Te gusta la paella?
d. ¡No te comprendo!
e. ¿Hablas español?
f. ¿Eres francesa?
g. Quiero hablar contigo.

Bravo, vous êtes venu à bout du chapitre 3 ! Il est maintenant temps de comptabiliser les icônes et de reporter le résultat en page 128 pour l'évaluation finale.

Les possessifs, les démonstratifs, les indéfinis

Les adjectifs et pronoms possessifs

- Retenez les formes féminines **nuestra** et **vuestra** et la particularité de la 3ᵉ personne **su**, qui correspond à la fois à *son*, *sa* et *leur* :

  – **Llama a su hermana**, *Il appelle sa sœur.*
  – **Llama a su hermano**, *Il appelle son frère.*
  – **Llaman a su hermano**, *Ils appellent leur frère.*

- Le pronom possessif (*le mien, le tien, le sien, le leur...*) s'utilise comme en français :

  – **Es el mío**, *C'est le mien.*

Adjectif	Pronom
mi(s)	el (los) mío(s), la(s) mía(s)
tu(s)	el (los) tuyo(s), la(s) tuya(s)
su(s)	el (los) suyo(s), la(s) suya(s)
nuestro(s), nuestra(s)	el (los) nuestro(s), la(s) nuestra(s)
vuestro(s), vuestra(s)	el (los) vuestro(s), la(s) vuestra(s)
su(s)	el (los) suyo(s), la(s) suya(s)

❶ Complétez ces phrases en introduisant l'adjectif possessif qui convient.

a. Tengo dos cartas. → Son .... cartas.
b. Tenemos un pasaporte. → Es .... pasaporte.
c. Tenéis tres guitarras. → ....
d. Tienen diez móviles. → ....
e. Tiene muchos colegas. → ....
f. Tenéis un libro. → ....
g. Tienes un perro. → ....
h. Tienes dos profesores. → ....
i. Tenemos dos guitarras. → ....
j. Tiene un portátil. → ....
k. Tengo un amigo. → ....
l. Tienen un balón. → ....

LES POSSESSIFS, LES DÉMONSTRATIFS, LES INDÉFINIS

2 Transformez les phrases suivantes en utilisant des pronoms possessifs (le mien, le tien, etc.)

a. No es mi libro, es tu libro. → No es mi libro, es el ....

b. No son mis gafas, son tus gafas. → No son mis gafas, son ....

c. No son mis amigos, son tus amigos. → No son mis amigos, son ....

d. No es tu carta, es mi carta. → No es tu carta, es ....

e. No es tu abuela, es su abuela. → No es tu abuela, es ....

f. No son mis primas, son sus primas. → No son mis primas, son ....

g. No es tu padre, es su padre. → No es tu padre, es ....

h. No es su ordenador, es mi ordenador. → No es su ordenador, es ....

i. No son sus discos, son mis discos. → No son sus discos, son ....

« C'est à moi, c'est à lui »

- Cette formule exprimant la possession se rend en espagnol de deux manières. À toutes les personnes, au moyen de **ser** + la forme du pronom possessif sans préposition :

  – **El libro es mío**, *Le livre est à moi.*
  – **Las gafas son tuyas**, *Les lunettes sont à toi.*
  – **El perro es suyo**, *Le chien est à lui / à eux / à elle(s)*
  – **La perra es vuestra**, *La chienne est à vous.*

- À la 3e personne, on peut aussi utiliser **ser** + la préposition **de** :

  – **Es de Pedro**, *C'est à Pedro.*
  – **Es de ellas**, *C'est à elles.*

3 Traduisez ces phrases.

a. La chienne n'est pas à nous.
→ ....

b. Le portable est à moi.
→ ....

c. Les livres sont à eux. (2 possibilités)
→ ....
→ ....

d. La guitare n'est pas à toi.
→ ....

e. Les pommes ne sont pas à vous.
→ ....

f. Les disques ne sont pas à toi.
→ ....

LES POSSESSIFS, LES DÉMONSTRATIFS, LES INDÉFINIS

Le possessif et le vouvoiement

- Les formes du possessif changent selon qu'on utilise le **tratamiento de tú** (*tutoiement*) ou le **tratamiento de usted** (*vouvoiement*). Dans ce cas, on passe ici aussi par la 3ᵉ personne :

  – **Es tu amigo**, *C'est ton ami.*
  – **Es su amigo, señor**, *C'est votre ami, Monsieur.*

  Attention donc aux ambiguïtés !

  – **Es su perro**, *C'est son chien* (un possesseur) / *C'est leur chien* (plusieurs possesseurs) / *C'est votre chien* (vous de politesse)

- Méfiez-vous aussi de la traduction du « votre » français, qui peut se rendre par **vuestro** (rapport de tutoiement) ou **su** (rapport de vouvoiement).

  – **Es vuestra casa**, *C'est votre maison* (2ᵉ personne du pluriel : tutoiement)
  – **Es su casa**, *C'est votre maison* (3ᵉ personne : vouvoiement)

4 Cochez le tratamiento qui convient dans ces différentes situations, puis formulez pour chaque phrase la possession de deux manières.

Modèle : C'est <u>ta</u> bière ? et Elle est <u>à toi</u>, la bière ?

Hablo con un colega: tratamiento de tú ☐   tratamiento de usted ☐

a. ¿Es .... cerveza?   ¿Es .... la cerveza?

b. ¿Son .... gambas?   ¿Son .... las gambas?

c. ¿Son .... discos?   ¿Son .... los discos?

d. ¿Es .... móvil?   ¿Es .... el móvil?

Hablo con mis hermanos: tratamiento de tú ☐   tratamiento de usted ☐

e. ¿Es .... libro?   ¿Es .... el libro?

f. ¿Es .... consola?   ¿Es .... la consola?

g. ¿Son .... patines?   ¿Son .... los patines?

h. ¿Son .... camisetas?   ¿Son .... las camisetas?

LES POSSESSIFS, LES DÉMONSTRATIFS, LES INDÉFINIS

Hablo con la abuela de un amigo: tratamiento de tú ☐   tratamiento de usted ☐

i. ¿Es .... té?   ¿Es .... el té?
j. ¿Es .... revista?   ¿Es .... la revista?
k. ¿Son .... zapatos?   ¿Son .... los zapatos?
l. ¿Son .... gafas?   ¿Son .... las gafas?

Pronoms indéfinis à valeur nominale

- **Nada**, *rien* et **algo**, *quelque chose*.

  La construction la plus courante est semblable au français :

  – **Hay algo**, *Il y a quelque chose*.   – **No hay nada**, *Il n'y a rien*.

  Nada et **algo** peuvent signifier *pas du tout* et *un peu*.

  – **No me gusta nada**, *Je n'aime pas du tout*.   – **Es algo serio**, *Il est un peu sérieux*.

- **Nadie**, *personne* et **alguien**, *quelqu'un*

  Nadie a deux constructions courantes : **Nadie canta** et **No canta nadie**, *Personne ne chante*. Puisqu'ils représentent des personnes, ces mots sont précédés de la préposition **a** lorsqu'ils sont compléments d'objet direct :

  – **No quiere a nadie**, *Il n'aime personne*.   – **Quiero a alguien**, *J'aime quelqu'un*.

5 Complétez avec *nada* ou *nadie*, puis traduisez.

a. No comprendo ....
b. Aquí .... canta.
c. No quiero ....
d. .... me comprende.
e. No comprendo a ....
f. No es .... simpático.
g. Aquí no vive ....
h. .... me quiere.

LES POSSESSIFS, LES DÉMONSTRATIFS, LES INDÉFINIS

6 **Complétez avec *algo* ou *alguien*, puis traduisez.**

a. ¿Comprendes .... ?

b. ¿A .... no le gusta la paella?

c. ¿Quieres beber .... ?

d. ¿Quieres .... ?

e. Quiero hablar con ....

f. ¡ .... te llama por teléfono!

g. ¿Vive .... aquí?

h. Hablo .... de inglés.

Le système des démonstratifs

- En espagnol, les adjectifs démonstratifs sont étroitement liés aux adverbes de lieu :
  - **Este libro, aquí.**
  - **Esas bicicletas, ahí.**
  - **Aquel libro, allí.**

- Les mêmes formes servent pour le pronom :
  - **este**, *celui-ci*.
  - **aquellos**, *ceux-là*.

- Les trois niveaux du système s'articulent aussi avec les personnes grammaticales (je, tu, il) :
  - **Este libro es mío.**
  - **Eso que tú dices.**

	Proche de moi.	Plus loin ou proche de toi.	Encore plus loin ou proche de lui.
Adverbes	**aquí** (*ici*)	**ahí** (*là*)	**allí, allá** (*là-bas*)
Adjectifs démonstratifs	**este libro** **estos libros** **esta bicicleta** **estas bicicletas**	**ese libro** **esos libros** **esa bicicleta** **esas bicicletas**	**aquel libro** **aquellos libros** **aquella bicicleta** **aquellas bicicletas**
Pronoms démonstratifs neutres	**esto** (*ça, ici*)	**eso** (*ça, là*)	**aquello** (*ça, là-bas*)

- **Aquel** peut aussi indiquer un éloignement temporel :
  - **En aquel tiempo.**

LES POSSESSIFS, LES DÉMONSTRATIFS, LES INDÉFINIS

7 Introduisez les adverbes de lieu adéquats dans ces phrases.

a. Me gusta bañarme ...., en esta playa.

b. Aquella playa, ..., es muy peligrosa.

c. ¿Qué es eso que llevas .... ?

d. ¿Comemos ...., en este restaurante?

e. ¿Qué es aquello que veo .... ?

f. Escribe tu número ...., en esa libreta.

8 Traduisez les phrases de l'exercice précédent.

a. ....

b. ....

c. ....

d. ....

e. ....

f. ....

9 Complétez ces phrases avec les adjectifs démonstratifs qui conviennent.

a. ¿Es tuyo .... bolígrafo, ahí en tu mesa?

b. Quiero .... manzanas, aquí, las rojas.

c. En .... tiempos, no existían los ordenadores.

d. Yo vivo aquí, en .... casa azul.

e. Mi abuelo vive allí, en .... casa verde.

f. ¿Son vuestros .... zapatos, ahí en el suelo?

Bravo, vous êtes venu à bout du chapitre 4 ! Il est maintenant temps de comptabiliser les icônes et de reporter le résultat en page 128 pour l'évaluation finale.

5
Ser, estar et la forme progressive

Deux verbes « être » ?

- L'espagnol dispose de deux verbes pour dire les deux modes philosophiques de l'être : **ser** (l'être dans son essence) et **estar** (l'existence ou le devenir).

- Ce qui est essentiel (forme, identité) s'exprime par **ser**. Devant un substantif (l'expression même de l'être), ce sera donc toujours **ser** : **Es una casa**, *C'est une maison* ; **Es profesor,** *Il est professeur*. La question de l'emploi de **ser** ou **estar** ne se pose que devant un adjectif.

- Lorsque l'adjectif définit un trait de l'identité (nationalité, origine, convictions, qualités, description physique ou matérielle), on recourt à **ser** : **Es francés**, *Il est français*. Si l'adjectif renvoie à un devenir, à une circonstance (état d'âme, état physique) on utilise **estar** : **Está triste**, *Il est triste*.

SER	ESTAR
soy	estoy
eres	estás
es	está
somos	estamos
sois	estáis
son	están

1 Complétez la traduction de ces phrases en espagnol en utilisant *ser* ou *estar*.

a. Je suis espagnole.
→ .... española.

b. Tu es médecin.
→ .... médico.

c. Elle est grande.
→ .... alta.

d. Ils sont sympathiques.
→ .... simpáticos.

e. Vous êtes fatigués.
→ .... cansados.

f. Vous êtes indignées.
→ .... indignadas.

g. Nous sommes contentes.
→ .... contentas.

h. Ils sont croyants.
→ .... creyentes.

i. Tu es malade.
→ .... enfermo.

SER, ESTAR ET LA FORME PROGRESSIVE

Adjectifs admettant *ser* et *estar*

- Le sens de la plupart des adjectifs fait qu'ils n'admettent qu'un des deux verbes :
  - **Es inteligente**, *Il est intelligent* (qualité)
  - **Está solo**, *Il est seul* (situation)

- Il arrive cependant qu'un double usage soit possible, mais dans ce cas le sens change, sur le fond ou subtilement, toujours en cohérence avec les valeurs de **ser** et de **estar** :
  - **Es malo**, *Il est méchant* (caractère) / **Está malo**, *Il est malade* (état de santé)
  - **El cielo es azul**, *Le ciel est bleu* (en soi) / **El cielo está azul**, *Le ciel est bleu* (aujourd'hui)

2 Identifiez la valeur du verbe « être » dans ces phrases et complétez-les avec *ser* ou *estar*.

a. Las aceitunas .... buenas para la salud. *(Les olives sont bonnes pour la santé.)*

b. Estas aceitunas .... muy buenas. *(Ces olives sont très bonnes.)*

c. Este perro .... muy vivo. *(Ce chien est très vif.)*

d. ¡El perro .... vivo! *(Le chien est vivant !)*

e. Mi padre .... muy joven. *(Mon père est très jeune d'aspect.)*

f. Mi padre .... muy joven. *(Mon père est très jeune.)*

g. Mis hermanas .... morenas. *(Mes sœurs sont brunes.)*

h. Mis hermanas .... morenas. *(Mes sœurs sont bronzées.)*

i. ¡Qué guapa ....! *(Que tu es belle !)*

j. ¡Qué guapa ....! *(Tu t'es mise en beauté !)*

SER, ESTAR ET LA FORME PROGRESSIVE

Ser et estar : l'expression du temps et de l'espace

- Lorsqu'« être » signifie « se trouver quelque part », on utilise **estar**, car on se représente que la situation dans l'espace d'un être animé ou d'une chose est au fond un accident. La même idée vaut si on considère une abstraction (une question, un problème, etc.) :

  – **Estoy en París**, *Je suis à Paris.*
  – **Aquí está la dificultad**, *C'est ici qu'est (→ se trouve) la difficulté.*

- En ce qui concerne le temps, si on veut dater dans l'absolu (heure, jour, saison), on emploie **ser**.

  – **Hoy es lunes**, *Aujourd'hui, c'est lundi.*
  – **Son las dos de la tarde**, *Il est deux heures de l'après-midi.*
  – **En Argentina, Navidad es en verano**, *En Argentine, Noël, c'est en été.*

- Mais on peut aussi adopter le point de vue d'une personne qui voit le temps passer : celle-ci devient alors le sujet de **estar**, suivi d'une préposition :

  – **Estamos a viernes**, *Nous sommes vendredi.*
  – **Estáis en invierno**, *Vous êtes en hiver.*

3 Identifiez par le contexte la valeur du verbe « être » dans chaque phrase et complétez-la avec *ser* ou *estar*.

a. La solución no .... evidente.

b. Nosotros .... en París.

c. El problema no .... ahí.

d. ¿Qué día .... hoy?

e. Yo .... francés, ... de París.

f. .... la una de la tarde.

g. La fiesta nacional .... el 12 de octubre.

h. ¿Qué hora .... ?

i. La solución .... en el trabajo.

j. Mi cumpleaños .... en primavera.

k. No te veo: ¿dónde .... ?

l. Perdón, ¿a qué día .... hoy?

m. El problema .... importante.

n. El interés de la película .... en los personajes.

o. Pedro no .... en casa.

p. .... la una de la mañana.

q. Nochebuena .... la noche del 24 de diciembre.

SER, ESTAR ET LA FORME PROGRESSIVE

Le gérondif et la forme progressive

- Le gérondif espagnol est invariable et correspond au participe présent français précédé de « en » : **cantando**, *en chantant*. Il se forme sur le radical du verbe auquel on ajoute une terminaison :

  –**ando** pour les verbes en –**ar** : cantar → cantando
  –**iendo** pour les verbes en –**er** et en –**ir** : aprender → aprendiendo / escribir → escribiendo

- Associé à un verbe conjugué, il peut avoir une valeur circonstancielle : **Viajando se aprende mucho,** *On apprend beaucoup en voyageant.* Il s'utilise beaucoup, davantage qu'en français, dans la forme progressive (**estar** conjugué + gérondif) dès qu'on considère l'action en train de se produire :

  – **Estoy trabajando**, *Je travaille* (→ *Je suis en train de travailler*)

4 Mettez les phrases données à la forme progressive.

a. Abro la puerta. → ....

b. ¿A quién llamáis? → ....

c. Compramos el pan. → ....

5 Retrouvez six gérondifs dans cette grille (en verticale, horizontale ou diagonale, à l'endroit ou à l'envers). Recopiez-les, puis donnez leur infinitif.

B	A	I	L	A	N	D	O	O
U	C	F	Y	B	O	I	D	D
T	U	O	H	E	U	N	N	N
R	N	U	M	B	E	D	A	A
E	D	L	A	I	T	O	C	L
D	I	L	V	E	E	N	O	B
O	T	I	O	N	A	N	T	A
N	V	T	U	D	H	A	D	H
A	E	C	N	O	C	U	R	O

Gérondif   Infinitif

....
....
....
....
....
....

SER, ESTAR ET LA FORME PROGRESSIVE

6 Utilisez les verbes que vous avez trouvés pour compléter les phrases suivantes à la forme progressive.

a. Pedro y Juan .... una buena paella.

b. Yo .... vino y tú .... cerveza.

c. Mi hermano .... la guitarra con sus amigos.

d. Este año nosotros .... en Londres.

e. Lo que vosotros .... no es reggaetón, es cumbia.

f. ¿De qué me .... ? ¡No te entiendo!

Autres usages de *ser* et *estar*

- « C'est moi, c'est toi… » : on emploie le verbe **ser** conjugué, suivi du pronom personnel.

  – **Soy yo**, *C'est moi.*
  – **Eres tú**, *C'est toi.*
  – **Es él**, *C'est lui.*

- «Est-ce que … est là ? » : on utilise **estar** accordé à son sujet.

  – **¿Estás?**, *Tu es là ?*
  – **¿Está Pedro?**, *Est-ce que Pedro est là ?*

- Avec la préposition **de** : **ser** indique la matière, l'origine et l'appartenance ; **estar** indique une situation temporelle ou spatiale, un état d'esprit.

  – **Es de plástico**, *C'est en plastique.*   – **Estoy de vacaciones**, *Je suis en vacances.*
  – **Es de Madrid**, *Il est de Madrid.*   – **Estoy de pie**, *Je suis debout.*
  – **Es de Pedro**, *C'est à Pedro.*   – **Estoy de mal humor**, *Je suis de mauvaise humeur.*

7 Complétez ces courts dialogues avec le verbe « être » conjugué.

a. – ¿Quién es el siguiente?
  – ¡................ yo!

b. – ¿Quiénes son los padres de este niño?
  – ¡................ nosotros!

c. – ¿Quiénes son los primeros?
  – ¡................ ellos!

d. – ¿Quién es el amo de este perro?
  – ¡................ usted!

8 Complétez ces phrases en introduisant *ser* ou *estar* conjugués à la personne qui convient.

a. Este anillo no .... de oro.

b. ¿De quién .... este anillo?

c. Tú .... de buen humor.

d. ¿Usted .... de Madrid?

e. ¿Usted .... de aquí?

f. No, nosotros no .... de aquí.

g. Nosotros .... de viaje por España.

h. Yo .... de fiesta con unos amigos.

9 *Ser* ou *estar* ? Choisissez le verbe qui convient dans ce dialogue téléphonique.

Hola, ¿**está** / **estás** Carmen?

Sí, **soy** / **estoy** yo.

¡Carmen! **Soy** / **Estoy** Juan, ¿cómo **estás** / **eres**?

¡Juan! ¡Qué contenta **estoy** / **soy** de hablar contigo! ¿Dónde **estás** / **eres**?

Estamos / **somos** de fin de semana en Londres Isabel y yo.

Bravo, vous êtes venu à bout du chapitre 5 ! Il est maintenant temps de comptabiliser les icônes et de reporter le résultat en page 128 pour l'évaluation finale.

Le présent irrégulier et la phrase simple

Verbes à diphtongue

- Le radical de certains verbes se modifie au présent de l'indicatif :
  - le **–o** devient **–ue** (d**o**rmir → d**ue**rmo, d**ue**rmes, *je dors, tu dors…*)
  - le **–e** devient **–ie** (ent**e**nder → ent**ie**ndo, ent**ie**ndes, *je comprends, tu comprends…*)

- La transformation ne se produit qu'au présent et ne concerne pas les deux premières personnes du pluriel (voir tableau pages 114-115). Ces verbes existent en fait également en français. Exemple : *je v**ie**ns, tu v**ie**ns, il v**ie**nt, nous venons, vous venez, ils v**ie**nnent.*

- Ils peuvent appartenir aux trois groupes :
  - en **–ar** : **contar** *(compter, raconter)*, **cerrar** *(fermer)*, **sentarse** *(s'asseoir)*, **pensar en** *(penser à)*, **acordarse de** *(se souvenir de)*
  - en **–er** : **entender** *(comprendre)*, **volver** *(revenir)*, **poder** *(pouvoir)*, **perder** *(perdre)*
  - en **–ir** : **divertirse** *(s'amuser)*, **mentir** *(mentir)*

1 Introduisez le verbe diphtongue qui convient dans chacune des phrases, en le conjuguant à la personne indiquée.

a. Los niños .... frecuentemente a sus padres.

b. Yo .... mucho con la consola.

c. Cuando .... del trabajo, estoy muy cansado.

d. Cuando estamos lejos, no .... de las personas.

e. ¿Tú .... lo que te estoy explicando?

f. Te quiero mucho y .... mucho en ti.

g. ¿Vosotros .... la puerta con llave cuando salís?

h. La clase comienza cuando los alumnos ....

i. Los abuelos siempre .... historias a sus nietos.

j. Nosotros .... mucho tiempo jugando con la Play.

k. ¡Solo tiene dos años y ya .... contar hasta diez!

l. ¿Vosotros .... la siesta por las tardes?

LE PRÉSENT IRRÉGULIER ET LA PHRASE SIMPLE

Verbes en –go et en –zco

- Dix verbes espagnols très usuels ont une première personne du singulier de l'indicatif présent en **–go**. Le reste de la conjugaison de ces verbes peut être régulier ou non, mais il n'est pas affecté par cette forme.

  - **caer** *(tomber)* → **caigo, caes**…
  - **hacer** *(faire)* → **hago, haces**…
  - **poner** *(mettre)* → **pongo, pones**…
  - **tener** *(avoir)* → **tengo, tienes**…
  - **valer** *(valoir)* → **valgo, vales**…
  - **decir** *(dire)* → **digo, dices**…
  - **oír** *(entendre)* → **oigo, oyes**…
  - **salir** *(sortir)* → **salgo, sales**…
  - **traer** *(apporter)* → **traigo, traes**…
  - **venir** *(venir)* → **vengo, vienes**…

- Les verbes terminés à l'infinitif en **–acer**, **–ecer**, **–ocer**, **–ucir** ont également une première personne du singulier de l'indicatif présent irrégulière, en **–zco**. Le reste de la conjugaison de ces verbes n'est pas affecté.
  Exception : le verbe **hacer** (voir point précédent).

  - **conocer** *(connaître)* : **conozco, conoces**…
  - **nacer** *(naître)* : **nazco, naces**…
  - **parecer** *(sembler, paraître)* : **parezco, pareces**…
  - **conducir** *(conduire)* : **conduzco, conduces**…

2 Répondez à ces questions, à la première personne du singulier et à la forme négative.

a. ¿Conoces Barcelona?
→ No, no ....

b. ¿Oyes algo?
→ No, no ....

c. ¿Sales a pasear?
→ ....

d. ¿Te pones la gabardina?
→ ....

e. ¿Conduces bien?
→ ....

f. ¿Haces algo?
→ ....

g. ¿Dices algo?
→ ....

h. ¿Tienes dinero?
→ ....

i. ¿Vienes conmigo?
→ ....

j. ¿Traduces del inglés?
→ ....

k. ¿Me reconoces?
→ ....

l. ¿Me obedeces?
→ ....

LE PRÉSENT IRRÉGULIER ET LA PHRASE SIMPLE

L'interrogation

- La formule « est-ce que ? » n'a pas d'équivalent en espagnol : quand une phrase interrogative commence par **¿Es que…?**, c'est qu'elle contient une valeur d'insistance. Dans une phrase simple, c'est la ponctuation à l'écrit et l'intonation à l'oral qui signifieront l'interrogation.

  – **¿No lo sabes?**, *Tu ne le sais pas ?*
  – **¿Es que no lo sabes?**, *Tu ne le sais donc pas ?*

- Dans une phrase complexe, l'ordre des mots et la ponctuation ne sont pas fixes.

  – **¿Es tu hermano el que está hablando? / ¿El que está hablando es tu hermano? / El que está hablando, ¿es tu hermano?**, *Celui qui parle, c'est ton frère ?*

- Les mots interrogatifs sont des adverbes invariables ou des pronoms et des adjectifs qui s'accordent avec le nom qu'ils représentent ou accompagnent. Ils portent toujours l'accent tonique écrit.

  – **¿Cómo?**, *Comment ?*
  – **¿Por qué?**, *Pourquoi ?*
  – **¿Qué?**, *Que ? Quoi ?*
  – **¿Cuánto(s)? / ¿Cuánta(s)?**, *Combien de ?*
  – **¿Dónde?**, *Où ?*
  – **¿Cuándo?**, *Quand ?*
  – **¿Cuál(es)?**, *Quel(s) ? / Quelle(s) ?*
  – **¿Quién(es)?**, *Qui ?*

3 Écrivez pour chaque bulle la question correspondante.

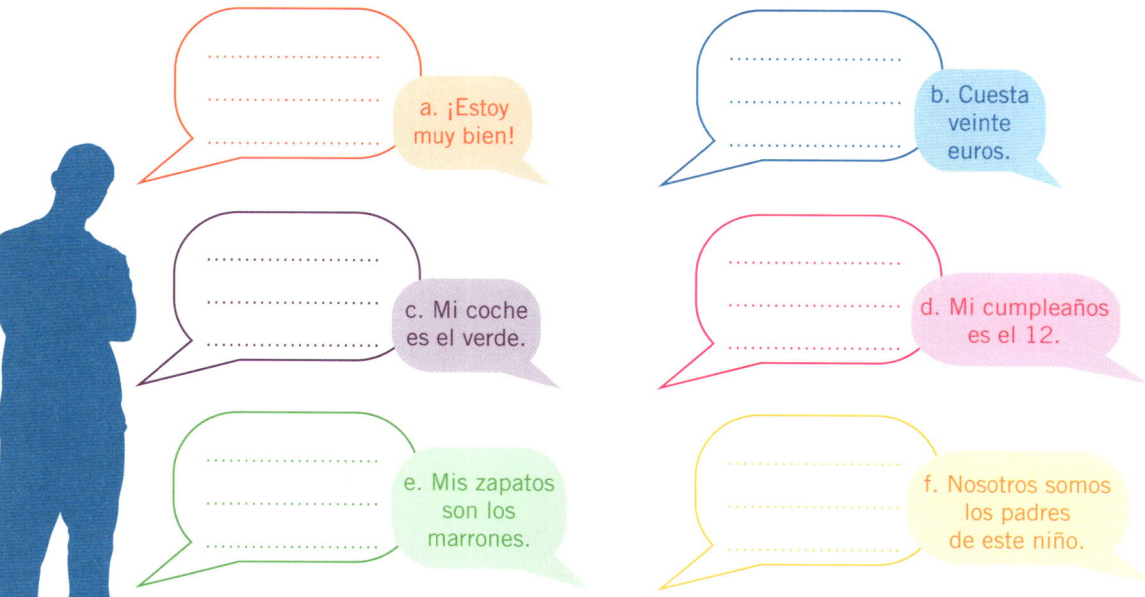

a. ¡Estoy muy bien!
b. Cuesta veinte euros.
c. Mi coche es el verde.
d. Mi cumpleaños es el 12.
e. Mis zapatos son los marrones.
f. Nosotros somos los padres de este niño.

LE PRÉSENT IRRÉGULIER ET LA PHRASE SIMPLE

> ### L'exclamation
>
> • Comme pour l'interrogation, les mots exclamatifs ont un accent tonique écrit. L'exclamation peut porter sur un seul mot :
>
> – **qué** + adjectif ou nom (si on parle d'une qualité) : **¡Qué tonto!**, *Comme c'est bête !*, **¡Qué coche!**, *Quelle voiture !*
> – **cuánto** + verbe : **¡Cuánto come!**, *Qu'est-ce qu'il mange !*
> – **cuánto(s)** ou **cuánta(s)** + nom (si on considère une quantité) : **¡Cuántos libros!**, *Que de livres !*
>
> • Elle peut porter à la fois sur un nom et un adjectif. Dans ce cas, la formule sera : **¡Qué** + nom / **más** (ou **tan**) + adjectif**!**
>
> – **¡Qué cosa más rara!**, *Quelle étrange chose !*
> – **¡Qué película tan bonita!**, *Quel beau film !*
>
> • Elle peut aussi porter sur toute une phrase. L'ordre des mots est alors fixe : groupe exclamatif + verbe + sujet inversé. La traduction de ces phrases semble peu naturelle en français, mais elles sont tout à fait courantes en espagnol.
>
> – **¡Qué caro es este coche!**, *Comme cette voiture est chère !*
> – **¡Cuánto trabajo tienen los alumnos!**, *Comme les élèves ont du travail !*
> – **¡Qué casa más bonita tiene Juan!**, *Comme Juan a une jolie maison !*

LE PRÉSENT IRRÉGULIER ET LA PHRASE SIMPLE

4 Complétez ces exclamations avec le mot qui convient, en l'accordant si nécessaire.

a. ¡................ habla mi suegra!

b. ¡........ difíciles son estos problemas!

c. ¡.............. amigas tienes en facebook!

d. ¡................ alta es esta chica!

e. ¡................ duermen los bebés!

f. ¡.............. perros hay en esta casa!

g. ¡.................... tarde venís!

h. ¡.............. dinero tiene este hombre!

5 Exprimez une exclamation à partir de ces groupes nom + adjectif

Ex : Un livre très intéressant. → Quel livre intéressant !

a. Un libro muy interesante.

→ ....

b. Una perra muy simpática.

→ ....

c. Unas playas muy bonitas.

→ ....

d. Unos coches muy rápidos.

→ ....

6 Transformez ces phrases déclaratives en phrases exclamatives.

Ex : Cet enfant semble très fatigué. → Comme cet enfant semble fatigué !

a. Este niño parece muy cansado.

→ ....

b. Estoy muy cansado.

→ ....

c. Tienes un aspecto muy cansado.

→ ....

d. Miguel tiene un perro muy listo.

→ ....

e. Mis amigos cuentan cosas muy divertidas.

→ ....

f. Usted escribe libros muy interesantes.

→ ....

g. Los españoles comen muy tarde.

→ ....

LE PRÉSENT IRRÉGULIER ET LA PHRASE SIMPLE

La comparaison : infériorité, égalité, supériorité

- Les comparatifs de supériorité et d'infériorité se construisent comme en français :
  - **Eres más alto que yo**, *Tu es plus grand que moi.*
  - **España es menos poblada que Francia**, *L'Espagne est moins peuplée que la France.*
- Pour le comparatif d'égalité, il y a deux formes.
  - **tan** [devant un adjectif] **como** : **Estoy tan cansado como tú**, *Je suis aussi fatigué que toi.*
  - **tanto(s)**, **tanta(s)** [devant un nom] **como** : **Tengo tantas hermanas como hermanos**, *J'ai autant de sœurs que de frères.*
- Il y a quatre comparatifs irréguliers, pour les adjectifs **bueno**, **malo**, **grande** et **pequeño**. Les comparatifs de ces deux derniers adjectifs servent également pour l'âge.
  - **mejor(es)**, *meilleur(s), meilleure(s)*
  - **mayor(es)**, *plus grand(s), plus grande(s)*
  - **peor(es)**, *pire(s)*
  - **menor(es)**, *plus petit(s), plus petite(s)*

7 Complétez ces phrases en vous servant des comparatifs irréguliers de l'espagnol.

a. José tiene cuarenta y cinco años, Pedro cincuenta y Juan treinta y ocho : José es .... que Juan y .... que Pedro.

b. Vivir en una ciudad es .... para las diversiones pero el aire es de .... calidad que en el campo.

8 Traduisez ces phrases.

a. Je connais moins de villes que toi.
→ ....

b. J'ai plus de livres que lui.
→ ....

c. La bière est aussi chère qu'en France.
→ ....

d. Je travaille autant d'heures que toi.
→ ....

e. Il travaille autant que moi.
→ ....

f. Ils sont aussi grands que bêtes.
→ ....

Bravo, vous êtes venu à bout du chapitre 6 ! Il est maintenant temps de comptabiliser les icônes et de reporter le résultat en page 128 pour l'évaluation finale.

Lexique et lecture 1 : identité et famille

Nom, prénom, adresse, profession

- **El nombre** est un faux ami : il signifie *le prénom*. Le *nom de famille* se dit **el apellido** ou **los apellidos** au pluriel, car les Espagnols portent traditionnellement un nom double : celui de leur père et celui de leur mère.

- Curiosités : au verso du **DNI (Documento Nacional de Identidad)**, on trouve aussi mention du prénom des parents. Le sexe se note **M** (**mujer**) et **V** (**varón**).

- Il existe un certain nombre d'abréviations pour les noms de voies : **calle** (*rue*) se note souvent **C/** ; **avenida** (*avenue*) devient **Avda**. ; et **plaza** (*place*) se raccourcit en **Pza**. Quand on écrit une adresse, le numéro se place après le nom de la rue : **C/ San Miguel, 19**, parfois même simplement **San Miguel, 19**.

- **¿En qué trabajas?** ou **¿A qué te dedicas?** (*À quoi te consacres-tu ?*) sont les deux questions les plus courantes pour interroger quelqu'un sur sa situation professionnelle.

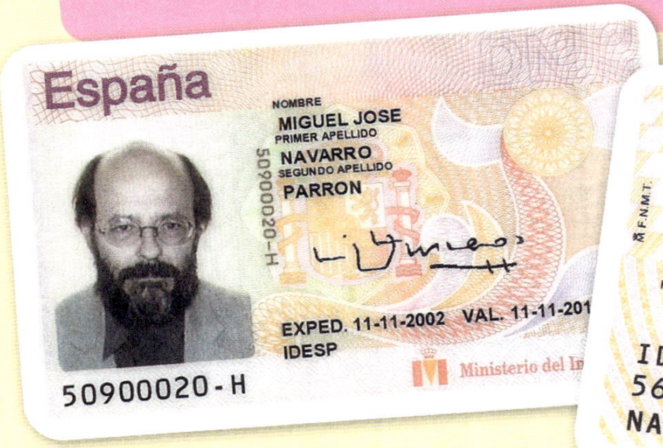

1 Ordonnez ce dialogue en numérotant les phrases de 1 à 6.

☐ Soy de Madrid.

☐ ¿A qué te dedicas?

☐ Hola, me llamo Ana, y tú, ¿cómo te llamas?

☐ Encantada. Soy argentina. Y tú, ¿de dónde eres?

☐ Trabajo en un hospital, soy enfermero.

☐ Hola, yo soy Luis. Encantado.

LEXIQUE ET LECTURE 1 : IDENTITÉ ET FAMILLE

2 En vous appuyant sur ces cartes de visite, associez chaque question à sa réponse par une flèche.

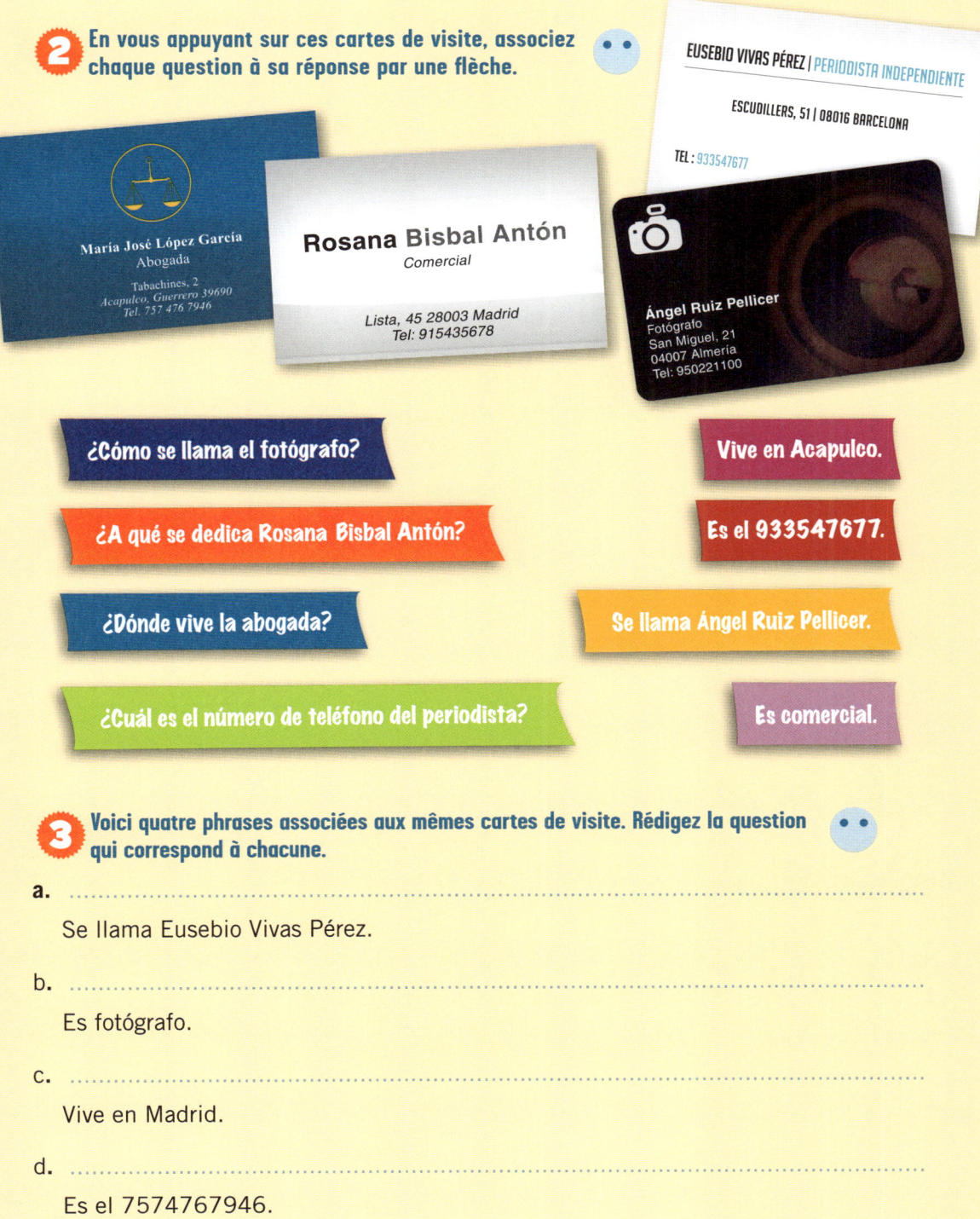

3 Voici quatre phrases associées aux mêmes cartes de visite. Rédigez la question qui correspond à chacune.

a. ....
   Se llama Eusebio Vivas Pérez.

b. ....
   Es fotógrafo.

c. ....
   Vive en Madrid.

d. ....
   Es el 7574767946.

LEXIQUE ET LECTURE 1 : IDENTITÉ ET FAMILLE

Noms de famille en Espagne

- Tous les Espagnols ne s'appellent pas **Martínez** ou **González**, même si cette terminaison en **–ez** est en effet fréquente. Il s'agit d'une désinence archaïque qui signifie « fils de » : « fils de Martín, fils de Gonzalo ». Mais le nom de famille le plus courant est…

Un peu de vocabulaire pour vous aider :

- cada : **chaque**
- mismo : **même**
- usuario : **usager**
- todo : **tout**
- otro(s) tanto(s), otra(s) tanta(s) : **tout autant**
- tras : **après**

Un país de Marías y Garcías

Seis millones de mujeres se llaman María y tres millones de hombres José

María para ellas. José para ellos. Son los nombres que más abundan en la población de España. Incluyendo los nombres compuestos (María del Carmen, María del Mar…), lo llevan 274 de cada mil mujeres. Entre los 22,5 millones de hombres, ocurre lo mismo con José, con tres millones de usuarios (130 de cada mil españoles). Y de apellido, sobre todo García: lo lleva en primer lugar en torno a un millón y medio de personas. Para otras tantas es el segundo. O sea, que consta en el DNI de siete de cada 100 residentes en España. Y tras García, González, Fernández y Rodríguez (cada uno de ellos lo llevan de primero casi 900.000 personas).

---

4 Cherchez l'équivalent des phrases a et b dans le texte, puis traduisez les phrases c et d.

a. 274 femmes sur mille →

b. 7 résidents sur 100 →

c. Un homme sur dix →

d. Trois femmes sur quatre →

5 Pour chacune des phrases ci-dessous, cochez l'affirmation adéquate : vrai ou faux.

	VERDADERO	FALSO
a. Unas 900.000 personas se apellidan Rodríguez de primer apellido. →	☐	☐
b. Unas 900.000 personas se apellidan García Rodríguez. →	☐	☐
c. 1.500.000 personas se llaman García de primer apellido. →	☐	☐
d. 1.500.000 personas se llaman García de segundo apellido. →	☐	☐
e. 3.000.000 personas se llaman García de primer apellido. →	☐	☐
f. 3.000.000 personas se llaman García de segundo apellido. →	☐	☐

LEXIQUE ET LECTURE 1 : IDENTITÉ ET FAMILLE

L'importance du prénom

Pour les Espagnols, **la onomástica** d'une personne, *la fête*, est aussi importante que **el cumpleaños**, *l'anniversaire*. L'usage du diminutif est fréquent (**Pedrito** pour **Pedro**, **Isabelita** pour **Isabel**...) et certains prénoms subissent même des déformations dans la langue familière : **Pepe** pour **José**, **Paco** pour **Francisco**, **Lola** pour **Dolores**, etc.

Un peu de vocabulaire pour vous aider :

- siglo : **siècle**
- hasta : **jusqu'à**
- seguir, seguido : **suivre, suivi**

LOS NOMBRES: UN SIGLO DE MODAS

Entre comienzos del siglo XX y finales de los años treinta, los nombres más frecuentes para las mujeres son María (campeón absoluto) y Carmen. Con los hombres, José es el nombre más habitual hasta los cuarenta. En los años cincuenta y sesenta Antonio fue el preferido, combinado con José. En los setenta, David se convierte en líder absoluto hasta comienzos del siglo XXI. A partir de 2000, Alejandro es el bautismo más frecuente, seguido por Daniel, Pablo o Adrián.

6 Remplissez le tableau suivant en y reportant les informations contenues dans l'article :
— une croix si le prénom est dominant dans la décennie concernée.
— deux s'il est en deuxième position ou suivantes.
— aucune s'il n'y a pas d'informations pour la décennie.

	1900 1910	1910 1920	1930 1940	1940 1950	1950 1960	1960 1970	1970 1980	1980 1990	1990 2000	2000 ....
Adrián										
Alejandro										
José Antonio										
Daniel										
David										
José										
Pablo										

LEXIQUE ET LECTURE 1 : IDENTITÉ ET FAMILLE

7 Cherchez l'équivalent des phrases a, b, c dans l'article, puis traduisez les phrases d, e, f.

a. Le XXIe siècle ➜ ....

b. Le début du XXe siècle ➜ ....

c. La fin des années trente ➜ ....

d. Jusqu'à la fin des années cinquante ➜ ....

e. À partir du début des années quatre-vingt ➜ ....

f. Le XXe siècle ➜ ....

Famille et belle-famille

Les Espagnols distinguent **la familia**, *la famille directe*, de la **familia política**, *la belle-famille*. Dans le cadre des familles recomposées, les mots du dictionnaire sont devenus désuets : pour *beau-père*, *belle-mère*, *demi-frère* ou *demi-sœur*, on ne parle pratiquement plus jamais dans ce contexte de **padrastro**, **madrastra**, **hermanastro** ou **hermanastra**, qui véhiculent une connotation déplaisante. On se sert de périphrases (**el marido de mi madre**, **la mujer de mi padre**) et on dit tout simplement **mi hermano**, **mi hermana**, sans plus d'explications.

Un peu de vocabulaire pour vous aider :

- père, mère : **padre, madre**
- frère, sœur : **hermano, hermana**
- oncle, tante : **tío, tía**
- neveu, nièce : **sobrino, sobrina**
- cousin, cousine : **primo, prima**
- grand-père, grand-mère : **abuelo, abuela**
- petit-fils, petite-fille : **nieto, nieta**
- beau-frère : **cuñado**
- belle-sœur : **cuñada**
- gendre : **yerno**
- belle-fille : **nuera**
- beau-père : **suegro**
- belle-mère : **suegra**

LEXIQUE ET LECTURE 1 : IDENTITÉ ET FAMILLE

8. Apprenez le nom des relations de parenté. Puis, sans les consulter à nouveau, faites l'exercice : vous devez déduire le prénom de chaque membre de cette famille en vous appuyant sur les informations fournies. Reportez-le sous le visage qui lui correspond.

a. Paula no tiene hermanos.

b. Javier es el yerno de Carmen.

c. Antonio es el tío de Paula.

d. Andrés es el sobrino de Antonio.

e. Juan es el nieto de José.

f. Lucía es la hermana mayor (aînée) de Dolores.

g. Dolores y Luisa son primas.

h. Rocío es la cuñada de Lorenzo.

i. María es la madre de Lucía.

Bravo, vous êtes venu à bout du chapitre Lexique et lecture 1 ! Il est maintenant temps de comptabiliser les icônes et de reporter le résultat en page 128 pour l'évaluation finale.

Nuances de l'action et présent irrégulier

La répétition

- Il existe en espagnol de nombreuses périphrases verbales : elles rendent compte de diverses nuances de l'action, en particulier l'expression du temps. La répétition, par exemple, ne s'exprime guère par le préfixe « re » comme en français : on recourt surtout à la formule volver a (verbe à diphtongue conjugué) + infinitif.

  – **Vuelvo a decir,** *Je redis.*
  – **Volvemos a cantar,** *Nous chantons de nouveau.*

- On peut rendre la même idée au moyen des tournures adverbiales de nuevo ou otra vez.

  – **Canto de nuevo,** *Je chante de nouveau.*
  – **Me duermo otra vez,** *Je me rendors.*

1 Reformulez l'idée de répétition contenue dans ces phrases en remplaçant la tournure adverbiale par une périphrase verbale. Conservez bien la personne grammaticale donnée dans la phrase de départ.

a. Llama de nuevo a su hijo.
→ ....

b. Contáis otra vez la misma historia.
→ ....

c. El niño miente otra vez.
→ ....

d. Nazco de nuevo.
→ ....

e. Cierran de nuevo la puerta.
→ ....

f. Estamos juntos otra vez.
→ ....

g. Trabajan de nuevo en Madrid.
→ ....

h. Usted viaja a España otra vez.
→ ....

i. Somos amigos de nuevo.
→ ....

j. Leemos otra vez este libro.
→ ....

NUANCES DE L'ACTION ET PRÉSENT IRRÉGULIER

L'habitude

- Pour parler d'une action habituelle, on se sert du verbe diphtongue **soler** conjugué, suivi d'un infinitif. Il existe là aussi des tournures adverbiales équivalentes : **a menudo**, *souvent* ; **con frecuencia**, *fréquemment* ; **habitualmente**, *habituellement*.

  – **Suelo ir a la piscina. / Voy a menudo a la piscina,** *Je vais souvent à la piscine.*
  – **Suelen cenar a las diez. / Cenan habitualmente a las diez,** *D'ordinaire, ils dînent à dix heures.*

2 Reformulez l'idée d'habitude contenue dans ces phrases en remplaçant la tournure adverbiale par une périphrase verbale. Conservez bien la personne grammaticale donnée dans la phrase de départ.

a. Mi abuelo se acuerda a menudo de mí.

→ ....

b. Conduzco a menudo una moto.

→ ....

c. Pierdes tus llaves con frecuencia.

→ ....

d. Me siento a menudo en este banco.

→ ....

e. Hacemos deporte con frecuencia.

→ ....

f. Habitualmente usted entiende rápido.

→ ....

g. Habláis a menudo francés.

→ ....

h. Comes habitualmente a las tres.

→ ....

i. ¿Sales con frecuencia a bailar?

→ ....

j. Estamos a menudo en casa.

→ ....

NUANCES DE L'ACTION ET PRÉSENT IRRÉGULIER

Verbes à affaiblissement

- Le « triangle vocalique » figure le degré d'ouverture des voyelles : A est la plus forte, la plus ouverte ; I et U sont les plus faibles ou fermées ; E et O occupent une position intermédiaire.

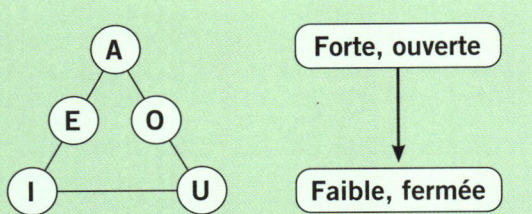

- On parle de verbes « à affaiblissement » lorsqu'un radical terminé en –e s'affaiblit en –i à certaines formes. Cette transformation concerne exclusivement les verbes du 3e groupe en –ir. Exemple : pedir, *demander*. Au présent de l'indicatif, le radical ped- devient pid-, sauf aux deux premières personnes du pluriel : pido, pides, pide, pedimos, pedís, piden.

- Quelques autres verbes à affaiblissement : despedirse, *prendre congé* ; **medir**, *mesurer* ; **reír**, *rire* ; **repetir**, *répéter* ; **servir**, *servir* ; **sonreír**, *sourire* ; **vestir**, *vêtir, porter*.

3 Barrez les six formes fausses de la conjugaison de *reír* au présent de l'indicatif, puis réécrivez toute la conjugaison correcte du verbe dans l'ordre.

Présent de l'indicatif de *reír*

....

....

....

....

....

....

ríes   reímos   reín
reís   riemos   río
ríen   reo   reí
riéis   rie   rees

4 Voici sept verbes à affaiblissement. Introduisez-les dans la phrase qui convient selon le sens, en les conjuguant au présent de l'indicatif.

medir   vestir   servir   despedirse   pedir   sonreír   repetir

NUANCES DE L'ACTION ET PRÉSENT IRRÉGULIER

a. ¿Por qué ....? ¿Pensáis en algo divertido?
b. Tú, ¿cómo .... de la gente: das un beso o das la mano?
c. Mi hermano .... un metro noventa.
d. Nosotros siempre .... pantalones vaqueros.
e. Los niños siempre .... dinero a los padres.
f. Camarero, ¿me .... usted una cerveza, por favor?
g. Si no .... muchas veces la conjugación, no me acuerdo.

5 Traduisez ces formes verbales.

a. Je sers : ....
b. Nous répétons : ....
c. Tu demandes : ....
d. Il prend congé : ....
e. Ils mesurent : ....

f. Vous riez, monsieur :
....
g. Vous souriez, mes amis :
....
h. Je porte (vêtir) : ....

Quelques particularités de la conjugaison

- Decir, on l'a vu, est un verbe irrégulier à la première personne du singulier du présent de l'indicatif. Pour le reste de sa conjugaison, il se comporte comme un verbe à affaiblissement : di<u>g</u>o, di<u>c</u>es, di<u>c</u>e, decimos, decís, di<u>c</u>en.

- Attention à l'orthographe des verbes dont le radical se termine en –g ou –gu, comme seguir, *suivre* ou elegir, *choisir*. C'est la prononciation qui commande et l'orthographe doit suivre :
  - le –g peut devenir –j : elijo, *je choisis* (le reste de la conjugaison n'est pas concerné)
  - le –gu peut devenir –g : sigo, *je suis, je continue* (le –gu se maintient aux autres personnes)

- Le gérondif des verbes à affaiblissement subit lui aussi la transformation :
  - pedir, *demander* ➜ **pidiendo**, *en demandant*
  - decir, *dire* ➜ **diciendo**, *en disant*

NUANCES DE L'ACTION ET PRÉSENT IRRÉGULIER

6 Reformulez ces phrases à la forme progressive.

a. ¿Qué dices? → ....

b. ¿Por qué sonríe usted? → ....

c. Mis hermanas se visten. → ....

d. No pedimos nada. → ....

e. Repito la lección. → ....

f. No medís bien. → ....

g. Se despide de la abuela. → ....

7 Complétez ces phrases en introduisant les verbes *seguir* ou *elegir* conjugués.

a. Entre París y Londres yo .... París.

b. ¿... o abandonáis la carrera?

c. Usted .... muy bien los colores con que viste.

d. Estoy cansado: no ....

e. Entre carne y pescado, nosotros .... pescado.

f. Es un perro fiel: siempre .... a su amo.

g. Los gatos son independientes: no .... a nadie.

h. .... a tus amigos pero no a tus familiares.

NUANCES DE L'ACTION ET PRÉSENT IRRÉGULIER

La continuité de l'action : *seguir* + gérondif

- Pour signifier qu'une action commencée dans le passé se poursuit dans le présent, l'espagnol utilise la périphrase verbale composée de seguir conjugué + gérondif.

    – Sigo trabajando en el turismo, *Je continue à travailler dans le tourisme.*
    – Seguimos viviendo en Madrid, *Nous vivons toujours à Madrid.*

- À la place de la périphrase, on peut recourir aux adverbes de temps aún et todavía, qu'on traduira selon le contexte par *toujours* et *encore*.

    – Vivimos aún en Madrid, *Nous vivons toujours à Madrid.*
    – ¿Todavía estás trabajando?, *Tu es encore au travail ?*

8 Supprimez les adverbes de temps et reformulez les phrases au moyen de la tournure exprimant la continuité de l'action. Gardez bien la personne grammaticale donnée dans la phrase de départ.

a. Aún escribo a mano. → ....

b. Todavía existen personas sin ordenador. → ....

c. Mi vieja pluma aún sirve. → ....

d. Y tú, ¿todavía usas pluma y papel? → ....

e. Usted aún hace las cosas como antes. → ....

f. Aún sois fieles al pasado. → ....

g. Todavía sonreímos con las películas de Charlot.

   → ....

Bravo, vous êtes venu à bout du chapitre 7 ! Il est maintenant temps de comptabiliser les icônes et de reporter le résultat en page 128 pour l'évaluation finale.

8
Le subjonctif présent

Le subjonctif présent (formation et emploi)

- Le subjonctif présent s'utilise dans les subordonnées qui rendent compte d'un souhait (quiero que…, *je veux que…*) et dans la subordonnée de but (para que…, *pour que…*).

- Le radical est celui de la 1re personne du singulier de l'indicatif présent. Pour la terminaison, on permute la voyelle : les verbes en –ar ont un subjonctif en –e, et les verbes en –er ou –ir un subjonctif en –a :

  – cantar: cante, cantes, cante, cantemos, cantéis, canten
  – comer: coma, comas, coma, comamos, comáis, coman
  – subir: suba, subas, suba, subamos, subáis, suban

- Si la 1re personne de l'indicatif présent est particulière, tout le subjonctif présent s'en ressent (verbes en –go, en –zco et verbes à affaiblissement).

  – decir: diga, digas, diga, digamos, digáis, digan
  – conocer: conozca, conozcas, conozca, …
  – pedir: pida, pidas, pida, …

- Exception: les verbes à diphtongue suivent tous les radicaux de l'indicatif.

  – contar: cuente, cuentes, cuente, contemos, contéis, cuenten

❶ Complétez ce tableau du subjonctif présent en y reportant les infinitifs et les formes conjuguées qui manquent.

infinitif	yo	tú	él, ella, usted	nosotros, nosotras	vosotros, vosotras	ellos, ellas
cantar						
						escriban
	salga					
		vistas				
				pensemos		
			lea			
					conozcáis	

LE SUBJONCTIF PRÉSENT

2 Servez-vous des formes verbales du tableau que vous avez rempli pour compléter les phrases suivantes.

a. Hola, abuela, este libro es para ti, para que lo .... pensando en mí.

b. Quiero que vosotros le .... una bonita carta a la abuela.

c. A la abuela no le gusta Mario: no quiere que su nieta .... con él.

d. La abuela quiere que nosotros .... bien para su cumpleaños.

e. Queremos que usted también .... a la abuela.

f. La abuela me llama muy a menudo para que siempre .... en ella.

g. La abuela quiere que sus nietos le .... la canción del cumpleaños feliz.

3 Même si *Papá Noel* gagne du terrain, les petits Espagnols écrivent davantage aux Rois Mages, *los Reyes Magos*, pour demander des cadeaux qui leur sont remis le 6 janvier. Dans cette lettre, soulignez les quatre verbes au présent du subjonctif.

> Queridos Reyes Magos:
>
> Soy un niño bueno y obediente que quiere mucho a sus padres. Por eso quiero que me traigáis un tren eléctrico muy grande, con muchos vagones para que pueda jugar con todos mis amigos.
> Ah, si es posible, también quiero que vengáis antes del 6 de enero porque el 8 vuelvo al cole y mis padres no quieren que juegue cuando hay escuela.
>
> ¡Muchas gracias!
> Manolito.

LE SUBJONCTIF PRÉSENT

4 Reportez dans ce tableau la conjugaison complète au subjonctif présent des quatre verbes que vous avez relevés dans la lettre de Manolito.

infinitif				
yo				
tú				
él, ella, usted				
nosotros/as				
vosotros/as				
ellos, ellas				

L'expression du souhait et du regret

- Le subjonctif présent s'utilise comme en français dans de nombreux autres cas, lorsqu'il s'agit par exemple d'exprimer le souhait ou le regret dans des propositions indépendantes.

- Pour le souhait, on se sert couramment de ojalá (de l'arabe hispanisé *law šá Iláh*, *si Dieu le veut*) suivi du subjonctif. On utilise aussi que + verbe conjugué au subjonctif, qui correspond aux pseudo-impératifs français du type « Soyez heureux ! ».

  – **Ojalá pueda venir**, *Pourvu qu'il puisse venir*.
  – **Ojalá haga buen tiempo**, *Pourvu qu'il fasse beau*.
  – **¡Que volváis pronto!**, *Revenez vite !*
  – **¡Que tengas suerte!**, *Bonne chance à toi !*

- Le regret s'exprime par Lástima que…, ou Qué pena que…, *Dommage que…* + subjonctif.

  – **Lástima que no estés aquí**, *Dommage que tu ne sois pas là*.
  – **Qué pena que no vengas**, *Dommage que tu ne viennes pas*.

5 Traduisez ces souhaits en utilisant *que* + *subjonctif*.

a. Vivez heureux ! → ....

b. Dansez bien ! → ....

c. Amuse-toi bien ! → ....

d. Reviens vite ! → ....

LE SUBJONCTIF PRÉSENT

6 Exprimez des souhaits au moyen de *ojalá* à partir des éléments fournis.

a. ellos / tener un buen viaje.
   → ....

b. usted / vivir muchos años.
   → ....

c. yo / poder asistir a tu cumpleaños.
   → ....

d. vosotros / gustar esta paella.
   → ....

e. tú / entender el problema. → ....

f. nosotros / volver a España. → ....

g. los Reyes Magos / traer muchos regalos. → ....

h. tú / seguir teniendo suerte. → ....

¡Ojalá ....!
¡Ojalá ....!
¡Ojala ....!

7 Exprimez un regret à partir de l'amorce fournie : vous devez conserver la personne grammaticale de la phrase donnée et conjuguer le verbe à la forme qui convient.

a. **No hablamos inglés. Qué lástima que no** ....

b. **No bebéis cerveza. Qué lástima que no** ....

c. **No me gusta bailar. Qué lástima que no** ....

d. **No bailas bien. Qué lástima que no** ....

e. **No conocen a mi hermana. Qué lástima que no** ....

f. **No oyes bien. Qué lástima que no** ....

g. **No sirvo para nada. Qué lástima que no** ....

h. **No sonríen nunca. Qué lástima que no** ....

LE SUBJONCTIF PRÉSENT

L'interdiction, au tutoiement et au vouvoiement

- Approfondissons une difficulté sur laquelle butent souvent les francophones : de même qu'il existe un tratamiento de tú au singulier et au pluriel, on peut appliquer un tratamiento de usted à une ou à plusieurs personnes. Le *vous* correspond donc à 3 pronoms espagnols, vosotros, usted et ustedes :

   – Tú eres mi amigo / Vosotros sois mis amigos.
   – Usted es mi amigo / Ustedes son mis amigos.

- Prenons le cas de l'interdiction en espagnol, qui s'exprime par no + subjonctif : il y aura donc 4 possibilités de l'exprimer : le tutoiement par la 2e personne (au singulier et au pluriel) et le vouvoiement par la 3e personne (au singulier et au pluriel).

   – **No cantes,** *Ne chante pas.*
   – **No cantéis,** *Ne chantez pas (en tutoyant)*
   – **No cante (usted),** *Ne chantez pas.*
   – **No canten (ustedes),** *Ne chantez pas.*

8 Identifiez pour chacune des bulles si on tutoie ou si on vouvoie, puis reformulez les huit phrases en changeant ce *tratamiento*, du tutoiement au vouvoiement, ou inversement.

	Tú/Vosotros	Usted/Ustedes	
a.	☐	☐	....
b.	☐	☐	....
c.	☐	☐	....
d.	☐	☐	....
e.	☐	☐	....
f.	☐	☐	....
g.	☐	☐	....
h.	☐	☐	....

a. ¡No haga eso!
b. ¡No coma paella!
c. ¡No lean ese libro!
d. ¡No cierres la puerta!
e. ¡No os sentéis aquí!
f. ¡No conduzcan tan rápido!
g. ¡No digáis palabrotas!
h. ¡No repitas esa palabra!

LE SUBJONCTIF PRÉSENT

Les équivalents de « peut-être »

- Acaso, quizás et tal vez sont suivis du subjonctif, sauf si on souhaite délibérément atténuer leur valeur dubitative :

  – **Acaso no te oiga,** *Il ne t'entend peut-être pas.*
  – **Quizás vuelva tarde esta noche,** *Je vais peut-être rentrer tard ce soir.*
  – **Tal vez no hable español,** *Il ne parle peut-être pas espagnol.*

- A lo mejor, qui a le même sens, se construit cependant toujours avec l'indicatif :

  – **A lo mejor no te oye,** *Il ne t'entend peut-être pas.*

9 Reformulez ces phrases en remplaçant *a lo mejor* par *tal vez*.

a. A lo mejor no abren por la tarde. → ....

b. A lo mejor no comprende el español. → ....

c. A lo mejor no escribís nunca cartas. → ....

d. A lo mejor no haces bien tu trabajo. → ....

e. A lo mejor no lo reconocemos. → ....

f. A lo mejor no me despido de ellos. → ....

g. A lo mejor no me entiende usted. → ....

h. A lo mejor no os acordáis de él. → ....

Bravo, vous êtes venu à bout du chapitre 8 ! Il est maintenant temps de comptabiliser les icônes et de reporter le résultat en page 128 pour l'évaluation finale.

9 Conjugaisons irrégulières et emploi des modes

Quelques présents irréguliers, à l'indicatif et au subjonctif

Vous connaissez à présent les modèles réguliers et la plupart des irrégularités au présent de l'indicatif. Il existe également une série de verbes qui ont des irrégularités particulières et qu'il faut donc apprendre par cœur (voir conjugaisons pages 118-121).

- **À l'indicatif présent :**
  - **caber** *(tenir, rentrer dans un lieu)* : <u>quepo</u>, cabes, cabe…
  - **dar** *(donner)* : <u>doy</u>, das, da…
  - **ir** *(aller)* : <u>voy</u>, <u>vas</u>, <u>va</u>…
  - **oír** *(entendre)* : <u>oigo</u>, <u>oyes</u>, <u>oye</u>, oímos, oís, <u>oyen</u>
  - **saber** *(savoir)* : <u>sé</u>, sabes, sabe…
  - **ver** *(voir)* : <u>veo</u>, ves, ve…

- **Au subjonctif présent :**
  - **estar** : <u>esté</u>, <u>estés</u>, <u>esté</u>…
  - **ir** : <u>vaya</u>, <u>vayas</u>, <u>vaya</u>…
  - **ser** : <u>sea</u>, <u>seas</u>, <u>sea</u>…
  - **ver** : <u>vea</u>, <u>veas</u>, <u>vea</u>…
  - **saber** : <u>sepa</u>, <u>sepas</u>, <u>sepa</u>…
  - **dar** : <u>dé</u>, <u>des</u>, <u>dé</u>…

1 Dans cette *sopa de letras*, retrouvez 11 formes conjuguées des verbes signalés dans la leçon. Écrivez d'abord leur infinitif, en commençant par les formes écrites horizontalement puis celles écrites verticalement. Cochez ensuite pour chacun le mode auquel les verbes sont conjugués dans la grille.

Infinitif	Indicatif	Subjonctif
a.	☐	☐
b.	☐	☐
c.	☐	☐
d.	☐	☐
e.	☐	☐
f.	☐	☐
g.	☐	☐
h.	☐	☐
i.	☐	☐
j.	☐	☐
k.	☐	☐

U	V	E	E	I	S	A	E
L	V	A	Y	A	M	O	S
C	A	B	E	N	U	I	T
O	I	T	O	M	S	S	É
I	S	Y	V	U	E	T	I
G	V	S	E	P	Á	I	S
O	E	I	A	R	I	S	O
D	O	Y	N	O	S	T	I

CONJUGAISONS IRRÉGULIÈRES ET EMPLOI DES MODES

2 Introduisez les formes verbales que vous avez trouvées dans la *sopa de letras* à l'intérieur des phrases suivantes.

a. Este coche es muy espacioso: .... hasta seis personas.

b. ¿Por qué .... siempre a Marbella? ¿Os gusta tanto la playa?

c. Quiero que .... en casa estudiando este fin de semana.

d. Tal vez .... a Sevilla estas vacaciones.

e. No .... dónde está esa calle, quizás lo .... vosotros.

f. ¿Por qué no me ayudáis? No .... tan perezosos.

g. Ojalá lo .... mis ojos.

h. Habla más alto, no te .... bien.

i. No te .... , ¿dónde estás?

j. Te .... un libro para tu hermano.

Les verbes à alternance au subjonctif présent

- Nous avons vu qu'il existait deux grands groupes de verbes irréguliers au présent, les verbes à diphtongue et les verbes à affaiblissement. Certains verbes combinent les deux irrégularités : on les appelle pour cette raison « verbes à alternance ».

- Ces verbes se comportent comme des verbes à diphtongue normaux, mais leur radical s'affaiblit aux deux premières personnes du pluriel du subjonctif présent. Il existe deux modèles : sentir (le –e s'affaiblit en –i) et dormir (le –o s'affaiblit en –u).

- Voici quelques verbes à alternance courants : divertir, mentir, preferir, sugerir (modèle sentir), morir (modèle dormir)

SENTIR	DORMIR
sienta	duerma
sientas	duermas
sienta	duerma
s**in**tamos	d**ur**mamos
s**in**táis	d**ur**máis
sientan	duerman

CONJUGAISONS IRRÉGULIÈRES ET EMPLOI DES MODES

3 Insérez les formes verbales proposées dans les phrases ci-dessous.

a. Sois auténticos españoles: ……………… la siesta por la tarde.

b. Cuando su hijo le ……………………, el padre está furioso.

c. Si hace mal tiempo, tal vez ……………… quedarnos en casa.

d. Estamos acostumbrados al frío: no lo ……………………….

e. Qué pena que los toros ……………… durante las corridas.

f. Ojalá ……………………… mucho durante la fiesta.

g. No nos gusta ver películas en casa: ……………………… salir.

h. Siempre estáis de mal humor: no ……………………… con nada.

i. El padre no quiere que su hijo le ………………………

j. Pone el radiador para que no ……………………… frío.

k. Ojalá ……………………… bien esta noche.

l. Algunas veces son los matadores los que ……………………….

dormís *mueren* *sentimos* *mueran* *durmáis* *os divertís* *preferimos* *mienta* *miente* *sintamos* *os divirtáis* *prefiramos*

Le subjonctif dans la subordonnée

Après les verbes de volonté (querer que, desear que) et ceux qui expriment le but (para que), l'espagnol utilise, comme le français, le subjonctif dans la subordonnée. Il y a deux autres usages communs aux deux langues :

- Après une principale à la forme négative du type no creo que…, no pienso que… :
  - **No creo que venga,** *Je ne crois pas qu'il vienne.*
  - **No piensa que sea correcto,** *Il ne pense pas que ce soit correct.*

- Après une principale exprimant un sentiment ou une opinion :
  - **Me gusta que vistas bien,** *J'aime que tu t'habilles bien.*
  - **Me parece bien que vayas a Londres,** *Je trouve que c'est une bonne chose que tu ailles à Londres.*

CONJUGAISONS IRRÉGULIÈRES ET EMPLOI DES MODES

4 Ces deux personnes ne sont pas du même avis. Et vous, quelle serait votre opinion sur chacun des thèmes abordés ? Pour chaque couple de répliques, mettez un + sur celle que vous approuvez et un - sur celle avec laquelle vous êtes en désaccord.

- La tecnología hace más felices a los hombres.
- ¡Internet aísla completamente a la gente!
- Los jóvenes de hoy solo piensan en su móvil.
- ¡Muchos chicos y chicas colaboran en ONG's!
- Entender de informática te ayuda a conseguir un trabajo.
- Vivimos en un mundo que progresa sin cesar.
- ¡Miles de personas mueren de hambre cada día!
- ¡Lo más importante es tener una bonita letra!
- Hoy la inmensa mayoría de la gente tiene un ordenador.
- ¡En muchos países el ordenador sigue siendo un lujo!

5 Reprenez maintenant les cinq phrases que vous avez désapprouvées et reformulez-les en partant des amorces fournies.

Exemple pour l'échange 1 : No creo que la tecnología .... más felices a los hombres.
ou bien No creo que Internet .... completamente a la gente.

a. **No creo que** ....

b. **No pienso que** ....

c. **No estoy convencido de que** ....

d. **No estoy seguro de que** ....

e. **No es verdad que** ....

CONJUGAISONS IRRÉGULIÈRES ET EMPLOI DES MODES

La proposition subordonnée

- **Les phrases où on déclare un fait ou une pensée** *(Je dis que…, Je pense que…)* **se construisent avec l'indicatif en espagnol comme en français. S'il s'agit d'une interrogation indirecte, le mot interrogatif porte l'accent écrit.**

    – **Pienso que Ana está cansada,** *Je pense qu'Ana est fatiguée.*
    – **Dice que no tiene dinero,** *Il dit qu'il n'a pas d'argent.*
    – **Me pregunto quién es,** *Je me demande qui c'est.*

- **Les tournures françaises** « *demander de…, dire de… + infinitif* » **expriment un souhait ou un ordre que l'espagnol rendra par que + une subordonnée au subjonctif.**

    – **Te pido que vengas rápido,** *Je te demande de venir rapidement.*
    – **Le dice que compre la leche,** *Il lui dit d'acheter le lait.*

- **En conséquence, ne confondez pas ces deux types de phrases :**

    – **Te digo que trabajo,** *Je te dis que je travaille* (indicatif, c'est un fait)
    – **Te digo que trabajes,** *Je te dis de travailler* (subjonctif, c'est un ordre)

6. Traduisez les phrases suivantes en espagnol.

a. Je me demande où il habite.

→ ....

b. Je ne sais pas pourquoi il boit.

→ ....

c. Je crois qu'ils ont deux enfants.

→ ....

d. Il me semble que tu ne travailles pas.

→ ....

e. Tu penses qu'il est malade ?

→ ....

7. Traduisez les phrases suivantes.

a. Tu me demandes de t'aider.

→ ....

b. Je te demande de sortir.

→ ....

c. Il nous demande de répéter.

→ ....

d. Ils nous demandent d'ouvrir.

→ ....

e. Vous (politesse) me demandez de chanter.

→ ....

CONJUGAISONS IRRÉGULIÈRES ET EMPLOI DES MODES

8 Traduisez les phrases suivantes en français, en utilisant « dire de » ou « dire que ».

a. El profesor nos dice que leamos libros en español.

→ ....

b. El profesor nos dice que leemos muy bien.

→ ....

c. El profesor nos dice que vamos a ver una película.

→ ....

d. El profesor nos dice que vayamos a ver películas.

→ ....

9 Selon le cas, conjuguez le verbe entre parenthèses à l'indicatif ou au subjonctif.

a. La madre le dice a su hijo que .... prudente con la moto. (ser)

b. Le pide que no .... muy rápido. (ir)

c. El hijo le dice que no .... (preocuparse)

d. Le dice que él .... siempre con prudencia. (conducir)

e. Le dice a su madre que .... tranquila. (dormir)

f. Le dice que .... dormir tranquila. (poder)

Bravo, vous êtes venu à bout du chapitre 9 ! Il est maintenant temps de comptabiliser les icônes et de reporter le résultat en page 128 pour l'évaluation finale.

L'ordre, l'obligation, la nécessité

L'obligation et la nécessité

- L'obligation impersonnelle se rend par hay que + infinitif, *il faut*. Si on exprime la personne sur laquelle porte l'obligation, on utilise tener que conjugué suivi de l'infinitif. On peut aussi se servir de deber, *devoir*, qui comporte une connotation d'obligation morale.

  – Hay que trabajar, *Il faut travailler.*
  – Tienes que trabajar, *Tu dois travailler.*
  – Debo ayudar a mi hermanito, *Je dois aider mon petit frère.*

- Hace falta que + verbe au subjonctif permet aussi d'exprimer l'obligation personnelle. Hace(n) falta suivi d'un simple substantif exprime le besoin de quelque chose :

  – Hace falta que trabajes mucho, *Il faut que tu travailles beaucoup.*
  – Hace falta dinero para vivir, *Il faut de l'argent pour vivre.*
  – Hacen falta amigos en la vida, *Il faut des amis dans la vie.*

- « Avoir besoin de » se traduit par le verbe necesitar suivi d'un complément d'objet direct :

  – Necesito tu ayuda, *J'ai besoin de ton aide.*

I Toutes ces phrases expriment un besoin, une nécessité. Traduisez-les.

a. Il a besoin d'un ordinateur. →

b. As-tu besoin de moi ? →

c. Je n'ai pas besoin de toi. →

d. Avez-vous besoin d'argent, Monsieur ? →

e. Nous avons besoin de Carmen. →

f. Il faut un ordinateur pour travailler. →

g. Faut-il des lunettes de soleil ? →

h. Il faut des gambas dans la paella. →

i. Pour faire une omelette, il faut des œufs. →

j. Il faut du pain ? →

L'ORDRE, L'OBLIGATION, LA NÉCESSITÉ

2 Complétez ces phrases avec *hay que* ou *hace falta que*, puis traduisez-les.

a. ¿................................ sentarse aquí?

→ ....

b. ¿................................ compremos pan?

→ ....

c. ¿................................ venga Pedro?

→ ....

d. No .... mentir.

→ ....

e. .... cerrar la puerta.

→ ....

f. .... vuelvas.

→ ....

g. .... viajar a menudo.

→ ....

h. .... leer libros.

→ ....

i. .... lo sepas.

→ ....

3 Exprimez ces obligations personnelles au moyen de *hace falta que*. Vous devez conserver la personne grammaticale donnée.

a. Tienen que hablar con él.

→ ....

b. Tenemos que leer este libro.

→ ....

c. Tenéis que ser pacientes.

→ ....

d. Tienes que seguir estudiando.

→ ....

4 Exprimez ces obligations personnelles au moyen de *tener que*. Vous devez conserver la personne grammaticale donnée.

a. Hace falta que hagas un esfuerzo.

→ ....

b. No hace falta que pidáis ayuda.

→ ....

c. ¿Hace falta que vaya yo?

→ ....

d. Hace falta que estemos tranquilos.

→ ....

L'ORDRE, L'OBLIGATION, LA NÉCESSITÉ

L'impératif

L'impératif espagnol ne comporte à proprement parler que deux personnes : la 2ᵉ personne du singulier et la 2ᵉ personne du pluriel.

- Pour le singulier, on prend la 2ᵉ personne de l'indicatif présent à laquelle on retranche le –s final :
  - ¡Canta!, *Chante !*
  - ¡Piensa!, *Pense !*
  - ¡Come!, *Mange !*
  - ¡Repite!, *Répète !*

- Pour le pluriel, on retranche le –r de l'infinitif, qu'on remplace par un –d.
  - ¡Cantad!, *Chantez !*
  - ¡Pensad!, *Pensez !*
  - ¡Comed!, *Mangez !*
  - ¡Repetid!, *Répétez !*

- Il existe 8 impératifs irréguliers à la 2ᵉ personne du singulier.

8 IMPÉRATIFS IRRÉGULIERS

¡Haz!, *Fais !*
¡Pon!, *Mets !*
¡Ten!, *Tiens !*
¡Sal!, *Sors !*
¡Ven!, *Viens !*
¡Di!, *Dis !*
!Sé!, *Sois !*
¡Ve!, *Va !*

5 Complétez ce tableau.

INFINITIF	hablar					cerrar
Tú		di		pide		
Vosotros			haced		id	

6 Servez-vous des formes verbales du tableau ci-dessus pour compléter les phrases suivantes à l'impératif. Observez bien si on s'adresse à une seule personne *(tú)* ou à plusieurs *(vosotros)*.

a. **No os oigo:** ¡... un poco más alto, por favor!

b. ¡... la verdad! ¿Me quieres o no?

c. **¡Niños, antes de jugar,** .... los deberes para la escuela!

d. **Isabel,** ¡... a comprar el pan, por favor!

e. ¡... bien la puerta! Os lo pido por favor.

f. **Hoy es tu cumpleaños:** .... lo que quieres comer.

L'ORDRE, L'OBLIGATION, LA NÉCESSITÉ

L'enclise à l'impératif

- L'enclise consiste à accrocher un pronom personnel à une forme verbale ; elle se produit à l'impératif, aussi bien en français (par un tiret) qu'en espagnol (directement). Attention à l'accent tonique : comme il remonte d'un cran dans le mot, il va parfois s'écrire (voir chapitre 1, page 6) :

  – ¡Háblame!, *Parle-moi !*   – ¡Léelo!, *Lis-le !*

- Bien sûr, si l'impératif est accompagné de deux pronoms, il y a double enclise. L'ordre des pronoms est celui de la phrase affirmative espagnole (voir chapitre 3, page 15) :

  – ¡Dímelo!, *Dis-le moi !*   – ¡Cuéntanoslo!, *Raconte-le nous !*
  – ¡Léeselo!, *Lis-le lui !*

- Les verbes pronominaux sont forcément toujours concernés par l'enclise à l'impératif. Au pluriel, ils ont une particularité : le –d final du verbe disparaît devant le pronom.

  – ¡Ponte aquí!, *Mets-toi ici !*
  – ¡Siéntate!, *Assieds-toi !*
  – ¡Poneos aquí!, *Mettez-vous ici !*
  – ¡Sentaos!, *Asseyez-vous !*

7 Transformez ces phrases en remplaçant *tener que* par un impératif (en conservant la personne donnée) et les compléments en italique (COD et/ou COI) par des pronoms personnels (vous devrez alors faire l'enclise).

Modèle phrase a : Racontez-la lui.

a. **Tenéis que contar** *esa historia a Pedro.* →

b. **Tienes que llamar** *a tu hermano.* →

c. *Te* **tienes que poner** *la gabardina.* →

d. **Tenéis que escribir** *diez correos.* →

e. **Tenéis que probar** *estas cervezas.* →

f. **Tienes que dar** *ese regalo a la abuela.* →

g. **Tienes que entender** *a Isabel.* →

h. **Tenéis que conducir** *este coche.* →

L'ORDRE, L'OBLIGATION, LA NÉCESSITÉ

8 Reformulez l'obligation en remplaçant *tener que* par le verbe de la phrase à l'impératif.

a. Tienes que acordarte de mí. → ....

b. Tenéis que acordaros de él. → ....

c. Tenéis que divertiros mucho. → ....

d. Tienes que divertirte en esa fiesta. → ....

L'ordre au vouvoiement

- L'impératif espagnol, comme nous l'avons vu, ne porte que sur la 2e personne du verbe, au singulier (¡Canta!, *Chante !*) et au pluriel (¡Cantad!, *Chantez !*). La conséquence est que les formes de l'impératif ne servent qu'à tutoyer, puisque le vouvoiement implique la 3e personne en espagnol.

- L'ordre au vouvoiement s'exprimera donc au moyen de la 3e personne du subjonctif, au singulier et au pluriel :

    – ¡Cante, señor!, *Chantez, Monsieur !*   – ¡Canten, señores!, *Chantez, Messieurs !*
    – ¡Coma, señora!, *Mangez, Madame !*   – ¡Coman, señoras!, *Mangez, Mesdames !*

- Les verbes pronominaux seront conjugués à la 3e personne suivie de l'enclise :

    – ¡Siéntese, señora!, *Asseyez-vous, Madame !*
    – ¡Siéntense, señoras!, *Asseyez-vous, Mesdames !*

9 Indiquez pour chacun de ces ordres quel est le *tratamiento* utilisé.

	Tratamiento de tú	Tratamiento de usted
a. ¡Venid a visitar España!	☐	☐
b. ¡Aprenda a hablar español!	☐	☐
c. ¡Diviértase en nuestras discotecas!	☐	☐
d. ¡Bañaos en nuestras playas!	☐	☐

L'ORDRE, L'OBLIGATION, LA NÉCESSITÉ

10 Formulez l'ordre associé à chacun de ses panneaux de quatre manières : au tutoiement, singulier et pluriel / au vouvoiement, singulier et pluriel.

Hacer deporte

a. ....
b. ....
c. ....
d. ....

Tener cuidado con el perro

e. ....
f. ....
g. ....
h. ....

Conducir lentamente

i. ....
j. ....
k. ....
l. ....

Ponerse el cinturón

m. ....
n. ....
o. ....
p. ....

Bravo, vous êtes venu à bout du chapitre 10 ! Il est maintenant temps de comptabiliser les icônes et de reporter le résultat en page 128 pour l'évaluation finale.

11. Aspects de la phrase simple

Les superlatifs

- Le superlatif absolu *(très)* se rend par muy + adjectif. On peut aussi l'exprimer par –ísimo(s), –ísima(s) qui prend la place de la terminaison (quand l'adjectif se termine par une voyelle) ou s'y ajoute (quand il se termine par une consonne) :

  – Es caro, *C'est cher.* → Es muy caro ou Es carísimo, *C'est très cher.*
  – Son altas, *Elles sont grandes.* → Son muy altas ou Son altísimas, *Elles sont très grandes.*
  – Es útil, *C'est utile.* → Es muy útil ou Es utilísimo, *C'est très utile.*

- Attention, pour qu'ils puissent conserver la même prononciation, les adjectifs qui se terminent en –go ou en –co doivent subir une modification orthographique :

  – Es simpática. → Es simpatiquísima.
  – Es amargo. → Es amarguísimo.

- Le superlatif relatif *(le/les plus/moins…, la/les plus/moins…)* se rend comme en français (el/los más/menos…, la/las más/menos…) lorsque l'adjectif est en position d'attribut, après le verbe ser. Si, par contre, il forme un groupe nom + adjectif épithète, l'article disparaît :

  – Es el más alto, *C'est le plus grand.*
  – Es el hombre más alto del mundo, *C'est l'homme le plus grand du monde.*

---

1 Complétez l'amorce en remplaçant le segment souligné par l'autre forme du superlatif.

a. El Amazonas es un río <u>muy largo</u>. Es un río ....

b. En el Amazonas hay <u>muchos</u> tipos de peces. Hay .... tipos de peces.

c. Quedan <u>muy pocas</u> tribus primitivas. Quedan .... tribus primitivas.

d. Amazonia es <u>muy rica</u> en recursos naturales. Es .... en recursos naturales.

e. La deforestación es <u>muy peligrosa</u> para el planeta. Es .... para el planeta.

f. Es <u>muy importante</u> proteger Amazonia. Es .... proteger Amazonia.

ASPECTS DE LA PHRASE SIMPLE

2 Reformulez les phrases suivantes sous la forme d'un « record du monde ».
Exemple : Es una ciudad muy poblada. → Es la ciudad .... del mundo.

a. México tiene veinticinco millones de habitantes: es una ciudad muy poblada.
   → ....

b. El Amazonas mide 6.800 kilómetros: es un río muy largo.
   → ....

c. El colibrí cubano pesa veinte gramos: es un pájaro muy ligero.
   → ....

d. Las tortugas argentinas viven ciento cincuenta años: son animales muy longevos.
   → ....

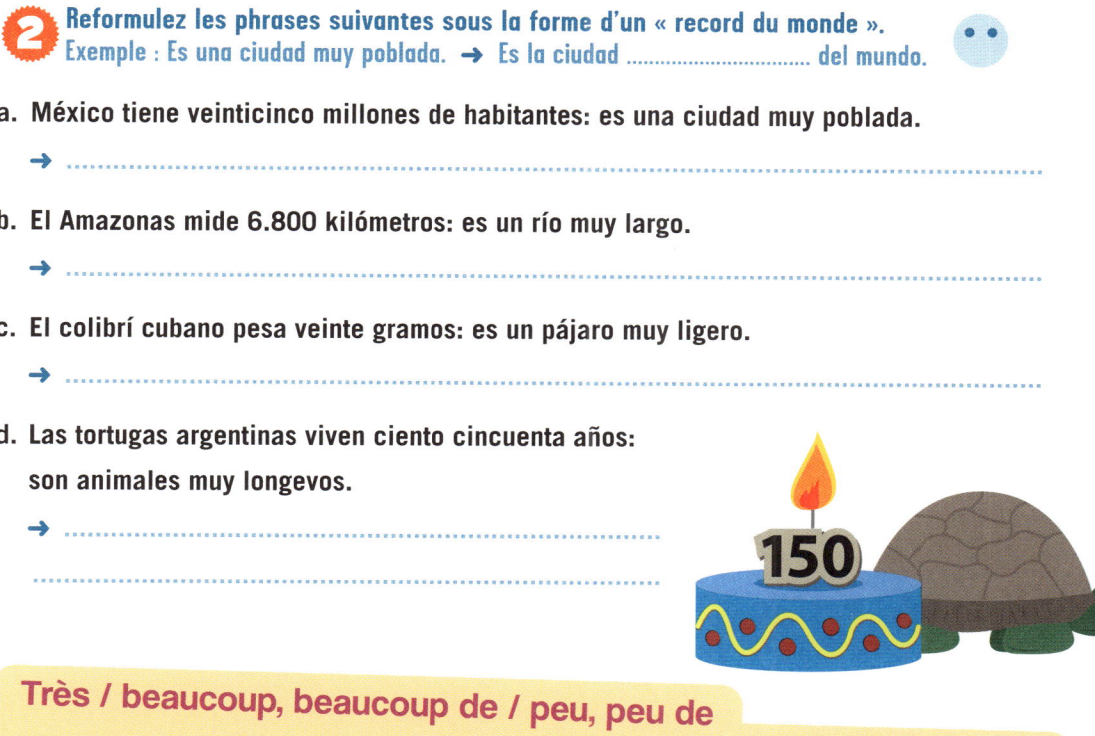

Très / beaucoup, beaucoup de / peu, peu de

- Nous venons de voir que, lorsqu'il accompagne un adjectif, *très* se rend par l'adverbe invariable muy. Quand il accompagne un verbe, *beaucoup* s'exprime également par un adverbe invariable : mucho.

  – **Estoy muy cansado,** *Je suis très fatigué.*
  – **Trabajo mucho,** *Je travaille beaucoup.*

- Lorsqu'ils accompagnent un nom, mucho(s) et mucha(s) sont adjectifs et s'accordent donc en genre et en nombre :

  – **Como mucho pescado,** *Je mange beaucoup de poisson.*
  – **Tengo muchos amigos,** *J'ai beaucoup d'amis.*
  – **Escribo muchas cartas,** *J'écris beaucoup de lettres.*
  – **Bebe mucha cerveza,** *Il boit beaucoup de bière.*

- Poco suit le même principe : invariable avec un verbe ou un adjectif *(peu)* et accordé quand il accompagne un nom *(peu de)*.

  – **Voy poco al cine,** *Je vais peu au cinéma.*
  – **Me siento poco motivada,** *Je me sens peu motivée.*
  – **Tengo pocos amigos,** *J'ai peu d'amis.*
  – **Veo pocas películas,** *Je vois peu de films.*

ASPECTS DE LA PHRASE SIMPLE

3 Cochez la case qui correspond au mot manquant dans chaque phrase.

	muy	mucho	muchos	mucha	muchas
a. Me gusta ……… chatear en Internet.	☐	☐	☐	☐	☐
b. Me hago ……… amigos chateando.	☐	☐	☐	☐	☐
c. Me paso ……… horas conectado.	☐	☐	☐	☐	☐
d. Para los niños, Internet puede ser ……… peligroso.	☐	☐	☐	☐	☐
e. Hay ……… información interesante en línea.	☐	☐	☐	☐	☐
f. Suelo perder ……… tiempo en Internet.	☐	☐	☐	☐	☐
g. ……… chicos juegan en línea.	☐	☐	☐	☐	☐
h. El juego en línea provoca ……… adicción.	☐	☐	☐	☐	☐

4 Traduisez ces phrases.

a. Je fais peu de sport. → ………………………………………………………………………

b. Tu manges peu de poisson. → ……………………………………………………………

c. Ils sont peu sympathiques. → ……………………………………………………………

d. Nous sommes peu patients. → ……………………………………………………………

e. J'achète peu de chaussures. → ……………………………………………………………

f. Il mange peu de viande. → …………………………………………………………………

g. Tu écris peu de lettres. → …………………………………………………………………

h. Ce film est peu intéressant. → ……………………………………………………………

ASPECTS DE LA PHRASE SIMPLE

Autres quantificateurs : trop / assez

- **Demasiado** *(trop)* **et bastante** *(assez)* **suivent le modèle de mucho et poco : invariables quand ils accompagnent un verbe ou un adjectif et accordés lorsqu'ils accompagnent un nom.**

  – **Como demasiado,** *Je mange trop.*
  – **Como demasiadas golosinas,** *Je mange trop de sucreries.*
  – **La sopa está demasiado fría,** *La soupe est trop froide.*

  – **Esta niña no come bastante,** *Cette enfant ne mange pas assez.*
  – **No come bastantes verduras,** *Elle ne mange pas assez de légumes.*
  – **Está bastante delgada,** *Elle est assez maigre.*

5 Dans ces bulles, une mère fait un certain nombre de reproches à son fils, comme : « *Tu joues trop à la Play !* » En suivant ce modèle de phrase, complétez les bulles.

a. ¡Juegas .... a la Play!

b. ¡Te pasas .... horas en Internet!

c. ¡Te acuestas .... tarde!

d. ¡Tienes .... amigos!

e. ¡Soy .... paciente contigo!

f. ¡Tienes .... libertad!

6 Le fils tente de se défendre : « *C'est faux ! Mes notes sont assez bonnes !* » En suivant ce modèle de phrase, complétez les bulles.

a. ¡Mentira! ¡Mis notas son .... buenas.

b. ¡Mentira! No tengo .... amigos.

c. ¡Mentira! No eres .... paciente conmigo.

d. ¡Mentira! No tengo .... libertad.

ASPECTS DE LA PHRASE SIMPLE

La formation des adverbes de manière

- Les adverbes de manière se construisent en ajoutant la terminaison –mente à l'adjectif au féminin. Il faut donc avoir en tête la marque du genre sur l'adjectif (voir page 9).

  – **tonto,** *bête* → **tontamente,** *bêtement*
  – **fuerte,** *fort* → **fuertemente,** *fortement*
  – **feliz,** *heureux* → **felizmente,** *heureusement*
  – **habitual,** *habituel* → **habitualmente,** *habituellement*

- Lorsque l'adjectif porte un accent écrit, l'adverbe qui en dérive le conserve.

  – **inútil,** *inutile* → **inútilmente,** *inutilement*
  – **espléndido,** *splendide* → **espléndidamente,** *splendidement*

7 Mettez l'adjectif donné au féminin. Puis, à partir de celui-ci, fabriquez l'adverbe en —*mente* correspondant et introduisez-le dans la phrase qui convient.

masculin	féminin	ADVERBE
cariñoso		
ágil		
triste		
feroz		
cómodo		
único		

a. Este perro es muy malo: ladra .... a todos los que pasan.

b. El perro está malo: me mira ....

c. El gato duerme .... en el sofá.

d. El gato salta .... por la ventana.

e. A los gatos les gusta que les acaricien ....

f. Las jirafas viven .... en África.

ASPECTS DE LA PHRASE SIMPLE

Les prépositions : quelques difficultés

- Dans les phrases du type *Il est difficile de / important de*, etc., la préposition de est absente en espagnol. Dans les phrases du type *C'est difficile à faire / à dire*, etc., l'espagnol emploie la préposition de :

  – **Es difícil aprender las conjugaciones**, *Il est difficile d'apprendre les conjugaisons.*
  – **Es difícil de comer**, *C'est difficile à manger.*

- Les prépositions a et en sont source de confusions pour les francophones. L'espagnol utilise a pour indiquer un mouvement et en pour dire le lieu où quelque chose se trouve :

  – **Viajo a París**, *Je voyage à Paris.*   – **Estoy en París**, *Je suis à Paris.*

8. Complétez ces phrases avec une des formules proposées entre parenthèses.

a. .... estudiar los verbos. (Es esencial / Es esencial de)

b. .... fumar en este bar. (Está prohibido / Está prohibido de)

c. Esta palabra es .... pronunciar. (imposible / imposible de)

d. A mí me .... aprender idiomas. (es fácil / es fácil de)

e. No .... recordar las conjugaciones. (es fácil / es fácil de)

9. Complétez ces phrases avec les prépositions *a* ou *en*.

a. ...... Sevilla, la gente es muy simpática.

b. Los estudiantes que residen ...... Sevilla están muy contentos.

c. Muchos Erasmus van ...... Sevilla para estudiar.

d. Cuando vuelven ...... su país, sienten nostalgia.

e. ¿Dónde estás? ¿...... casa?

f. Ven ...... casa, te invito.

Bravo, vous êtes venu à bout du chapitre 11 ! Il est maintenant temps de comptabiliser les icônes et de reporter le résultat en page 128 pour l'évaluation finale.

Lexique et lecture 2 : se déplacer

Prendre le train en Espagne

- **La RENFE** (Red Nacional de Ferrocarriles Españoles, *Réseau National des Chemins de Fer Espagnols*) **est la compagnie nationale qui exploite la presque totalité du transport ferroviaire. Son produit phare est el AVE** (Alta Velocidad Española, *Grande Vitesse Espagnole*), **l'équivalent de notre TGV. Son logo est un** *oiseau* (ave en espagnol).

- **Le réseau se divise en larga et media distancia, sans compter les trains de banlieue : cercanías** (littéralement : *proximités*). **Retenez quelques autres mots-clés.**

la estación : la gare

el andén : le quai

la taquilla : le guichet

el descuento : la réduction

pagar con tarjeta : payer avec une carte

pagar en efectivo : payer en espèces

turista : 2ᵉ classe

preferente : 1ʳᵉ classe

1 Observez ce billet de train et cherchez-y la traduction espagnole des mots suivants :

a. aller : ....

b. arrivée : ....

c. billet : ....

d. date : ....

e. départ : ....

f. espèces : ....

g. frais : ....

h. place : ....

i. prix : ....

j. retour : ....

k. réservation : ....

l. tarif : ....

m. train : ....

n. TVA : ....

o. voiture : ....

LEXIQUE ET LECTURE 2 : SE DÉPLACER

En la estación

– Buenosdíasporfavormegustaunaentradaporparís.
El señor de la ventanilla abre mucho los ojos.
– ¿Qué dice?
Frank coge aire y lo intenta otra vez.

– Buenosdíasporfavorquierounaentradaparaparís.
– Oiga, esto no es un cine – contesta el empleado.
– Perdón, no entiendo.
– Digo que esto no es un cine, que aquí no puede ver películas.
– No entiendo. Perdón.
– Tiene que decir «billete». Las entradas son para el cine y para el teatro.
– Entiendo. Sí. Perdón… Por favor, quiero un billete para París.
– Así. Muy bien. ¿De ida y vuelta o sencillo?
– No entiendo.
– ¿DE IDA Y VUELTA O SENCILLO?
– No entiendo.
– Tiene que hablar más despacio y no más alto. Este chico es extranjero, no sordo. Oye muy bien – dice alguien detrás de Frank.

Alfonso Buitrago, « Por soñar », en De viaje, Santillana, 1997.

2 **Compréhension du texte : lisez le texte *En la estación* et cochez les bonnes réponses aux questions suivantes.**

a. En este texto, ¿cuántos protagonistas hay?

uno ☐
dos ☐
tres ☐
cuatro ☐

b. ¿Cómo habla español Frank?

Lo habla perfectamente. ☐
No habla nada de español. ☐
Lo habla pero bastante mal. ☐

c. Frank quiere :

un billete de tren para París. ☐
una entrada para el cine. ☐
una entrada para el teatro. ☐

d. El empleado de la taquilla :

es sordo. ☐
es extranjero. ☐
no entiende bien a Frank. ☐

LEXIQUE ET LECTURE 2 : SE DÉPLACER

3 En vous servant des mots du texte, traduisez les phrases suivantes.

a. L'employé n'est pas sourd : → ....

b. Il faut parler doucement : → ....

c. Je vois quelqu'un derrière Frank : → ....

4 Les faux amis *billete* et *entrada*. Insérez celui qui convient dans chacune des phrases suivantes en faisant attention au nombre (singulier ou pluriel) et à l'article que vous utiliserez : el, la, los, las... ou pas d'article !

a. Hola, ¿vende usted .... para trenes de cercanías?

b. Cómprame dos .... para el concierto de Bisbal, por favor.

c. .... de autobús es más barato que el de tren.

d. En avión, si tienes .... de primera clase, ¡te dan champán gratis!

e. .... para las corridas de toros suelen ser bastante caras.

f. Para esta obra de teatro, puedes comprar .... en Internet.

5 Les faux amis *entender* et *oír*. Insérez le verbe qui convient dans les phrases suivantes, conjugué à la personne adéquate.

a. Este joven .... muy bien: no hace falta que hable tan alto.

b. Leo bastante bien el español pero no .... a la gente cuando habla demasiado rápido.

c. Sube el volumen de la música, por favor : ¡no .... nada!

d. Este texto es demasiado difícil para mí: no .... nada.

e. ¿... usted lo que digo o se lo vuelvo a explicar?

f. ¡Estoy en el tren! Hay mucho ruido. ¿Me ....?

LEXIQUE ET LECTURE 2 : SE DÉPLACER

6 Le *damero maldito*, damier maudit, est un grand classique pour les amateurs de jeux de lettres espagnols. Trouvez les mots correspondant aux définitions ci-dessous et reportez les lettres dans le damier en vous aidant des chiffres correspondants. Une phrase apparaît alors. Saurez-vous la retrouver et la traduire ?...

a. Para entrar en una casa hay que abrir la…

| 26 | 2 | 19 | 32 | 16 | 29 |

e. Lo que cuesta una cosa es su…

| 30 | 7 | 17 | 21 | 12 | 25 |

b. Para abrir la puerta hace falta una…

| 14 | 23 | 39 | 40 | 6 |

f. Sirve para sentarse, es la…

| 34 | 3 | 24 | 13 | 31 |

c. Los hijos de mi hermano son mis…

| 18 | 36 | 11 | 42 | 22 | 20 | 41 | 4 |

g. Animal muy fiel (en femenino):

| 35 | 15 | 28 | 37 | 8 |

d. Adverbio de lugar que indica proximidad:

| 27 | 1 | 9 | 33 |

h. Indica que algo termina, en francés y en español:

| 38 | 5 | 10 |

i. La frase escondida es:

....
....
....
....
....

j. Y su traducción es:

....
....
....
....

LEXIQUE ET LECTURE 2 : SE DÉPLACER

Demander son chemin

- Les Espagnols ont la réputation de répondre fort aimablement lorsqu'on leur demande un renseignement et le cliché veut même que, si vous cherchez votre chemin, on vous accompagne jusqu'à destination…

- Il vaut mieux cependant être capable de poser clairement vos questions et de comprendre les explications qu'on vous donnera.

Pour poser des questions

¿Puede(s) decirme…,
Pouvez-vous (peux-tu) me dire…
… dónde está / dónde queda…?,
… où se trouve…?
… cómo se va a…?,
 … comment on va à…?

Pour donner des indications

ir a / hasta, *aller à / jusqu'à*
seguir, *continuer*
girar, *tourner*
tomar, *prendre*
a la derecha, *à droite*
a la izquierda, *à gauche*
recto, *tout droit*
la primera / segunda / tercera, *la première, deuxième, troisième*

7 Lisez les quatre dialogues autour du plan de ville de la page 79 et indiquez si les personnes se tutoient ou se vouvoient.

	Tú	Usted
a.	☐	☐
b.	☐	☐
c.	☐	☐
d.	☐	☐

8 D'après les indications fournies, dites dans quelle rue se trouvent les différents lieux que cherchent ces personnes.

a. **El colegio está**
→ ....

b. **La biblioteca está**
→ ....

c. **La discoteca está**
→ ....

d. **El cine está**
→ ....

9 Un garçon se trouve au cinéma, il veut aller à la bibliothèque et demande son chemin à une jeune fille. Rédigez leur dialogue au tutoiement (une question et une réponse, comme à la page 79).

– ....
....
....

– ....
....
....

LEXIQUE ET LECTURE 2 : SE DÉPLACER

A — Por favor, ¿cómo se va al colegio?
Toma la calle de la Luna, sigue todo recto y luego gira por la segunda calle a la izquierda. Allí es.

B — ¿Puede decirme cómo se va a la discoteca?
Tome la Avenida de la Estación, siga todo recto y gire por la cuarta a la derecha: es allí.

LA PERSONA ESTÁ AQUÍ

Avenida de la Estación
Calle de la Luna
Calle Real
Calle del Sol
Calle San Miguel
Paseo de la Paz
Calle Mayor

C — Por favor, ¿dónde está el cine?
Tiene que tomar la calle de la Luna, seguir todo recto, tomar la segunda a la izquierda y luego la primera a la derecha.

D — Perdón, quisiera ir a la biblioteca.
Tienes que tomar la Avenida de la Estación, seguir todo recto y luego girar por la tercera a la derecha. Es allí.

Bravo, vous êtes venu à bout du chapitre Lexique et lecture 2 ! Il est maintenant temps de comptabiliser les icônes et de reporter le résultat en page 128 pour l'évaluation finale.

79

12 L'expression du futur

Futur proche et futur

- Le futur proche s'exprime en espagnol comme en français, avec le verbe **ir**, *aller* suivi de l'infinitif. Mais **ir** est alors suivi de la préposition **a** :
  - **Voy a comer,** *Je vais manger.*
  - **¿Vas a venir?,** *Tu vas venir ?*
  - **Vamos a hacer un viaje,** *Nous allons faire un voyage.*

- Le futur simple se forme, comme en français, sur l'infinitif auquel on ajoute des terminaisons issues de l'auxiliaire *avoir* : **comeré (comer + é)**, *je mangerai (je manger + ai)*. Observez bien les accents écrits.

- Seuls douze verbes subissent des irrégularités, qui ne portent que sur le radical :

cantar (régulier)	poder (irrégulier)
cantaré	podré
cantarás	podrás
cantará	podrá
cantaremos	podremos
cantaréis	podréis
cantarán	podrán

- caber : cabré…
- decir : diré…
- haber : habré…
- hacer : haré…
- poder : podré…
- poner : pondré…
- querer : querré…
- saber : sabré…
- salir : saldré…
- tener : tendré…
- valer : valdré…
- venir : vendré…

1 Soulignez les sept verbes au futur simple présents dans ce court extrait de roman, puis réécrivez-les et donnez leur infinitif.

a. futur : ……………………… /
   infinitif : ………………………

b. futur : ……………………… /
   infinitif : ………………………

c. futur : ……………………… /
   infinitif : ………………………

d. futur : ……………………… /
   infinitif : ………………………

> – Si tú quieres, yo haré de ti un gran guitarrista.
>
> – Pero si no tengo tiempo ni guitarra.
>
> – Yo te regalaré una guitarra. Y en cuanto al tiempo, déjalo también de mi cuenta. También tengo algunos remedios para eso. Junto con la guitarra, te voy a regalar tiempo para tocarla. Serás guitarrista en unos pocos meses. Harás viajes, ganarás dinero, seducirás mujeres, y nunca tendrás jefe.
>
> Luis Landero, El guitarrista, Tusquets Editores, Barcelona, 2002.

L'EXPRESSION DU FUTUR

e. futur : .... / infinitif : ....
f. futur : .... / infinitif : ....
g. futur : .... / infinitif : ....

2 Conjuguez à toutes les personnes du futur simple les deux premiers verbes trouvés dans le texte.

a.

b.

3 Transformez les phrases suivantes en remplaçant le futur proche par le futur simple.

a. ¿Me vas a ayudar a tocar la guitarra?
→ ....

b. Vamos a ser famosos. → ....

c. No voy a poder tocar esta partitura.
→ ....

d. Me vais a decir qué os parece esta guitarra.
→ ....

e. El público va a querer que sigas tocando.
→ ....

f. No van a tener tiempo para aprender. → ....

L'EXPRESSION DU FUTUR

Le futur dans la subordonnée

- En espagnol, le futur ne s'utilise que dans les propositions principales, indépendantes, complétives et dans l'interrogation indirecte :

  – **Mañana trabajaré,** *Je travaillerai demain.*
  – **Te ayudaré si tengo tiempo,** *Je t'aiderai si j'ai le temps.*
  – **No sé si podré salir,** *Je ne sais pas si je pourrai sortir.*
  – **¿Sabes cuándo vendrás?,** *Tu sais quand tu viendras ?*
  – **Pienso que volveré,** *Je pense que je reviendrai.*

- Une erreur fréquente pour les francophones consiste donc à utiliser le futur dans la subordonnée de temps : *Quand je pourrai..., Le jour où tu viendras..., Dès que tu auras...,* **Cuando podré... El día que vendrás... En cuanto tendrás...** L'espagnol emploie ici le subjonctif.

  – **Cuando pueda, iré a verte,** *Quand je pourrai, j'irai te voir.*
  – **El día que vengas, saldremos a pasear,** *Le jour où tu viendras, nous sortirons nous promener.*
  – **En cuanto tengas dinero, ¡págame!,** *Dès que tu auras de l'argent, paye-moi !*
  – **Mientras quieras, te ayudaré,** *Tant que tu voudras, je t'aiderai.*

4 Traduisez les phrases suivantes.

a. Je me demande s'ils viendront. →

b. Dès que je te verrai, je te payerai. →

c. Il ne sait pas s'il pourra venir. →

d. Tu sais quand sortira son livre ? →

e. Il se demande où il vivra. →

f. Le jour où je te payerai, tu seras content. →

g. Je ne sais pas si nous chanterons. →

h. Je ne sais pas comment je m'habillerai. →

i. Je lirai son livre quand il sortira. →

j. Tant qu'il fera soleil, j'irai à la plage. →

L'EXPRESSION DU FUTUR

5 Transformez les phrases suivantes en introduisant une subordonnée temporelle au futur. Exemple phrase a :
Je ne vais pas au Mexique parce que je ne parle pas bien espagnol.
→ Quand je parlerai bien espagnol, j'irai au Mexique.

a. No voy a México porque no hablo bien español.
Cuando .... español, ... a México.

b. No conduzco una moto porque no soy mayor de edad.
Cuando .... mayor de edad, ... una moto.

c. No sabes las conjugaciones porque no las aprendes.
Cuando las ...., ... las conjugaciones.

d. Este chico no tiene buenas notas porque no estudia.
Cuando ...., este chico .... buenas notas.

e. No van a la playa porque no hace sol.
Cuando .... sol, ... a la playa.

Le futur hypothétique

- Il y a une autre différence entre le français et l'espagnol concernant le futur. En espagnol, le futur simple peut exprimer l'hypothèse.

    – **¿Cuánto costará?**, *Combien est-ce que ça peut bien coûter ?*
    – **Estará viendo la tele**, *Il doit être en train de regarder la télé.*

- Retenez donc ces trois façons de rendre l'hypothèse en espagnol, à l'indicatif et au subjonctif : l'indicatif présent, l'indicatif futur et le subjonctif.

    – **A lo mejor piensa que tengo dinero**, *Il pense peut-être que j'ai de l'argent.*
    – **Pensará que tengo dinero**, *Il doit penser que j'ai de l'argent.*
    – **Tal vez** (ou **quizás**) **piense que tengo dinero**, *Il pense peut-être que j'ai de l'argent.*

6 Traduisez les phrases suivantes.

a. La persona que usted busca no vive aquí: será un error.
→ ....

b. Pedro ha llamado diez veces: querrá decirte algo importante.
→ ....

L'EXPRESSION DU FUTUR

7. Dans chacune des phrases suivantes, reformulez le fragment souligné pour exprimer l'hypothèse de deux autres manières.

Dice que no puede salir esta noche. <u>A lo mejor está repasando un examen.</u>

a. .... un examen.

b. .... un examen.

Lo he llamado pero no contesta. <u>Quizás no tiene cobertura el móvil.</u>

c. .... cobertura el móvil.

d. .... cobertura el móvil.

Lleva zapatillas de deporte y un chándal. <u>Irá al gimnasio.</u>

e. .... al gimnasio.

f. .... al gimnasio.

Approches de la proposition relative

- *Qui* se rend en espagnol par **que** quand il est sujet et par **quien** ou **el (la, los, las) que** après une préposition, lorsqu'il renvoie à une personne.

    – **El hombre que canta,** *L'homme qui chante.*
    – **El hombre de quien (del que) hablo,** *L'homme de qui je parle.*

- *Que* se rend par **que**. Quand il renvoie à une personne, il peut aussi se rendre par **a quien(es)**. *Lequel, laquelle, lesquels, lesquelles* se rendent par **el (la) que, los (las) que** ou **el (la) cual, los (las) cuales**. Ces relatifs valent pour les choses et les personnes.

    – **El disco que escucho,** *Le disque que j'écoute.*
    – **El guitarrista que (a quien) escucho,** *Le guitariste que j'écoute.*
    – **La empresa en la que trabajo,** *L'entreprise dans laquelle je travaille.*
    – **Las personas con las que trabajo,** *Les personnes avec lesquelles je travaille.*

- *Où* se rend de deux façons : **donde** et **en que**. **Donde** ne vaut que pour l'espace ; **en que** vaut pour le temps et pour l'espace.

    – **El día en que nací,** *Le jour où je suis né.*
    – **El país en que vivo,** *Le pays où j'habite.*
    – **La ciudad donde resido,** *La ville où je reside.*

- Dans la relative, le futur se rend par le subjonctif.

    – **Haz lo que quieras,** *Fais ce que tu voudras.*

L'EXPRESSION DU FUTUR

8 **Reliez les deux phrases au moyen d'une proposition relative.**
Exemple phrase a : Je m'adresse à une femme. Cette femme est mon professeur.
→ La femme à qui je m'adresse est mon professeur.

a. Me dirijo a una mujer. Esta mujer es mi profesora.
.... es mi profesora.

b. Vivo en un barrio. Este barrio es muy simpático.
.... es muy simpático.

c. Reparto pizzas con una moto. Esta moto es verde.
.... es verde.

d. Te hablo de una chica. Esta chica es mi vecina.
.... es mi vecina.

9 **Introduisez le relatif qui convient dans ces phrases (*donde* ou *en que*). Si les deux relatifs sont possibles, écrivez les deux, séparés par un slash.**

a. La ciudad .... se pasan las vacaciones está a la orilla del mar.

b. Me acuerdo muy bien de la noche .... te conocí.

c. ¿Cuál fue el año .... el Barça ganó la Champions?

d. Esta es la casa .... me gustaría vivir.

10 **Traduisez ces phrases.**

a. Viens quand tu pourras.
→ ....

b. Le premier qui appellera aura une voiture.
→ ....

c. Le jour où tu viendras, je serai content.
→ ....

d. J'aimerai l'homme qui me comprendra.
→ ....

Bravo, vous êtes venu à bout du chapitre 12 ! Il est maintenant temps de comptabiliser les icônes et de reporter le résultat en page 128 pour l'évaluation finale.

13 Les temps du passé

L'imparfait de l'indicatif

- Les emplois de l'imparfait sont presque les mêmes en français et en espagnol. On forme ce temps à partir du radical de l'infinitif auquel on ajoute deux types de terminaisons : en **–aba** pour les verbes en **–ar** et en **–ía** pour les verbes en **–er** et en **–ir**.

- Il n'y a que trois verbes irréguliers :
    - ser : era, eras, era, éramos, erais, eran
    - ir : iba, ibas, iba, íbamos, ibais, iban
    - ver : veía, veías, veía, veíamos, veíais, veían.

cantar	comer
cantaba	comía
cantabas	comías
cantaba	comía
cantábamos	comíamos
cantabais	comíais
cantaban	comían

1 Complétez ce tableau des conjugaisons de l'imparfait.

INFINITIF	yo	tú	él, ella, usted	nosotros, nosotras	vosotros, vosotras	ellos, ellas, ustedes
		jugabas		jugábamos		jugaban
estar	estaba		estaba		estabais	
hacer	hacía	hacías	hacía			
				decíamos	decíais	decían
divertirse	me	te				

2 Complétez ces phrases en conjuguant le verbe donné à l'imparfait.

a. En mi época, yo no .... (ir) tanto al cine.

b. Cuando .... (tener) quince años, yo no .... (ser) tan libre.

c. Cuando .... (ser) pequeños, nosotros no .... (ver) tanto la tele.

d. Los mayores .... (oír) la radio y los niños .... (jugar) en la calle.

LES TEMPS DU PASSÉ

3 **Complétez ce petit texte en y insérant *ser* ou *estar* conjugués à l'imparfait de l'indicatif, à la personne qui convient.**

Toda la familia .... en el salón: .... la hora de la comida y todos .... viendo la tele. A veces, los padres y los hijos no .... de acuerdo: unos .... partidarios de ver las series y otros .... a favor del telediario. Pero el padre siempre .... de mal humor y además .... muy autoritario, de modo que siempre .... él quien decidía.

Le passé simple régulier et ses emplois

- Le passé simple régulier a deux modèles de terminaisons. N'oubliez pas les accents écrits : ils indiquent la prononciation et évitent des confusions avec d'autres temps.
    - verbes en **–ar : é, aste, ó, amos, asteis, aron**
    - verbes en **–er** et en **–ir : í, iste, ió, imos, isteis, ieron**

- La première personne du singulier des verbes en **–ar** dont le radical se termine en **g** ou **c** (ju**g**ar, indi**c**ar…) subit une modification orthographique de façon à conserver la même prononciation : **jugué, indiqué**. Le reste de la conjugaison est régulier.

- Le passé simple exprime comme en français une action révolue dont on n'envisage pas les effets sur le présent. Mais l'espagnol l'emploie couramment dans la langue parlée, alors que le français recourt ici au passé composé :

    – **Ayer cené en un restaurante,** *Hier soir, j'ai dîné au restaurant.*

cantar	comer
canté	comí
cantaste	comiste
cantó	comió
cantamos	comimos
cantasteis	comisteis
cantaron	comieron

4 **Voici quinze formes conjuguées des verbes suivants : *pagar, escribir, jugar, contar, cerrar* et *beber*. Barrez celles qui ne peuvent en aucun cas être du passé simple.**

LES TEMPS DU PASSÉ

5. Retrouvez dans cette grille trois formes du passé simple (à la verticale, à l'horizontale ou en diagonale). Entourez-les, puis donnez leur conjugaison complète au passé simple.

V	T	L	E	Ó	N	T	E
T	O	M	I	E	R	O	N
B	A	L	P	E	N	S	É
A	M	I	V	U	A	S	O
I	I	L	I	I	E	T	E
L	C	Y	V	G	S	U	R
I	H	C	I	U	R	T	U
Ó	U	T	Ó	E	L	L	E

a. ....

b. ....

c. ....

6. Complétez les phrases suivantes au passé simple, en imitant le modèle.
Exemple : El año pasado no XXX, pero este año voy a estudiar.
→ El año pasado no estudié, pero este año voy a estudiar.

a. El año pasado no XXX en casa, pero este año vas a ayudar.

→ ....

b. El curso pasado no XXX , pero este año voy a leer.

→ ....

c. El año pasado XXX mucho tiempo en Internet, pero este año no vais a perder tanto.

→ ....

d. El año pasado mi hermano XXX mucho al fútbol, pero este año no va a jugar tanto.

→ ....

LES TEMPS DU PASSÉ

7 Comme dans l'exemple, reliez les propositions (colonne de gauche) à leur conséquence (colonne de droite).

a. no saber la respuesta • → • no escribir nada

b. la puerta / estar cerrada • • subir por las escaleras

c. no quedar café • • decidir ver una serie en la tele

d. María / no contestar al teléfono • • aprender español

e. no haber billetes de avión • • llamar a su puerta

f. no tener ganas de salir • • entrar por la ventana

g. el ascensor / no funcionar • • apagar la tele

h. el título / parecer interesante • • preparar un té

i. yo / querer trabajar en Madrid • • viajar en tren

j. el programa / no ser interesante • • abrir el libro

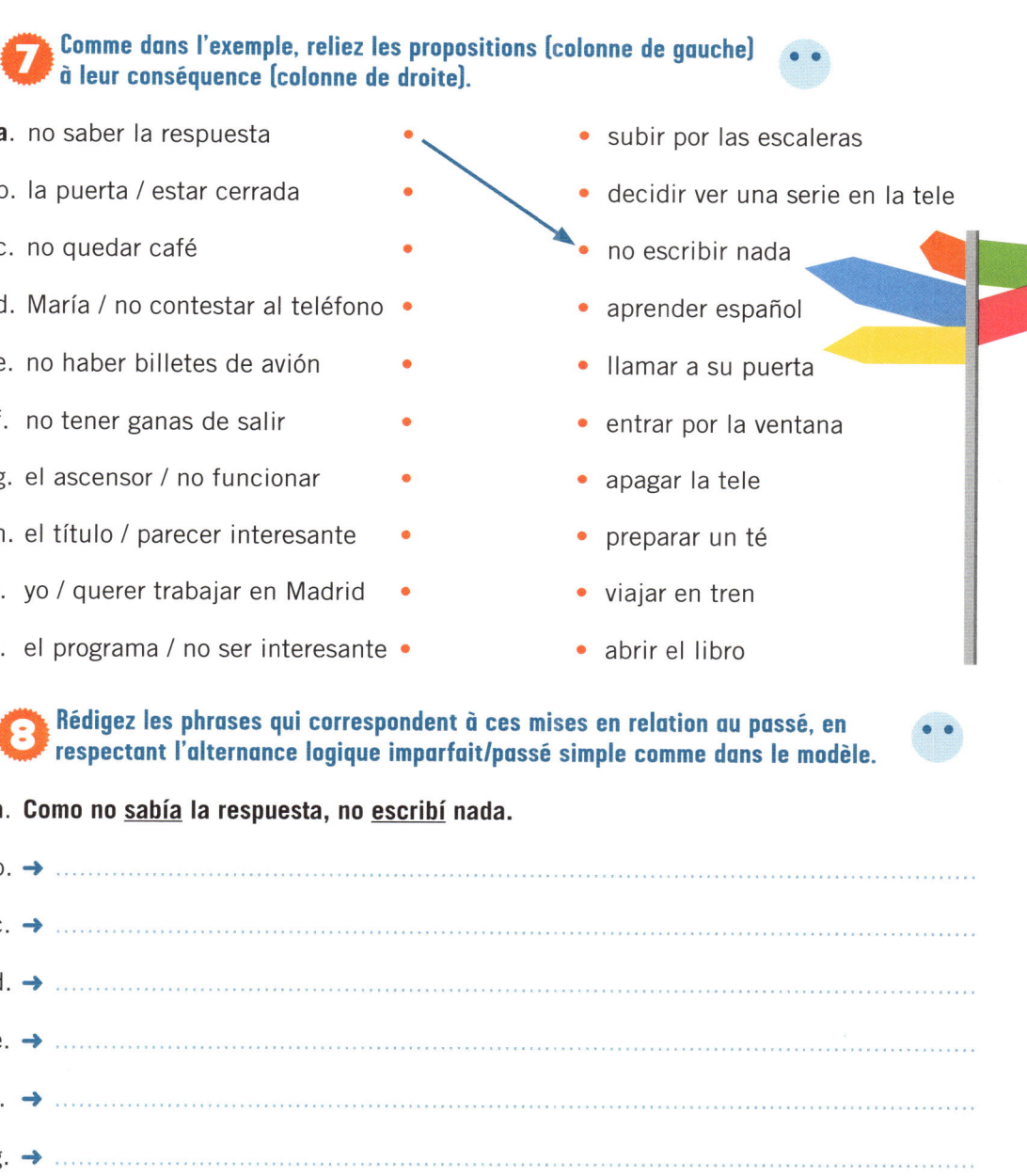

8 Rédigez les phrases qui correspondent à ces mises en relation au passé, en respectant l'alternance logique imparfait/passé simple comme dans le modèle.

a. **Como no <u>sabía</u> la respuesta, no <u>escribí</u> nada.**

b. → ....

c. → ....

d. → ....

e. → ....

f. → ....

g. → ....

h. → ....

i. → ....

j. → ....

LES TEMPS DU PASSÉ

Le passé composé

- En espagnol, le passé composé n'a pas envahi la langue quotidienne au détriment du passé simple, comme en français. Il est cependant très courant lorsque l'on envisage des événements passés qui restent actuels, par leurs conséquences réelles ou la façon d'en parler.

cantar	comer
he cantado	he comido
has cantado	has comido
ha cantado	ha comido
hemos cantado	hemos comido
habéis cantado	habéis comido
han cantado	han comido

- Il se construit toujours avec l'auxiliaire *avoir*, **haber**, suivi du participe passé invariable : radical de l'infinitif + terminaisons en **–ado** pour les verbes en **–ar** et en **–ido** pour les verbes en **–er** et en **–ir**.

  – **Ya he tomado café, gracias,** *J'ai déjà pris du café, merci.*
  – **No he podido venir antes,** *Je n'ai pas pu venir avant.*
  – **Todavía no hemos salido hoy,** *Nous ne sommes pas encore sortis aujourd'hui.*

- Il existe de nombreux participes irréguliers. En voici quelques-uns :

  – **abierto** (abrir)   – **dicho** (decir)   – **escrito** (escribir)   – **hecho** (hacer)
  – **puesto** (poner)   – **roto** (romper)   – **visto** (ver)   – **vuelto** (volver)

9 Transposez toutes ces phrases au passé composé.

a. Yo no abro la puerta.

➔ ....

b. Volvéis de las vacaciones cansados.

➔ ....

c. ¿Le escribes a la abuela?

➔ ....

d. No podemos venir a tu cumpleaños.

➔ ....

e. ¿Ustedes piden pescado?

➔ ....

LES TEMPS DU PASSÉ

10 Voici six formes verbales au passé composé : introduisez chacune d'elles dans la phrase qui convient.

a. No encuentro las llaves: ¿dónde las .... ?

b. No estoy contento contigo: no .... tus deberes.

c. ¿Quién .... mis gafas?

d. Te .... mil veces que no te pases horas con el ordenador.

e. Muchas gracias por la invitación: .... muy bien.

f. Te .... Carmen y Juan.

> ha visto
> hemos comido
> he dicho
> han llamado
> habéis puesto
> has hecho

11 Parmi ces activités, lesquelles avez-vous déjà faites (« ya… ») et pas encore faites (« Todavía no… ») ? Cochez la bonne case et rédigez la phrase correspondante.

	Sí	No	
a. viajar en avión	☐	☒	Todavía no he viajado en avión.
b. comer paella	☒	☐	Ya he comido paella.
c. ver una película española en VO	☐	☐	
d. hacer autoestop	☐	☐	
e. cantar flamenco	☐	☐	
f. tener un diario íntimo	☐	☐	
g. estar enamorado	☐	☐	
h. bañarse en el Atlántico	☐	☐	
i. hacer un discurso	☐	☐	
j. subir en globo	☐	☐	
k. actuar en una obra teatral	☐	☐	
l. ir a América latina	☐	☐	

Bravo, vous êtes venu à bout du chapitre 13 ! Il est maintenant temps de comptabiliser les icônes et de reporter le résultat en page 128 pour l'évaluation finale.

14
Les temps du passé (suite)

Les passés simples irréguliers

- Le groupe le plus important est formé par 15 verbes très usuels qui ont pour la plupart une terminaison commune : **–e, –iste, –o, –imos, –isteis, –ieron**. Contrairement à celle des passés simples réguliers, elle ne porte pas d'accent écrit.

- Observez la conjugaison de **estar** et retenez les radicaux irréguliers qui suivent ce modèle.

- Il y a 3 verbes particuliers dans cette famille :

  – **decir** a une 3ᵉ personne du pluriel en **–eron** : **dije, dijiste, dijo, dijimos, dijisteis, dijeron**

  – **ser** et **ir** ont la même conjugaison : **fui, fuiste, fue, fuimos, fuisteis, fueron.**

estar	autres radicaux irréguliers	
estuve	anduv- (andar)	quis- (querer)
estuviste	cup- (caber)	sup- (saber)
estuvo	hic- (hacer)	traj- (traer)
estuvimos	hub- (haber)	tuv- (tener)
estuvisteis	pud- (poder)	vin- (venir)
estuvieron	pus- (poner)	

1 Retrouvez dans cette grille six formes verbales au passé simple (à la verticale, à l'horizontale ou en diagonale), puis introduisez-les dans la phrase qui convient.

V	I	N	I	S	T	E	I	S
P	H	I	L	T	O	R	F	A
I	U	P	B	R	A	Z	Y	T
T	E	D	I	J	I	S	T	E
O	B	L	I	L	C	H	U	S
H	R	U	T	E	S	O	V	I
I	M	A	L	L	R	H	E	J
Z	U	F	U	I	M	O	S	T
O	Q	U	O	T	N	A	N	I

a. A los diez años .... mi primera bicicleta.

b. Eres una mentirosa: ¿por qué no me .... la verdad?

c. ¿Por qué no .... a mi cumpleaños?

d. Ayer .... bastante sol.

e. Había demasiada gente y no .... entrar en el estadio.

f. La semana pasada .... a ver a la abuela.

LES TEMPS DU PASSÉ (SUITE)

Autres groupes irréguliers

- Les verbes à affaiblissement et les verbes à alternance présentent eux aussi une irrégularité au passé simple. La voyelle du radical se ferme en **–i** (ou en **–u**) à la 3e personne du singulier et du pluriel : **pidió**, **pidieron** ; **sintió**, **sintieron** ; **durmió**, **durmieron**.
- Chez les verbes dont le radical se termine en voyelle, un **–y** vient s'intercaler à la 3e personne du singulier et du pluriel : **leyó**, **leyeron**.
- Les verbes en **–ducir** ont un radical en **duj-** : **conduje**, **condujiste**… ; **traduje**, **tradujiste**…
- **Dar** *(donner)* est un cas particulier : **di, diste, dio, dimos, disteis, dieron**.

2 Réécrivez ces phrases en les transposant au passé simple.

a. Cristóbal Colón descubre América pero no es él quien le da su nombre al Nuevo Mundo.

→ ....

b. Mide mal la circunferencia de la Tierra, por eso el viaje dura más de lo previsto.

→ ....

c. Repite el viaje a América cuatro veces y muere en Valladolid.

→ ....

d. Los españoles introducen nuevas enfermedades en América.

→ ....

e. Destruyen las antiguas culturas precolombinas y construyen otra civilización.

→ ....

Exprimer la simultanéité

- Vous pouvez exprimer la simultanéité de deux actions au passé au moyen d'une conjonction de subordination comme **cuando**. Mais pour ce faire, l'espagnol utilise aussi très souvent le groupe prépositionnel **al** suivi de l'infinitif :
- **Cuando entró, vio que no había nadie** ou **Al entrar, vio que no había nadie**, *En entrant, il vit qu'il n'y avait personne.*

LES TEMPS DU PASSÉ (SUITE)

3 Remplacez la formule « *al* + infinitif » par « *cuando* + verbe conjugué ».

a. Al abrir el periódico, fui directamente a la página de deportes.

→ ...., fui directamente a la página de deportes.

b. Al llegar a México, noté que el acento era diferente del de España.

→ ...., noté que el acento era diferente del de España.

c. Al ver que no hacía sol, decidimos quedarnos en casa.

→ ...., decidimos quedarnos en casa.

4 Remplacez « *cuando* + verbe conjugué » par « *al* + infinitif ».

a. Cuando volvió a casa, el padre vio que su hijo estaba escuchando música.

→ ...., el padre vio que su hijo estaba escuchando música.

b. Cuando oyeron ruido, miraron por la ventana.

→ ...., miraron por la ventana.

c. Cuando murió, dejó todo su dinero a una ONG.

→ ...., dejó todo su dinero a una ONG.

Exprimer le temps dans la phrase

- Retenez les adverbes et les locutions qui servent à se repérer dans le temps par rapport à **hoy**, *aujourd'hui*.

  – **antes de ayer**, *avant-hier*   – **ayer**, *hier*   – **esta mañana**, *ce matin*
  – **esta tarde**, *cet après-midi*   – **mañana**, *demain*   – **pasado mañana**, *après-demain*

- Ces mots vont commander un certain usage des temps, qui est pour l'essentiel le même qu'en français. Il y a cependant, comme nous l'avons vu, des différences en ce qui concerne l'emploi du passé simple dans la langue parlée.

LES TEMPS DU PASSÉ (SUITE)

C. Esta mañana he encargado libros para Candela y esta tarde voy a ayudar a Isa con la tarea de la escuela.

D. Mañana mandaré invitaciones para la presentación de Carla.

B. Ayer llamé a la distribuidora.

A. Antes de ayer llevé a Alejandro a la guarde.

E. Pasado mañana pediré el material de papelería a la distribuidora.

5 Nous sommes mercredi, il est 14 heures. Belén, libraire, parle de ses activités, passées et à venir, de la semaine. Lisez attentivement les bulles ci-dessus et repérez les temps utilisés.

a. Pour parler de ce qu'elle a fait les jours qui précèdent, Belén utilise ....

b. Pour parler de ce qu'elle a fait le matin même, Belén utilise ....

c. Pour parler de ce qu'elle va faire l'après-midi même, Belén utilise ....

d. Pour parler de ce qu'elle va faire les jours suivants, Belén utilise ....

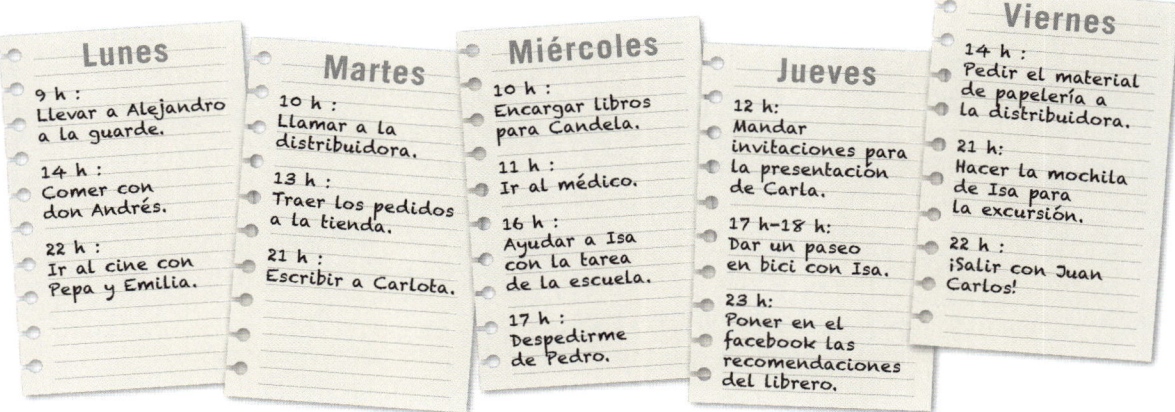

LES TEMPS DU PASSÉ (SUITE)

6 Racontez la semaine de Belén en suivant ces quelques consignes :
— complétez les amorces en reportant pour chacune d'elles les deux activités qui lui correspondent dans l'agenda (voir page 95).
— rédigez la phrase à la 3ᵉ personne du singulier (exemple : « Avant-hier Belén a déjeuné avec don Andrés et elle est allée au cinéma avec Pepa et Emilia »).
— prenez mercredi 14 heures comme référence et faites attention aux temps employés.

a. Antes de ayer, Belén ....
....

b. Ayer, Belén ....
....

c. Esta mañana, Belén ....
y esta tarde, ...

d. Mañana, Belén ....
....

e. Pasado mañana, Belén ....
....

Le conditionnel

- Le conditionnel espagnol se construit comme en français à partir de l'infinitif, auquel on ajoute des terminaisons issues de l'imparfait de l'auxiliaire *avoir* : **comería** (**comer** + **ía**), *je mangerais (manger + ais)*.

  comería
  comerías
  comería
  comeríamos
  comeríais
  comerían

- Les irrégularités concernent les mêmes verbes qu'au futur.

  – caber: cabría…   – poder: podría…   – salir: saldría…
  – decir: diría…   – poner: pondría…   – tener: tendría…
  – haber: habría…   – querer: querría…   – valer: valdría…
  – hacer: haría…   – saber: sabría…   – venir: vendría…

- Retenez deux emplois du conditionnel identiques en espagnol et en français : la valeur d'atténuation et la concordance des temps dans une phrase au passé :

  – **¿Tendrías fuego?**, *Tu aurais du feu ?* (atténuation)
  – **Pensaba que me llamarías**, *Je pensais que tu m'appellerais.* (concordance)

LES TEMPS DU PASSÉ (SUITE)

7 Reformulez ces phrases en donnant aux verbes la valeur d'atténuation.

a. ¿Puedo utilizar tu móvil? → ....

b. ¿Es posible vernos más tarde? → ....

c. Deseamos un móvil más barato. → ....

d. ¿Estáis dispuestos a ayudarnos? → ....

e. ¿Me haces un favor? → ....

f. ¿Me dices la respuesta? → ....

8 Réécrivez ces phrases en mettant le verbe principal à l'imparfait et en faisant la concordance des temps dans la subordonnée.

a. Estos niños piensan que de mayores serán futbolistas.

→ ....

b. ¿Te imaginas que un día tendrás nietos?

→ ....

c. El profesor dice que pronto sabremos hablar español.

→ ....

d. Mi abuelo cree que los extraterrestres nos invadirán.

→ ....

e. Estoy convencido de que me hará este favor.

→ ....

Bravo, vous êtes venu à bout du chapitre 14 ! Il est maintenant temps de comptabiliser les icônes et de reporter le résultat en page 128 pour l'évaluation finale.

La phrase complexe au passé

Le subjonctif imparfait

- L'imparfait du subjonctif fait partie de l'espagnol courant. Pour le former, on part de la 3ᵉ personne du pluriel du passé simple (**hablaron**, **comieron**, **quisieron**...) et on introduit, à la place de la dernière syllabe, des terminaisons en **–ra**, **–ras**, **–ra**, **–ramos**, **–rais**, **–ran**.

hablar	comer	querer
hablara	comiera	quisiera
hablaras	comieras	quisieras
hablara	comiera	quisiera
habláramos	comiéramos	quisiéramos
hablarais	comierais	quisierais
hablaran	comieran	quisieran

- Il existe une deuxième forme du subjonctif imparfait, en **–se** : **hablase**, **hablases**, **hablase**, **hablásemos**, **hablaseis**, **hablasen**.

- La concordance des temps se fait à l'écrit et à l'oral : le subjonctif dans la subordonnée devient subjonctif imparfait dès que le verbe principal est à un temps du passé :

 – **Quiero que vengas** (présent) ➜ **Quería que vinieras** (passé)
 – **Te pido que me ayudes** (présent) ➜ **Te pedí que me ayudaras** (passé)

- Le subjonctif imparfait est obligatoire après **como si**, quel que soit le temps de la phrase.

 – **Hace como si trabajara**, *Il fait comme s'il travaillait.*

❶ Complétez le premier tableau (passé simple) en y ajoutant la 3ᵉ personne du pluriel puis, à partir de ces formes, construisez le subjonctif imparfait en *–ra* des trois verbes.

Passé simple		
pedir	leer	tener
pedí	leí	tuve
pediste	leíste	tuviste
pidió	leyó	tuvo
pedimos	leímos	tuvimos
pedisteis	leísteis	tuvisteis

Subjonctif imparfait		
pedir	leer	tener

LA PHRASE COMPLEXE AU PASSÉ

2 Transformez ces phrases en complétant l'amorce au présent et en faisant la concordance des temps nécessaire.

a. Te llamé para que vinieras a ayudarme.
   Te llamo para que ....

b. Quería que alguien me dijera cómo usar este programa.
   Quiero que alguien me ....

c. Le pedí al servicio técnico que me explicara lo que pasaba.
   Le pido al servicio técnico que ....

d. Me dijeron que ojalá fuera solo un problema material.
   Me dicen que ojalá ....

e. Yo les dije que tal vez tuviera algún virus el ordenador.
   Yo les digo que tal vez ....

3 Transformez ces phrases en complétant l'amorce au passé et en faisant la concordance des temps nécessaire.

a. No hace falta que compres el pan.
   No hacía falta que ....

b. Te doy dinero para que vayas a hacer la compra.
   Te di dinero para que ....

c. No quiero que vuelvas a traer chorizo.
   No quería que ....

d. No creo que necesitemos más vino.
   No creía que ....

e. Te pido sobre todo que pienses en el chocolate.
   Te pedí sobre todo que ....
   ....

LA PHRASE COMPLEXE AU PASSÉ

4 Complétez l'amorce fournie en reprenant la phrase de départ.
Modèle phrase a : Je n'aime pas le cinéma. → Je fais comme si j'aimais le cinéma.

a. No me gusta el cine. → Hago como si .... el cine.

b. No se acordaba de mí. → Hizo como si .... de mí.

c. Los niños no duermen. → Hacen como si ....

d. No sabe la respuesta. → Hace como si .... la respuesta.

La subordonnée conditionnelle

- Le potentiel s'exprime avec les mêmes outils en espagnol et en français : indicatif présent dans la subordonnée et indicatif futur dans la principale :

  – **Si tengo tiempo, pasaré a verte**, *Si j'ai le temps, je passerai te voir.*

- Pour exprimer l'irréel du présent, l'espagnol utilise l'imparfait du subjonctif dans la subordonnée et le conditionnel dans la principale :

  – **Si tuviera tiempo, pasaría a verte**, *Si j'avais le temps, je passerais te voir.*

5 Parmi les 16 formes verbales ci-dessous, entourez 4 verbes à l'imparfait du subjonctif et 4 verbes au conditionnel.

hiciera — costaría — hacía — conduzcas — oyeras
íbamos — encantará — habría — pusieran — oirás — habrá
pusieron — iríamos — costará — condujeras — encantaría

6 Complétez ces phrases à l'aide des 8 formes que vous avez sélectionnées.

a. Si todos se .... el cinturón de seguridad, ... menos accidentes graves.

b. Si .... mejor tiempo, ... a la playa.

c. Si .... más despacio, el coche te .... menos en gasolina.

d. Si .... cómo toca la guitarra, te ....

LA PHRASE COMPLEXE AU PASSÉ

7 *Ser* ou *estar* ? Complétez ces phrases en y introduisant l'un de ces verbes à l'imparfait du subjonctif.

a. No es mayor de edad. Hace como si .... mayor de edad.

b. Si Pedro .... aquí, nos ayudaría.

c. No duerme, hace como si .... durmiendo.

d. Si no .... tan cansado, te acompañaría.

e. Si .... de mejor humor, iría al cine.

f. ¡Aprender chino! Como si .... tan fácil.

8 Rédigez des phrases conditionnelles à l'irréel du présent en associant de manière logique les éléments du tableau A et ceux du tableau B. Exprimez la phrase à la 1ʳᵉ personne du singulier : *Si j'étais malade...*

A	B
estar enfermo •	• mandarte mensajes
saber de informática •	• subir a las pirámides
tener tu número de móvil •	• estar más relajado
visitar México •	• cruzar la Pampa a caballo
vivir en Argentina •	• no tener tantos problemas con el ordenador
dormir más •	• ir al médico

a. Si ....

b. Si ....

c. Si ....

d. Si ....

e. Si ....

f. Si ....

LA PHRASE COMPLEXE AU PASSÉ

La subordonnée concessive

- La concession peut prendre plusieurs formes en français : *Bien que tu fasses…, Même si tu fais…* La conjonction **aunque** rend à la fois *bien que* et *même si* et peut se construire avec l'indicatif ou le subjonctif, selon que le fait qu'on envisage est réel ou hypothétique :

  – **Aunque llueve, salgo**, *Bien qu'il pleuve, je sors* (fait réel, **llueve** = indicatif)
  – **Aunque llueva, saldré**, *Même s'il pleut, je sortirai* (fait hypothétique, **llueva** = subjonctif)

- Bien sûr, cette concession peut également s'exprimer à l'irréel. Dans ce cas, il faut faire la concordance des temps : subjonctif imparfait dans la subordonnée / conditionnel dans la principale.

  – **Aunque lloviera, saldría**, *Même s'il pleuvait, je sortirais.*
  – **Aunque tuviera dinero, no te daría**, *Même si j'avais de l'argent, je ne t'en donnerais pas.*

9 Transposez les phrases suivantes à l'irréel, puis traduisez votre transposition.

a. Aunque tenga tiempo, no te ayudaré.

Transposition : ....

Traduction : ....

b. Aunque haga mal tiempo, iré a correr.

Transposition : ....

Traduction : ....

c. Aunque esté enfermo, trabajaré.

Transposition : ....

Traduction : ....

d. Aunque vivas cien años, no leerás todos los libros.

Transposition : ....

Traduction : ....

e. Aunque escribas veinte libros, no serás célebre.

Transposition : ....

Traduction : ....

LA PHRASE COMPLEXE AU PASSÉ

Une structure concessive particulière

- La structure *Quoi que…*, *Où que…*, *De quelque manière que…*, etc., se rend par une formule symétrique : le verbe au subjonctif se répète de part et d'autre du lien circonstanciel, qui peut indiquer le temps, le lieu, la manière, la nature ou l'identité :
  - **Vengas cuando vengas**, *À quelque moment que tu viennes* (temps)
  - **Estés donde estés**, *Où que tu sois* (lieu)
  - **Te vistas como te vistas**, *De quelque manière que tu t'habilles* (manière)
  - **Hagas lo que hagas**, *Quoi que tu fasses* (nature)
  - **Seas quien seas**, *Qui que tu sois* (identité)
- La traduction française de ces tournures ne semble guère naturelle, mais elles font au contraire pleinement partie de la langue parlée en espagnol.

10. Introduisez ces mots dans les phrases qui conviennent :
→ *cuando / donde / como / lo que / quien*

a. Digas …………………… digas, no te creeré.

b. Vayas …………………… vayas, te seguiré.

c. Sea …………………… sea, esta tarde o esta noche, tengo que verte.

d. Llame …………………… llame, no estoy.

e. Bailes …………………… bailes, bien o mal, me gusta bailar contigo.

11. Introduisez dans ces phrases un des verbes proposés, en le conjuguant à la forme qui convient :
→ *poner / llamar / venir / decir / conducir*

a. …………………… lo que …………………… mis amigos, lo haré.

b. …………………… quien …………………… a esta fiesta, yo no iré.

c. …………………… como ……………………, rápido o despacio, siempre tengo accidentes.

d. Las …………………… donde las ……………………, siempre pierdo las llaves.

e. …………………… cuando ……………………, aunque sea tarde, te contestaré.

Bravo, vous êtes venu à bout du chapitre 15 ! Il est maintenant temps de comptabiliser les icônes et de reporter le résultat en page 128 pour l'évaluation finale.

16

L'auxiliaire et les temps composés

Voix active et voix passive

- L'espagnol est un peu moins enclin que le français à utiliser la voix passive. Une phrase comme *J'ai été surpris par ses propos*, par exemple, se rendra naturellement par la voix active : **Me han sorprendido sus palabras**, *Ses propos m'ont surpris*.

- Mais bien sûr, vous trouverez aussi le passif lui-même en espagnol : il se construit avec l'auxiliaire **ser** suivi du participe passé accordé en genre et en nombre avec le sujet. Le complément d'agent (celui qui fait l'action) est introduit par la préposition **por**.

- **Ser** pouvant se conjuguer à tous les temps et à tous les modes, voyez ce tableau des correspondances entre voix passive et voix active :

> El escritor publica la novela.
> → La novela es publicada por el escritor.
>
> El músico ha compuesto la canción.
> → La canción ha sido compuesta por el músico.
>
> El arquitecto construyó estas casas.
> → Estas casas fueron construidas por el arquitecto.
>
> Los científicos realizarán nuevos inventos.
> → Nuevos inventos serán realizados por los científicos.

1 Observez les phrases suivantes et déterminez si elles sont à la voix active ou à la voix passive : cochez la case qui convient.

	Voix active	Voix passive
a. La puerta fue abierta por el viento.	☐	☐
b. Mi primo me ha invitado para su cumpleaños.	☐	☐
c. Juan ha escrito estos cuadernos de ejercicios.	☐	☐
d. Estos cuadernos son utilizados por muchas personas.	☐	☐
e. El año que viene, otro cuaderno será publicado por Assimil.	☐	☐
f. Estos autores son muy apreciados por el público.	☐	☐
g. Las empresas contratan a las personas que saben idiomas.	☐	☐
h. Ojalá mis amigos no sean despedidos por la empresa.	☐	☐

L'AUXILIAIRE ET LES TEMPS COMPOSÉS

2 Transposez les phrases de l'exercice précédent à la voix passive quand elles sont à la voix active, et inversement.

a. ....
b. ....
c. ....
d. ....
e. ....
f. ....
g. ....
h. ....

Les prépositions *por* et *para*

- **Para** indique le but et un ensemble de valeurs qui lui sont associées, comme l'attribution, l'aptitude et l'utilité. Dans un registre proche, il prend également une dimension temporelle :
  - **Leo la prensa para seguir la actualidad**, *Je lis la presse pour suivre l'actualité.*
  - **Este regalo es para ti**, *Ce cadeau est pour toi.*
  - **No estoy hecho para las matemáticas**, *Je ne suis pas fait pour les maths.*
  - **El cuchillo suizo sirve para todo**, *Le couteau suisse sert à tout.*
  - **Para la semana que viene…**, *Pour la semaine prochaine…*

- **Para** exprime également le point de vue :
  - **Para mí, Messi es mejor que Ronaldo**, *Pour moi, Messi est meilleur que Ronaldo.*

- **Por** a une valeur spatiale. Il indique le lieu par où l'on passe ou un espace indéfini :
  - **Siempre paso por Madrid**, *Je passe toujours par Madrid.*
  - **Vive por el barrio de Salamanca**, *Il vit quelque part dans le quartier de Salamanca.*

- **Por** entre également dans diverses locutions à valeur temporelle :
  - **Por la tarde**, *L'après-midi.*
  - **Tres veces por día**, *Trois fois par jour.*

- **Por** indique enfin la cause, et donc aussi l'intérêt :
  - **Lo hago por amistad**, *Je le fais par amitié.*
  - **Lucha por sus ideas**, *Il lutte pour ses idées.*

L'AUXILIAIRE ET LES TEMPS COMPOSÉS

3. Complétez les phrases suivantes avec *por* ou *para*.

a. .... llegar a casa, lo mejor es que pases .... aquí.

b. He reservado una mesa .... cuatro personas.

c. No me gusta trabajar .... la noche.

d. Viene a verme una vez .... año.

e. ¿............ dónde estará? Hace días que no lo veo.

f. ¿Estás cansado? Eso te pasa .... acostarte tan tarde.

g. .... su capacidad, es un coche .... familias numerosas.

h. ¿Me podrías entregar el trabajo .... el martes?

4. Traduisez les phrases suivantes.

a. Pour manger une bonne paella, va dans ce restaurant.

b. J'ai apporté quelque chose pour toi.

c. Le sport est bon pour la santé.

d. J'ai voyagé en Espagne cet été.

e. Le matin, je prends du café.

f. Pour toi, quel est le meilleur film ?

g. Je veux ce travail pour demain.

Les auxiliaires *être* et *avoir*

- Rappel important : contrairement au français qui utilise deux auxiliaires (*être* et *avoir*), les temps composés espagnols se construisent uniquement avec l'auxiliaire **haber**. Pour cette même raison, le participe passé est donc invariable en espagnol dans les temps composés.

  – **He comido,** *J'ai mangé.*   – **Ha pasado**, *Il est passé.*
  – **Has ido,** *Tu es allée.*– **Hemos venido**, *Nous sommes venus.*

- Quand on passe du français à l'espagnol, il ne faut donc pas confondre :

  – *Pedro est fatigué* (être + adjectif ou participe pris comme adjectif), **Pedro está cansado.**
  – *Le livre est publié par l'éditeur* (voix passive), **El libro es publicado por el editor**.
  – *Pedro est revenu* (passé composé), **Pedro ha vuelto.**

L'AUXILIAIRE ET LES TEMPS COMPOSÉS

5 Pour chacune des phrases, il n'y a qu'une proposition correcte. Barrez les autres.

a. Juan [**se ha arruinado / se es arruinado / se está arruinado**] con el juego.

b. Soy español, [**he nacido / estoy nacido**] en Sevilla.

c. Como la puerta estaba cerrada, [**estoy entrado / soy entrado / he entrado**] por la ventana.

d. Juan [**ha insatisfecho / está insatisfecho**] con el resultado del partido.

e. Yo [**soy cerrado / estoy cerrado / he cerrado**] bien la puerta: ¿por qué [**es abierta / está abierta / ha abierta**]?

f. Como hacía buen tiempo, [**somos salidos / hemos salido / estamos salidos**] a pasear.

g. La empresa lo [**está despedido / ha despedido / es despedido**]: no tiene trabajo y [**está desesperado / ha desesperado / es desesperado**].

h. ¡Si mis gafas [**están rotas / son rotas**] es que alguien las [**está roto / es roto / ha roto**]!

6 Traduisez ces phrases.

a. Nous sommes montés pour te voir.

....

b. Ils sont revenus pour acheter le pain.

....

c. Les portes sont bien fermées.

....

d. La porte a été ouverte par le vent.

....

e. Ce film a été vu par beaucoup de gens.

....

f. Ce livre est bien écrit.

....

g. Mes lunettes sont cassées.

....

L'AUXILIAIRE ET LES TEMPS COMPOSÉS

La formation de tous les temps composés

- Puisqu'il n'y a qu'un auxiliaire en espagnol pour les temps composés, il suffit de conjuguer **haber** aux différents temps pour former l'ensemble des temps composés :
  - **Ha hecho**, *Il a fait* (passé composé)
  - **Había hecho**, *Il avait fait* (plus-que-parfait)
  - **Lo habría hecho**, *Je l'aurais fait* (conditionnel passé)
  - **No creo que lo haya hecho.** *Je ne crois pas qu'il l'ait fait* (subjonctif passé)
  - **Si hubiera podido...**, *Si j'avais pu...* (subjonctif plus-que-parfait)

- Attention, dans le conditionnel passé, il arrive souvent qu'on utilise l'auxiliaire **hubiera** à la place de **habría** :
  - **Si lo hubiera sabido, lo habría dicho** ou **lo hubiera dicho**, *Si je l'avais su, je l'aurais dit.*

L'auxiliaire haber

présent	imparfait	conditionnel	subj. présent	subj. imparfait
he	había	habría	haya	hubiera
has	habías	habrías	hayas	hubieras
ha	había	habría	haya	hubiera
hemos	habíamos	habríamos	hayamos	hubiéramos
habéis	habíais	habríais	hayáis	hubierais
han	habían	habrían	hayan	hubieran

7 Rédigez 5 phrases à l'irréel du présent, à la première personne du singulier *(Si j'étais..., je serais...)*, en faisant correspondre deux par deux les membres de phrase proposés ci-dessous.

L'AUXILIAIRE ET LES TEMPS COMPOSÉS

a. Si ....

b. Si ....

c. Si ....

d. Si ....

e. Si ....

8 **Transposez les 5 phrases rédigées à l'exercice précédent à l'irréel du passé (Si j'avais été..., j'aurais été...)**

a. Si ....

b. Si ....

c. Si ....

d. Si ....

e. Si ....

9 **Dans les phrases suivantes, complétez les temps composés avec une des formes proposées de l'auxiliaire *haber*.**

> había   haya   habría   hubiera   ha

a. Si no .... comprado este cuaderno, no .... repasado la gramática.

b. No .... hecho tantos ejercicios en mi vida.

c. Cuando .... repasado toda la gramática, hablaré bastante mejor español.

d. Siempre me .... encantado aprender idiomas.

Bravo, vous êtes venu à bout du chapitre 16 ! Il est maintenant temps de comptabiliser les icônes et de reporter le résultat en page 128 pour l'évaluation finale.

Lexique et lecture 3 : s'habiller

S'habiller en Espagne

- **El Corte Inglés** reste l'enseigne traditionnelle du grand magasin à l'espagnole, désormais concurrencé dans le secteur de l'habillement par de grands groupes comme **Zara**, **Mango** ou **Cortefiel**. Ces derniers déclinent aussi des lignes plus jeunes : **Bershka**, **Pull&Bear** ou **Sfera**.

- Rayon chaussures, **Camper** – une vieille maison aujourd'hui dotée d'une image très « écolo » – propose des produits confortables et informels. Et pour la marche à pied et l'aventure, il suffit de pousser la porte de **Coronel Tapiocca**, qui équipe des pieds à la tête les amateurs de randonnée.

- Voici un petit lexique tout-terrain pour ce qui concerne l'habillement :

camisa: *chemise*
camiseta: *tee-shirt*
cazadora: *blouson*
chándal: *survêtement*
chaqueta: *veste*
deportivas: *baskets*
falda: *jupe*
gorra: *casquette*
pantalón: *pantalon*
ropa: *habits*
vaqueros: *jeans*
vestido: *robe*
zapatos: *chaussures*

1 Classez les cinq fragments du texte de María Menéndez-Ponte, *No tengo nada que ponerme* (*Maldita adolescente*, Editorial SM, 2001), dans le bon ordre :

......../........../........../........../........

A
– Pues no sé... Con un top, una mini...
– Vamos, de lo que tienes lleno el armario.

B
– Pues es bien mona.
– Sí, será monísima, pero tú no conoces a mis amigas, van todas de marca.
– ¡Vaya bobada!

C
– ¡Pero mamá, qué cursilada! Nadie va así vestida a una fiesta.
– ¿Cómo van entonces?

D
– Oye, ¿y qué te vas a poner?
– No tengo nada.
– ¿Cómo que no tienes nada? ¿Y el vestido de las Navidades?

E
– ¿Lleno, dices? A ver, ¿cuántas minifaldas tengo?
– Que yo recuerde, tres.
– Si cuentas las dos que no me sirven... Y encima la que tengo es de Continente. ¿Cómo voy a ir a una fiesta con una falda de Continente?

LEXIQUE ET LECTURE 3 : S'HABILLER

2 **Compréhension du texte précédent : pour chaque amorce de phrase, cochez la bonne suite.**

a. Los dos personajes de este diálogo son…
☐ una madre y su hija. ☐ dos compañeras de colegio. ☐ dos hermanas.

b. La joven que habla va a ir…
☐ al colegio. ☐ a una actividad extraescolar. ☐ a una fiesta.

c. Según ella, sus amigas van a vestir…
☐ la ropa cotidiana. ☐ la ropa de Navidad. ☐ un top y una minifalda.

d. No quiere ponerse las faldas que tiene…
☐ porque no le gusta el color. ☐ porque no son de marca. ☐ porque son de marca.

3 **D'après le contexte, quel vous semble être le sens de ces mots ou expressions ?**

a. Una cursilada :
☐ quelque chose de démodé
☐ quelque chose de ridicule
☐ quelque chose de bon marché

b. ¡Vaya bobada!
☐ Quelle bêtise !
☐ Quelle classe !
☐ Quelle douleur !

c. Pues no sé… :
☐ Et puis ce n'est pas moi…
☐ Eh bien n'y va pas…
☐ Eh bien je ne sais pas…

d. Es bien mona :
☐ Elle est bien mignonne.
☐ Il n'y en a qu'une.
☐ Eh bien tant pis.

111

LEXIQUE ET LECTURE 3 : S'HABILLER

4 En vous servant des mots du texte, traduisez les phrases suivantes.

a. Ta jupe est peut-être de Continent, mais elle est très mignonne.

→ ....

b. Toutes mes amies portent des marques.

→ ....

c. Ton armoire est pleine de robes et de minijupes.

→ ....

d. Je ne veux pas aller habillée comme ça à une fête.

→ ....

e. Comment peux-tu dire que tu n'as rien à te mettre ?

→ ....

5 Saurez-vous retrouver le nom espagnol de chacun de ces habits, sans vous reporter à la page 110 ?

a. ....
b. ....
c. ....
d. ....
e. ....
f. ....
g. ....
h. ....
i. ....

LEXIQUE ET LECTURE 3 : S'HABILLER

6 Et pour finir, un *damero maldito* ! Comme à la page 77, retrouvez les définitions, remplissez la grille, écrivez la phrase cachée et traduisez-la.

a. Plato típico de España a base de arroz.
| 10 | 27 | 38 | 7 | 17 | 1 |

e. Sentimiento que une a los amigos.
| 20 | 5 | 4 | 31 | 26 | 13 | 37 |

b. La madre de mi mujer.
| 2 | 35 | 18 | 23 | 12 | 22 |

f. El día tiene veinticuatro.
| 19 | 41 | 39 | 36 | 3 |

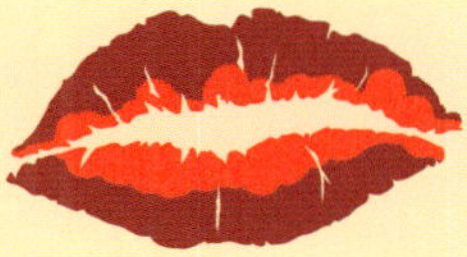

c. Cuarenta y cinco entre tres.
| 14 | 24 | 6 | 40 | 34 | 8 |

g. Pronombre para el tratamiento formal.
| 15 | 25 | 32 | 11 | 28 |

d. Demostrativo y también letra del alfabeto.
| 16 | 9 | 30 |

h. 3ª persona del singular del presente de oír.
| 29 | 21 | 33 |

i. La frase escondida es:

....
....
....
....

j. Y su traducción es:

....
....
....
....

Bravo, vous êtes venu à bout du chapitre Lexique et lecture 3 ! Il est maintenant temps de comptabiliser les icônes et de reporter le résultat en page 128 pour l'évaluation finale.

Tableaux de conjugaison

Infinitivo (infinitif)	Presente de indicativo (indicatif présent)		Presente de subjuntivo (subjonctif présent)		Imperativo (impératif)		Pretérito imperfecto de indicativo (indicatif imparfait)	
Les verbes réguliers								
Hablar *parler*	hablo hablas habla	hablamos habláis hablan	hable hables hable	hablemos habléis hablen	habla	hablad	hablaba hablabas hablaba	hablábamos hablabais hablaban
Aprender *apprendre*	aprendo aprendes aprende	aprendemos aprendéis aprenden	aprenda aprendas aprenda	aprendamos aprendáis aprendan	aprende	aprended	aprendía aprendías aprendía	aprendíamos aprendíais aprendían
Vivir *vivre*	vivo vives vive	vivimos vivís viven	viva vivas viva	vivamos viváis vivan	vive	vivid	vivía vivías vivía	vivíamos vivíais vivían
Les verbes à diphtongue e → ie o → ue								
Pensar *penser*	pienso piensas piensa	pensamos pensáis piensan	piense pienses piense	pensemos penséis piensen	piensa	pensad	pensaba pensabas pensaba	pensábamos pensabais pensaban
Entender *comprendre*	entiendo entiendes entiende	entendemos entendéis entienden	entienda entiendas entienda	entendamos entendáis entiendan	entiende	entended	entendía entendías entendía	entendíamos entendíais entendían
Contar *raconter*	cuento cuentas cuenta	contamos contáis cuentan	cuente cuentes cuente	contemos contéis cuenten	cuenta	contad	contaba contabas contaba	contábamos contabais contaban
Mover *bouger*	muevo mueves mueve	movemos movéis mueven	mueva muevas mueva	movamos mováis muevan	mueve	moved	movía movías movía	movíamos movíais movían
Les verbes à affaiblissement e → i								
Pedir *demander*	pido pides pide	pedimos pedís piden	pida pidas pida	pidamos pidáis pidan	pide	pedid	pedía pedías pedía	pedíamos pedíais pedían

Même modèle pour : seguir, corregir, despedir, elegir, impedir, medir, servir, vestir.

TABLEAUX DE CONJUGAISON

Pretérito indefinido (passé simple)		Pretérito imperfecto de subjuntivo (subjonctif imparfait)		Futuro (futur)		Condicional (conditionnel)		Gerundio / Part. pasivo (part. présent / passé)	
hablé	hablamos	hablara	habláramos	hablaré	hablaremos	hablaría	hablaríamos	g.	hablando
hablaste	hablasteis	hablaras	hablarais	hablarás	hablaréis	hablarías	hablaríais	p.p.	hablado
habló	hablaron	hablara	hablaran	hablará	hablarán	hablaría	hablarían		
aprendí	aprendimos	aprendiera	aprendiéramos	aprenderé	aprenderemos	aprendería	aprenderíamos	g.	aprendiendo
aprendiste	aprendisteis	aprendieras	aprendierais	aprenderás	aprenderéis	aprenderías	aprenderíais	p.p.	aprendido
aprendió	aprendieron	aprendiera	aprendieran	aprenderá	aprenderán	aprendería	aprenderían		
viví	vivimos	viviera	viviéramos	viviré	viviremos	viviría	viviríamos	g.	viviendo
viviste	vivisteis	vivieras	vivierais	vivirás	viviréis	vivirías	viviríais	p.p.	vivido
vivió	vivieron	viviera	vivieran	vivirá	vivirán	viviría	vivirían		
pensé	pensamos	pensara	pensáramos	pensaré	pensaremos	pensaría	pensaríamos	g.	pensando
pensaste	pensasteis	pensaras	pensarais	pensarás	pensaréis	pensarías	pensaríais	p.p.	pensado
pensó	pensaron	pensara	pensaran	pensará	pensarán	pensaría	pensarían		
entendí	entendimos	entendiera	entendiéramos	entenderé	entenderemos	entendería	entenderíamos	g.	entendiendo
entendiste	entendisteis	entendieras	entendierais	entenderás	entenderéis	entenderías	entenderíais	p.p.	entendido
entendió	entendieron	entendiera	entendieran	entenderá	entenderán	entendería	entenderían		
conté	contamos	contara	contáramos	contaré	contaremos	contaría	contaríamos	g.	contando
contaste	contasteis	contaras	contarais	contarás	contaréis	contarías	contaríais	p.p.	contado
contó	contaron	contara	contaran	contará	contarán	contaría	contarían		
moví	movimos	moviera	moviéramos	moveré	moveremos	movería	moveríamos	g.	moviendo
moviste	movisteis	movieras	movierais	moverás	moveréis	moverías	moveríais	p.p.	movido
movió	movieron	moviera	movieran	moverá	moverán	movería	moverían		
pedí	pedimos	pidiera	pidiéramos	pediré	pediremos	pediría	pediríamos	g.	pidiendo
pediste	pedisteis	pidieras	pidierais	pedirás	pediréis	pedirías	pediríais	p.p.	pedido
pidió	pidieron	pidiera	pidieran	pedirá	pedirán	pediría	pedirían		

Même modèle pour : seguir, corregir, despedir, elegir, impedir, medir, servir, vestir.

TABLEAUX DE CONJUGAISON

Infinitivo (infinitif)	Presente de indicativo (indicatif présent)		Presente de subjuntivo (subjonctif présent)		Imperativo (impératif)		Pretérito imperfecto de indicativo (indicatif imparfait)	
Les verbes à alternance e ➔ ie et i o ➔ ue et u								
Sentir *sentir, ressentir*	siento sientes siente	sentimos sentís sienten	sienta sientas sienta	sintamos sintáis sientan	siente	sentid	sentía sentías sentía	sentíamos sentíais sentían
Même modèle pour : divertir, mentir, preferir, sugerir.								
Dormir *dormir*	duermo duermes duerme	dormimos dormís duermen	duerma duermas duerma	durmamos durmáis duerman	duerme	dormid	dormía dormías dormía	dormíamos dormíais dormían
Même modèle pour : morir.								
Les verbes en -acer / -ecer / -ocer / -ucir, type conocer c ➔ zc								
Conocer *connaître*	conozco conoces conoce	conocemos conocéis conocen	conozca conozcas conozca	conozcamos conozcáis conozcan	conoce	conoced	conocía conocías conocía	conocíamos conocíais conocían
Même modèle pour : nacer, obedecer, padecer, parecer, pertenecer, relucir.								
Les verbes en -ducir, type conducir c ➔ zc c ➔ j								
Conducir *conduire*	conduzco conduces conduce	conducimos conducís conducen	conduzca conduzcas conduzca	conduzcamos conduzcáis conduzcan	conduce	conducid	conducía conducías conducía	conducíamos conducíais conducían
Même modèle pour : deducir, introducir, producir, traducir, seducir.								

TABLEAUX DE CONJUGAISON

Pretérito indefinido (passé simple)		Pretérito imperfecto de subjuntivo (subjonctif imparfait)		Futuro (futur)		Condicional (conditionnel)		Gerundio / Part. pasivo (part. présent / passé)	
sentí	sentimos	sintiera	sintiéramos	sentiré	sentiremos	sentiría	sentiríamos	g.	sintiendo
sentiste	sentisteis	sintieras	sintierais	sentirás	sentiréis	sentirías	sentiríais	p.p.	sentido
sintió	sintieron	sintiera	sintieran	sentirá	sentirán	sentiría	sentirían		

Même modèle pour : divertir, mentir, preferir, sugerir.

dormí	dormimos	durmiera	durmiéramos	dormiré	dormiremos	dormiría	dormiríamos	g.	durmiendo
dormiste	dormisteis	durmieras	durmierais	dormirás	dormiréis	dormirías	dormiríais	p.p.	dormido
durmió	durmieron	durmiera	durmieran	dormirá	dormirán	dormiría	dormirían		

Même modèle pour : morir.

conocí	conocimos	conociera	conociéramos	conoceré	conoceremos	conocería	conoceríamos	g.	conociendo
conociste	conocisteis	conocieras	conocierais	conocerás	conoceréis	conocerías	conoceríais	p.p.	conocido
conoció	conocieron	conociera	conocieran	conocerá	conocerán	conocería	conocerían		

Même modèle pour : nacer, obedecer, padecer, parecer, pertenecer, relucir.

conduje	condujimos	condujera	condujéramos	conduciré	conduciremos	conduciría	conduciríamos	g.	conduciendo
condujiste	condujisteis	condujeras	condujerais	conducirás	conduciréis	conducirías	conduciríais	p.p.	conducido
condujo	condujeron	condujera	condujeran	conducirá	conducirán	conduciría	conducirían		

Même modèle pour : deducir, introducir, producir, traducir, seducir.

TABLEAUX DE CONJUGAISON

Autres verbes irréguliers

Infinitivo (infinitif)	Presente de indicativo (indicatif présent)		Presente de subjuntivo (subjonctif présent)		Imperativo (impératif)		Pretérito imperfecto de indicativo (indicatif imparfait)	
Andar *marcher*	ando andas anda	andamos andáis andan	ande andes ande	andemos andéis anden	anda	andad	andaba andabas andaba	andábamos andabais andaban
Caber *rentrer, tenir*	quepo cabes cabe	cabemos cabéis caben	quepa quepas quepa	quepamos quepáis quepan	–	cabed	cabía cabías cabía	cabíamos cabíais cabían
Caer *tomber*	caigo caes cae	caemos caéis caen	caiga caigas caiga	caigamos caigáis caigan	cae	caed	caía caías caía	caíamos caíais caían
Dar *donner*	doy das da	damos dais dan	dé des dé	demos deis den	da	dad	daba dabas daba	dábamos dabais daban
Decir *dire*	digo dices dice	decimos decís dicen	diga digas diga	digamos digáis digan	di	decid	decía decías decía	decíamos decíais decían
Estar *être*	estoy estás está	estamos estáis están	esté estés esté	estemos estéis estén	está	estad	estaba estabas estaba	estábamos estabais estaban
Haber *auxiliaire avoir*	he has ha	hemos habéis han	haya hayas haya	hayamos hayáis hayan	–	–	había habías había	habíamos habíais habían
Hacer *faire*	hago haces hace	hacemos hacéis hacen	haga hagas haga	hagamos hagáis hagan	haz	haced	hacía hacías hacía	hacíamos hacíais hacían
Ir *aller*	voy vas va	vamos vais van	vaya vayas vaya	vayamos vayáis vayan	ve	id	iba ibas iba	íbamos ibais iban
Oír *entendre*	oigo oyes oye	oímos oís oyen	oiga oigas oiga	oigamos oigáis oigan	oye	oíd	oía oías oía	oíamos oíais oían
Poder *pouvoir*	puedo puedes puede	podemos podéis pueden	pueda puedas pueda	podamos podáis puedan	–	–	podía podías podía	podíamos podíais podían

TABLEAUX DE CONJUGAISON

Pretérito indefinido (passé simple)		Pretérito imperfecto de subjuntivo (subjonctif imparfait)		Futuro (futur)		Condicional (conditionnel)		Gerundio / Part. pasivo (part. présent / passé)	
anduve	anduvimos	anduviera	anduviéramos	andaré	andaremos	andaría	andaríamos	g.	andando
anduviste	anduvisteis	anduvieras	anduvierais	andarás	andaréis	andarías	andaríais	p.p.	andado
anduvo	anduvieron	anduviera	anduvieran	andará	andarán	andaría	andarían		
cupe	cupimos	cupiera	cupiéramos	cabré	cabremos	cabría	cabríamos	g.	cabiendo
cupiste	cupisteis	cupieras	cupierais	cabrás	cabréis	cabrías	cabríais	p.p.	cabido
cupo	cupieron	cupiera	cupieran	cabrá	cabrán	cabría	cabrían		
caí	caímos	cayera	cayéramos	caeré	caeremos	caería	caeríamos	g.	cayendo
caíste	caísteis	cayeras	cayerais	caerás	caeréis	caerías	caeríais	p.p.	caído
cayó	cayeron	cayera	cayeran	caerá	caerán	caería	caerían		
di	dimos	diera	diéramos	daré	daremos	daría	daríamos	g.	dando
diste	disteis	dieras	dierais	darás	daréis	darías	daríais	p.p.	dado
dio	dieron	diera	dieran	dará	darán	daría	darían		
dije	dijimos	dijera	dijéramos	diré	diremos	diría	diríamos	g.	diciendo
dijiste	dijisteis	dijeras	dijerais	dirás	diréis	dirías	diríais	p.p.	dicho
dijo	dijeron	dijera	dijeran	dirá	dirán	diría	dirían		
estuve	estuvimos	estuviera	estuviéramos	estaré	estaremos	estaría	estaríamos	g.	estando
estuviste	estuvisteis	estuvieras	estuvierais	estarás	estaréis	estarías	estaríais	p.p.	estado
estuvo	estuvieron	estuviera	estuvieran	estará	estarán	estaría	estarían		
hube	hubimos	hubiera	hubiéramos	habré	habremos	habría	habríamos	g.	habiendo
hubiste	hubisteis	hubieras	hubierais	habrás	habréis	habrías	habríais	p.p.	habido
hubo	hubieron	hubiera	hubieran	habrá	habrán	habría	habrían		
hice	hicimos	hiciera	hiciéramos	haré	haremos	haría	haríamos	g.	haciendo
hiciste	hicisteis	hicieras	hicierais	harás	haréis	harías	haríais	p.p.	hecho
hizo	hicieron	hiciera	hicieran	hará	harán	haría	harían		
fui	fuimos	fuera	fuéramos	iré	iremos	iría	iríamos	g.	yendo
fuiste	fuisteis	fueras	fuerais	irás	iréis	irías	iríais	p.p.	ido
fue	fueron	fuera	fueran	irá	irán	iría	irían		
oí	oímos	oyera	oyéramos	oiré	oiremos	oiría	oiríamos	g.	oyendo
oíste	oísteis	oyeras	oyerais	oirás	oiréis	oirías	oiríais	p.p.	oído
oyó	oyeron	oyera	oyeran	oirá	oirán	oiría	oirían		
pude	pudimos	pudiera	pudiéramos	podré	podremos	podría	podríamos	g.	pudiendo
pudiste	pudisteis	pudieras	pudierais	podrás	podréis	podrías	podríais	p.p.	podido
pudo	pudieron	pudiera	pudieran	podrá	podrán	podría	podrían		

TABLEAUX DE CONJUGAISON

Infinitivo (infinitif)	Presente de indicativo (indicatif présent)		Presente de subjuntivo (subjonctif présent)		Imperativo (impératif)		Pretérito imperfecto de indicativo (indicatif imparfait)	
Autres verbes irréguliers								
Poner *mettre, poser*	pongo pones pone	ponemos ponéis ponen	ponga pongas ponga	pongamos pongáis pongan	pon	poned	ponía ponías ponía	poníamos poníais ponían
Querer *vouloir, aimer*	quiero quieres quiere	queremos queréis quieren	quiera quieras quiera	queramos queráis quieran	quiere	quered	quería querías quería	queríamos queríais querían
Saber *savoir*	sé sabes sabe	sabemos sabéis saben	sepa sepas sepa	sepamos sepáis sepan	sabe	sabed	sabía sabías sabía	sabíamos sabíais sabían
Salir *sortir, partir*	salgo sales sale	salimos salís salen	salga salgas salga	salgamos salgáis salgan	sal	salid	salía salías salía	salíamos salíais salían
Ser *être*	soy eres es	somos sois son	sea seas sea	seamos seáis sean	sé	sed	era eras era	éramos erais eran
Tener *avoir, posséder*	tengo tienes tiene	tenemos tenéis tienen	tenga tengas tenga	tengamos tengáis tengan	ten	tened	tenía tenías tenía	teníamos teníais tenían
Traer *apporter*	traigo traes trae	traemos traéis traen	traiga traigas traiga	traigamos traigáis traigan	trae	traed	traía traías traía	traíamos traíais traían
Valer *valoir*	valgo vales vale	valemos valéis valen	valga valgas valga	valgamos valgáis valgan	vale	valed	valía valías valía	valíamos valíais valían
Venir *venir*	vengo vienes viene	venimos venís vienen	venga vengas venga	vengamos vengáis vengan	ven	venid	venía venías venía	veníamos veníais venían
Ver *voir*	veo ves ve	vemos veis ven	vea veas vea	veamos veáis vean	ve	ved	veía veías veía	veíamos veíais veían

TABLEAUX DE CONJUGAISON

Pretérito indefinido (passé simple)		Pretérito imperfecto de subjuntivo (subjonctif imparfait)		Futuro (futur)		Condicional (conditionnel)		Gerundio / Part. pasivo (part. présent / passé)	
puse	pusimos	pusiera	pusiéramos	pondré	pondremos	pondría	pondríamos	g.	poniendo
pusiste	pusisteis	pusieras	pusierais	pondrás	pondréis	pondrías	pondríais	p.p.	puesto
puso	pusieron	pusiera	pusieran	pondrá	pondrán	pondría	pondrían		
quise	quisimos	quisiera	quisiéramos	querré	querremos	querría	querríamos	g.	queriendo
quisiste	quisisteis	quisieras	quisierais	querrás	querréis	querrías	querríais	p.p.	querido
quiso	quisieron	quisiera	quisieran	querrá	querrán	querría	querrían		
supe	supimos	supiera	supiéramos	sabré	sabremos	sabría	sabríamos	g.	sabiendo
supiste	supisteis	supieras	supierais	sabrás	sabréis	sabrías	sabríais	p.p.	sabido
supo	supieron	supiera	supieran	sabrá	sabrán	sabría	sabrían		
salí	salimos	saliera	saliéramos	saldré	saldremos	saldría	saldríamos	g.	saliendo
saliste	salisteis	salieras	salierais	saldrás	saldréis	saldrías	saldríais	p.p.	salido
salió	salieron	saliera	salieran	saldrá	saldrán	saldría	saldrían		
fui	fuimos	fuera	fuéramos	seré	seremos	sería	seríamos	g.	siendo
fuiste	fuisteis	fueras	fuerais	serás	seréis	serías	seríais	p.p.	sido
fue	fueron	fuera	fueran	será	serán	sería	serían		
tuve	tuvimos	tuviera	tuviéramos	tendré	tendremos	tendría	tendríamos	g.	teniendo
tuviste	tuvisteis	tuvieras	tuvierais	tendrás	tendréis	tendrías	tendríais	p.p.	tenido
tuvo	tuvieron	tuviera	tuvieran	tendrá	tendrán	tendría	tendrían		
traje	trajimos	trajera	trajéramos	traeré	traeremos	traería	traeríamos	g.	trayendo
trajiste	trajisteis	trajeras	trajerais	traerás	traeréis	traerías	traeríais	p.p.	traído
trajo	trajeron	trajera	trajeran	traerá	traerán	traería	traerían		
valí	valimos	valiera	valiéramos	valdré	valdremos	valdría	valdríamos	g.	valiendo
valiste	valisteis	valieras	valierais	valdrás	valdréis	valdrías	valdríais	p.p.	valido
valió	valieron	valiera	valieran	valdrá	valdrán	valdría	valdrían		
vine	vinimos	viniera	viniéramos	vendré	vendremos	vendría	vendríamos	g.	viniendo
viniste	vinisteis	vinieras	vinierais	vendrás	vendréis	vendrías	vendríais	p.p.	venido
vino	vinieron	viniera	vinieran	vendrá	vendrán	vendría	vendrían		
vi	vimos	viera	viéramos	veré	veremos	vería	veríamos	g.	viendo
viste	visteis	vieras	vierais	verás	veréis	verías	veríais	p.p.	visto
vio	vieron	viera	vieran	verá	verán	vería	verían		

SOLUTIONS

1. Les signes et les sons

① a. **DVD** *(DE UVE DE)* b. **GPS** *(GE PE ESE)* c. **DNI** *(DE ENE I)* d. **WWW** *(UVE DOBLE UVE DOBLE UVE DOBLE)* e. **ONG** *(O ENE GE)* f. **HTTP** *(HACHE TE TE PE)*.

② a. **Comme [ss] en français :** Sal, Sol, Sur, Semáforo, Silla, Salsa b. **Comme [th] en anglais :** Zorro, Cero, Zapato, Ciruela, Zoológico, Zumo c. **Comme la jota espagnole :** Julio, Jamón, Gitano, Girasol, Jirafa, Gel d. **Comme [g] dans go en français :** Guitarra, Guerra, Gorra, Gafas, Gato, Golondrina e. **Comme [k] en français :** Queso, Cumpleaños, Calor, Quizás, Camino, Colega.

③ (tableau)

④ a. paella b. gambas c. arroz d. cerveza e. mujer f. salud g. voleibol h. Esteban i. estadio j. pasaporte k. Valladolid l. martes

⑤ a. francés b. Cádiz c. fútbol d. café e. París f. dólar g. menú h. sofá i. sándwich j. módem k. váter l. jamón.

⑥ a. dos árboles b. dos ingleses c. dos balones d. dos andenes e. dos móviles.

⑦ a. un alemán b. un portátil c. un papel d. un danés e. un mitin.

⑧ a. ¡Encantado! b. ¿Hablas español? c. ¡Bienvenido! d. ¿De dónde eres? e. ¡Hola! f. ¿Cómo te llamas?

⑨ a. hache te te pe dos puntos barra doble uve doble uve doble uve doble punto assimil punto com b. belén guión bajo ausejo arroba hotmail punto com c. juan guión cordoba arroba gemail punto com.

2. Articles, noms, adjectifs et numéraux

① a. Mujeres al borde de un ataque de nervios b. La cabaña del tío Tom c. El señor de los anillos d. La guerra de las galaxias e. Blancanieves y los siete enanos f. El libro de la selva.

② a. El precio de la tortilla. b. Quiero tortilla. c. Quiero una tortilla. d. Quiero manzanas. e. El precio de los huevos. f. Quiero huevos. g. Quiero vino. h. Quiero un pan.

③ a. El producto del mercado. b. La imagen de la ciudad. c. La ley del país.

④ **Féminin singulier :** la estudiante seria / la directora alegre / la tenista triste / la chica simpática / la pianista famosa / la escritora interesante / la amiga fiel / la cantante actual. **Masculin singulier :** el estudiante serio / el director alegre / el tenista triste / el chico simpático / el pianista famoso / el escritor interesante / el amigo fiel / el cantante actual. **Féminin pluriel :** las estudiantes serias / las directoras alegres / las tenistas tristes / las chicas simpáticas / las pianistas famosas / las escritoras interesantes / las amigas fieles / las cantantes actuales. **Masculin pluriel :** los estudiantes serios / los directores alegres / los tenistas tristes / los chicos simpáticos / los pianistas famosos / los escritores interesantes / los amigos fieles / los cantantes actuales.

⑤ a. La sangre es roja. b. Los árboles son marrones. c. La leche es blanca. d. Tus ojos son azules como el cielo. e. La hierba es verde. f. Las panteras son negras. g. El jamón de York es rosa. h. Los limones son amarillos.

⑥ a. Barack es estadounidense. Es de Nueva York. b. Jacques es belga. Es de Bruselas. c. Samia es marroquí. Es de Rabat. d. Fernanda es portuguesa. Es de Lisboa. e. Hinge es alemana. Es de Berlín. f. Guadalupe es mexicana. Es de Cancún.

⑦ a. siete por once igual setenta y siete b. treinta y tres menos ocho igual veinticinco c. catorce más quince igual veintinueve d. ochenta y cuatro entre cuatro igual veintiuno.

⑧ a. cincuenta y siete b. ochenta y seis c. cuarenta y uno d. quince e. novecientos uno f. setecientos ocho g. dos h. cuatrocientos veintiuno i. tres mil trescientos treinta j. ciento sesenta y cuatro k. quinientos doce l. ciento noventa y nueve m. siete mil doscientos siete.

⑨ a. Trescientas cuarenta y siete manzanas. b. Dos mil quinientas trece amigas. c. Mil novecientas veintiocho tortillas.

3. Le pronom personnel et la conjugaison

① a. Vous lisez : Leéis
b. Nous chantons : Cantamos
c. Il écrit : Escribe
d. Je parle : Hablo
e. J'ouvre : Abro
f. Nous dansons : Bailamos
g. Ils lisent : Leen
h. Tu manges : Comes
i. Vous buvez : Bebéis
j. Nous vivons : Vivimos.

② a. bailo : je danse b. vive : il vit c. escribís : vous écrivez d. abres : tu ouvres e. bebemos : nous buvons f. cantan : ils chantent g. hablamos : nous parlons h. comen : ils mangent i. habla : il parle j. lee : il lit.

③ a. Los leo. b. Lo compro. c. Los como. d. La toco. e. Las quiero. f. Las canto. g. La escribo. h. Lo hablo.

④ a. Nos escribe cartas. b. Nos las escribe. c. Os escribimos un mail. d. Os lo escribimos. e. Me lees libros. f. Me los lees. g. Te abren los brazos. h. Te los abren. i. Les abrimos la puerta. j. Se la abrimos. k. Le leo poesías. l. Se las leo.

⑤ a. El libro es para ellas. b. Cantas para mí. c. Bailamos delante de ellos. d. Coméis después de nosotros. e. Hablan de vosotros. f. Como sin ti. g. Quiere comer conmigo.

⑥ a. Me lavo las manos antes de comer. b. Me lavo los dientes después de comer. c. Como delante de la tele. d. Echo la siesta después de comer. e. Se esconde detrás de un árbol.

⑦ a. A ellos no les gustan los ordenadores. b. A nosotras nos gustan las gambas. c. A mí me horrorizan los ordenadores. d. A ti te encantan las gambas. e. A vosotros os gusta España. f. A él no le gusta leer libros.

⑧ a. ¿Cómo se llama usted? b. ¿Dónde vive usted? c. ¿Le gusta la paella? d. ¡No le comprendo! e. ¿Habla usted español? f. ¿Es usted francesa? g. Quiero hablar con usted.

4. Les possessifs, les démonstratifs, les indéfinis

① a. Son mis cartas. b. Es nuestro pasaporte. c. Son vuestras guitarras. d. Son sus móviles. e. Son sus colegas. f. Es vuestro libro. g. Es tu perro. h. Son tus profesores. i. Son nuestras guitarras. j. Es su portátil. k. Es mi amigo. l. Es su balón.

② a. No es mi libro, es el tuyo. b. No son mis gafas, son las tuyas. c. No son mis amigos, son los tuyos. d. No es tu carta, es la mía. e. No es tu abuela, es la suya. f. No son mis primas, son las suyas. g. No es tu padre, es el suyo. h. No es su ordenador, es el mío. i. No son sus discos, son los míos.

③ a. La perra no es nuestra. b. El portátil es mío. c. Los libros son suyos / son de ellos. d. La guitarra no es tuya. e. Las manzanas no son vuestras. f. Los discos no son tuyos.

④ **Hablo con un colega:** tratamiento de tú a. ¿Es tu/tuya la cerveza? b. ¿Son tus/tuyas las gambas? c. ¿Son tus/tuyos los discos? d. ¿Es tu/tuyo el móvil?
Hablo con mis hermanos: tratamiento de tú e. ¿Es vuestro/vuestro el libro? f. ¿Es vuestra/vuestra la consola? g. ¿Son vuestros/vuestros los patines? h. ¿Son vuestras/vuestras las camisetas?
Hablo con la abuela de un amigo: tratamiento de usted i. ¿Es su/suyo el té? j. ¿Es su/suya la revista? k. ¿Son sus/suyos los zapatos? l. ¿Son sus/suyas las gafas?

SOLUTIONS

5 a. No comprendo nada. *Je ne comprends rien.* b. Aquí nadie canta. *Ici personne ne chante.* c. No quiero nada. *Je ne veux rien.* d. Nadie me comprende. *Personne ne me comprend.* e. No comprendo a nadie. *Je ne comprends personne.* f. No es nada simpático. *Il n'est pas du tout sympathique.* g. Aquí no vive nadie. *Personne n'habite ici.* h. Nadie me quiere. *Personne ne m'aime.*

6 a. ¿Comprendes algo? *Tu comprends quelque chose ?* b. ¿A alguien no le gusta la paella? *Quelqu'un n'aime pas la paella ?* c. ¿Quieres beber algo? *Tu veux boire quelque chose ?* d. ¿Quieres algo? *Tu veux quelque chose ?* e. Quiero hablar con alguien. *Je veux parler à quelqu'un.* f. ¡Alguien te llama por teléfono! *Quelqu'un t'appelle au téléphone !* g. ¿Vive alguien aquí? *Est-ce que quelqu'un habite ici ?* h. Hablo algo de inglés. *Je parle un peu anglais.*

7 a. Me gusta bañarme aquí, en esta playa. b. Aquella playa, allí, es muy peligrosa. c. ¿Qué es eso que llevas ahí? d. ¿Comemos aquí, en este restaurante? e. ¿Qué es aquello que veo allí? f. Escribe tu número ahí, en esa libreta.

8 a. *J'aime me baigner ici, dans cette plage.* b. *Cette plage, là-bas, est très dangereuse.* c. *Qu'est-ce que tu portes là ?* d. *Nous mangeons ici, dans ce restaurant ?* e. *Qu'est-ce que je vois là-bas ?* f. *Écris ton numéro là, sur ce calepin.*

9 a. ¿Es tuyo ese bolígrafo, ahí en tu mesa? b. Quiero estas manzanas, aquí, las rojas. c. En aquellos tiempos, no existían los ordenadores. d. Yo vivo aquí, en esta casa azul. e. Mi abuelo vive allí, en aquella casa verde. f. ¿Son vuestros esos zapatos, ahí en el suelo?

5. *Ser, estar* et la forme progressive

1 a. Soy española. b. Eres médico. c. Es alta. d. Son simpáticos. e. Estáis cansados. f. Estáis indignadas. g. Estamos contentas. h. Son creyentes. i. Estás enfermo.

2 a. Las aceitunas son buenas para la salud. b. Estas aceitunas están muy buenas. c. Este perro es muy vivo. d. ¡El perro está vivo! e. Mi padre es muy joven. f. Mi padre está muy joven. g. Mis hermanas son morenas. h. Mis hermanas están morenas. i. ¡Qué guapa eres! j. ¡Qué guapa estás!

3 a. La solución no es evidente. b. Nosotros estamos en París. c. El problema no está ahí. d. ¿Qué día es hoy? e. Yo soy francés, soy de París. f. Es la una de la tarde. g. La fiesta nacional es el 12 de octubre. h. ¿Qué hora es? i. La solución está en el trabajo. j. Mi cumpleaños es en primavera. k. No te veo: ¿dónde estás? l. Perdón, ¿a qué día estamos hoy? m. El problema es importante. n. El interés de la película está en los personajes. o. Pedro no está en casa. p. Es la una de la mañana. q. Nochebuena es la noche del 24 de diciembre.

4 a. Estoy abriendo la puerta. b. ¿A quién estáis llamando? c. Estamos comprando el pan.

5 Gérondif : bailando – bebiendo – tocando – hablando – comiendo – viviendo.

Infinitif : bailar – beber – tocar – hablar – comer – vivir.

6 a. Pedro y Juan están comiendo una buena paella. b. Yo estoy bebiendo vino y tú estás bebiendo cerveza. c. Mi hermano está tocando la guitarra con sus amigos. d. Este año nosotros estamos viviendo en Londres. e. Lo que vosotros estáis bailando no es reggaetón, es cumbia. f. ¿De qué me estás hablando. ¡No te entiendo!

7 a. ¡Soy yo! b. ¡Somos nosotros! c. ¡Son ellos! d. ¿Es usted!

8 a. Este anillo no es de oro. b. ¿De quién es este anillo? c. Tú estás de buen humor. d. ¿Usted es de Madrid? e. ¿Usted es de aquí. f. No, nosotros no somos de aquí. g. Nosotros estamos de viaje por España. h. Yo estoy de fiesta con unos amigos.

9 Hola, ¿está Carmen? / Sí, soy yo. / ¡Carmen! Soy Juan, ¿cómo estás? / ¡Juan! ¡Qué contenta estoy de hablar contigo! ¿Dónde estás? / Estamos de fin de semana en Londres Isabel y yo.

6. Le présent irrégulier et la phrase simple

1 a. Los niños mienten frecuentemente a sus padres. b. Yo me divierto mucho con la consola. c. Cuando vuelvo del trabajo, estoy muy cansado. d. Cuando estamos lejos, no nos acordamos de las personas. e. ¿Tú entiendes lo que te estoy explicando? f. Te quiero mucho y pienso mucho en ti. g. ¿Vosotros cerráis la puerta con llave cuando salís? h. La clase comienza cuando los alumnos se sientan. i. Los abuelos siempre cuentan historias a sus nietos. j. Nosotros perdemos mucho tiempo jugando con la Play. k. ¡Solo tiene dos años y ya puede contar hasta diez! l. ¿Vosotros dormís la siesta por las tardes?

2 a. No, no conozco Barcelona. b. No, no oigo nada. c. No, no salgo a pasear. d. No, no me pongo la gabardina. e. No, no conduzco bien. f. No, no hago nada. g. No, no digo nada. h. No, no tengo dinero. i. No, no vengo contigo. j. No, no traduzco del inglés. k. No, no te reconozco. l. No, no te obedezco.

3 a. ¿Cómo estás? b. ¿Cuánto cuesta? c. ¿Cuál es tu coche? d. ¿Cuándo es tu cumpleaños? e. ¿Cuáles son tus zapatos? f. ¿Quiénes son los padres de este niño? g. ¿Cuánta leche quiere? h. ¿Qué quieres? i. ¿Cuántos hermanos tienes? j. ¿Cuántas hermanas tienes? k. ¿Dónde vives? l. ¿Quién es el siguiente?

4 a. ¡Cuánto habla mi suegra! b. ¡Qué difíciles son estos problemas! c. ¡Cuántas amigas tienes en facebook! d. ¡Qué alta es esta chica! e. ¡Cuánto duermen los bebés! f. ¡Cuántos perros hay en esta casa! g. ¡Qué tarde venís! h. ¡Cuánto dinero tiene este hombre!

5 a. ¡Qué libro más (tan) interesante! b. ¡Qué perra más (tan) simpática! c. ¡Qué playas más (tan) bonitas! d. ¡Qué coches más (tan) rápidos!

6 a. ¡Qué cansado parece este niño! b. ¡Qué cansado estoy! c. ¡Qué aspecto más cansado tienes! d. ¡Qué perro más listo tiene Miguel! e. ¡Qué cosas más divertidas cuentan mis amigos! f. ¡Qué libros más interesantes escribe usted! g. ¡Qué tarde comen los españoles!

7 a. José tiene cuarenta y cinco años, Pedro cincuenta y Juan treinta y ocho: José es mayor que Juan y menor que Pedro. b. Vivir en una ciudad es mejor para las diversiones pero el aire es de peor calidad que en el campo.

8 a. Conozco menos ciudades que tú. b. Tengo más libros que él. c. La cerveza es tan cara como en Francia. d. Trabajo tantas horas como tú. e. Trabaja tanto como yo. f. Son tan altos como tontos.

Lexique et lecture 1 : identité et famille

1 ④ Soy de Madrid. ⑤ ¿A qué te dedicas? ① Hola, me llamo Ana, ¿y tú, cómo te llamas? ③ Encantada. Soy argentina. Y tú, ¿de dónde eres? ⑥ Trabajo en un hospital, soy enfermero. ② Hola, yo soy Luis. Encantado.

2 ¿Cómo se llama el fotógrafo? → Se llama Ángel Ruiz Pellicer. / ¿A qué se dedica Rosana Bisbal Antón? → Es comercial / ¿Dónde vive la abogada? → Vive en Acapulco. / ¿Cuál es el número de teléfono del periodista? → Es el 933547677.

3 a. ¿Cómo se llama el periodista? b. ¿A qué se dedica Angel Ruiz Pellicer? c. ¿Dónde vive Rosana Bisbal Antón? d. ¿Cuál es el número de teléfono de la abogada?

4 a. 274 de cada mil mujeres. b. 7 de cada cien residentes. c. Uno de cada diez hombres. d. Tres de cada cuatro mujeres.

5 a. Verdadero b. Falso c. Verdadero d. Verdadero e. Falso f. Falso.

6

	1900 1910	1910 1920	1930 1940	1940 1950	1950 1960	1960 1970	1970 1980	1980 1990	1990 2000	2000 ......
Adrián									X	X
Alejandro									X	
José Antonio					X	X				
Daniel									X	X
David							X	X	X	
José	X	X	X	X						
Pablo									X	X

123

SOLUTIONS

7. Nuances de l'action et présent irrégulier

❼ a. El siglo XXI. **b.** Comienzos del siglo XX. **c.** Finales de los años treinta. **d.** Hasta finales de los años cincuenta. **e.** A partir de comienzos de los años ochenta. **f.** El siglo XX.

❽ De gauche à droite et de bas en haut : José, Carmen / Javier, María, Julia, Lorenzo, Antonio, Rocío / Dolores, Andrés, Lucía, Paula, Juan, Luisa.

7. Nuances de l'action et présent irrégulier

❶ a. Vuelve a llamar a su hijo. **b.** Volvéis a contar la misma historia. **c.** El niño vuelve a mentir. **d.** Vuelvo a nacer. **e.** Vuelven a cerrar la puerta. **f.** Volvemos a estar juntos. **g.** Vuelven a trabajar en Madrid. **h.** Usted vuelve a viajar a España. **i.** Volvemos a ser amigos. **j.** Volvemos a leer este libro.

❷ a. Mi abuelo suele acordarse de mí. **b.** Suelo conducir una moto. **c.** Sueles perder tus llaves. **d.** Suelo sentarme en este banco. **e.** Solemos hacer deporte. **f.** Usted suele entender rápido. **g.** Soléis hablar francés. **h.** Sueles comer a las tres. **i.** ¿Sueles salir a bailar? **j.** Solemos estar en casa.

❸ Ríes, reímos, reín, reís, riemos, río, ríen, reo, reí, riéis, ríe, rees. Présent de l'indicatif de reír : río, ríes, ríe, reímos, reís, ríen.

❹ a. ¿Por qué sonreís? ¿Pensáis en algo divertido? **b.** Tú, ¿cómo te despides de la gente: das un beso o das la mano? **c.** Mi hermano mide un metro noventa. **d.** Nosotros siempre vestimos pantalones vaqueros. **e.** Los niños siempre piden dinero a los padres. **f.** Camarero, ¿me sirve usted una cerveza, por favor? **g.** Si no repito muchas veces la conjugación, no me acuerdo.

❺ a. Sirvo. **b.** Repetimos. **c.** Pides. **d.** Se despide. **e.** Miden. **f.** Usted ríe, señor. **g.** Sonreís, amigos míos. **h.** Visto.

❻ a. ¿Qué estás diciendo? **b.** ¿Por qué está usted sonriendo? **c.** Mis hermanas se están vistiendo. **d.** No estamos pidiendo nada. **e.** Estoy repitiendo la lección. **f.** No estáis midiendo bien. **g.** Se está despidiendo de la abuela.

❼ a. Entre París y Londres yo elijo París. **b.** ¿Seguís o abandonáis la carrera? **c.** Usted elige muy bien los colores con que viste. **d.** Estoy cansado: no sigo. **e.** Entre carne y pescado, nosotros elegimos pescado. **f.** Es un perro fiel: siempre sigue a su amo. **g.** Los gatos son independientes: no siguen a nadie. **h.** Eliges a tus amigos pero no a tus familiares.

❽ a. Sigo escribiendo a mano. **b.** Siguen existiendo personas sin ordenador. **c.** Mi vieja pluma sigue sirviendo. **d.** Y tú, ¿sigues usando pluma y papel? **e.** Usted sigue haciendo las cosas como antes. **f.** Seguís siendo fieles al pasado. **g.** Seguimos sonriendo con las películas de Charlot.

8. Le subjonctif présent

❶ 1re ligne : cantar, cante, cantes, cante, cantemos, cantéis, canten. **2e ligne :** escribir, escriba, escribas, escriba, escribamos, escribáis, escriban. **3e ligne :** salir, salga, salgas, salga, salgamos, salgáis, salgan. **4e ligne :** vestir, vista, vistas, vista, vistamos, vistáis, vistan. **5e ligne :** pensar, piense, pienses, piense, pensemos, penséis, piensen **6e ligne :** leer, lea, leas, lea, leamos, leáis, lean. **7e ligne :** conocer, conozca, conozcas, conozca, conozcamos, conozcáis, conozcan.

❷ a. Hola, abuela, este libro es para ti, para que lo leas pensando en mí. **b.** Quiero que vosotros le escribáis una bonita carta a la abuela. **c.** A la abuela no le gusta Mario: no quiere que su nieta salga con él. **d.** La abuela quiere que nosotros vistamos bien para su cumpleaños. **e.** Queremos que usted también conozca a la abuela. **f.** La abuela me llama muy a menudo para que siempre piense en ella. **g.** La abuela quiere que sus nietos le canten la canción del cumpleaños feliz.

❸ Queridos Reyes Magos: Soy un niño bueno y obediente que quiere mucho a sus padres. Por eso quiero que me traigáis un tren eléctrico muy grande, con muchos vagones para que pueda jugar con todos mis amigos. Ah, si es posible, también quiero que vengáis antes del 6 de enero porque el 8 vuelvo al cole y mis padres no quieren que juegue cuando hay escuela. ¡Muchas gracias! Manolito.

❹ 1re colonne : traer, traiga, traigas, traiga, traigamos, traigáis, traigan. **2e colonne :** poder, pueda, puedas, pueda, podamos, podáis, puedan. **3e colonne :** venir, venga, vengas, venga, vengamos, vengáis, vengan. **4e colonne :** jugar, juegue, juegues, juegue, juguemos, juguéis, jueguen.

❺ a. ¡Que viváis felices! **b.** ¡Que bailéis bien! **c.** ¡Que te diviertas! **d.** ¡Que vuelvas pronto!

❻ a. ¡Ojalá tengan un buen viaje! **b.** ¡Ojalá viva usted muchos años! **c.** ¡Ojalá pueda asistir a tu cumpleaños! **d.** ¡Ojalá os guste esta paella! **e.** ¡Ojalá entiendas el problema! **f.** ¡Ojalá volvamos a España! **g.** ¡Ojalá los Reyes Magos traigan muchos regalos! **h.** ¡Ojalá sigas teniendo suerte!

❼ a. No hablamos inglés. Qué lástima que no hablemos inglés. **b.** No bebéis cerveza. Qué lástima que no bebáis cerveza. **c.** No me gusta bailar. Qué lástima que no me guste bailar. **d.** No bailas bien. Qué lástima que no bailes bien. **e.** No conocen a mi hermana. Qué lástima que no conozcan a mi hermana. **f.** No oyes bien. Qué lástima que no oigas bien. **g.** No sirvo para nada. Qué lástima que no sirva para nada. **h.** No sonríen nunca. Qué lástima que no sonrían nunca.

❽ a. usted / ¡No hagas eso! **b.** usted / ¡No comas paella! **c.** usted / ¡No leáis ese libro! **d.** tú / ¡No cierre la puerta! **e.** tú / ¡No se sienten aquí! **f.** usted / ¡No conduzcáis tan rápido! **g.** tú / ¡No digan palabrotas! **h.** tú / ¡No repita esa palabra!

❾ a. Tal vez no abran por la tarde. **b.** Tal vez no comprenda el español. **c.** Tal vez no escribáis nunca cartas. **d.** Tal vez no hagas bien tu trabajo. **e.** Tal vez no lo reconozcamos. **f.** Tal vez no me despida de ellos. **g.** Tal vez no me entienda usted. **h.** Tal vez no os acordéis de él.

9. Conjugaisons irrégulières et emploi des modes

❶ a. ir : subjonctif **b.** caber : indicatif **c.** saber : indicatif **d.** saber : subjonctif **e.** dar : indicatif **f.** oír : indicatif **g.** ir : indicatif **h.** ver : indicatif **i.** ver : subjonctif **j.** ser : subjonctif **k.** estar : subjonctif.

❷ a. Este coche es muy espacioso: caben hasta seis personas. **b.** ¿Por qué vais siempre a Marbella? ¿Os gusta tanto la playa? **c.** Quiero que estéis en casa estudiando este fin de semana. **d.** Tal vez vayamos a Sevilla estas vacaciones. **e.** No sé dónde está esa calle, quizás lo sepáis vosotros. **f.** ¿Por qué no me ayudáis? No seáis tan perezosos. **g.** Ojalá lo vean mis ojos. **h.** Habla más alto, no te oigo bien. **i.** No te veo, ¿dónde estás? **j.** Te doy un libro para tu hermano.

❸ a. Sois auténticos españoles: dormís la siesta por la tarde. **b.** Cuando su hijo le miente, el padre está furioso. **c.** Si hace mal tiempo, tal vez prefiramos quedarnos en casa. **d.** Estamos acostumbrados al frío: no lo sentimos. **e.** Qué pena que los toros mueran durante las corridas. **f.** Ojalá os divirtáis mucho durante la fiesta. **g.** No nos gusta ver películas en casa: preferimos salir. **h.** Siempre estáis de mal humor: no os divertís con nada. **i.** El padre no quiere que su hijo le mienta. **j.** Pone el radiador para que no sintamos frío. **k.** Ojalá durmáis bien esta noche. **l.** Algunas veces son los matadores los que mueren.

❹ Réponses libres.

❺ a. No creo que la tecnología haga más felices a los hombres. / ¡No creo que Internet aísle completamente a la gente! **b.** No pienso que los jóvenes de hoy solo piensen en su móvil. / ¡No pienso que muchos chicos y chicas colaboren en ONG's! **c.** No estoy convencido de que vivamos en un mundo que progresa sin cesar. / ¡No estoy convencido de que miles de personas mueran de hambre cada día! **d.** No estoy seguro de que entender de informática te ayude a conseguir un trabajo. / ¡No estoy seguro de que lo más importante sea tener una bonita letra! **e.** No es verdad que hoy la inmensa mayoría de la gente tenga un ordenador. / No es verdad que en muchos países el ordenador siga siendo un lujo!

❻ a. Me pregunto dónde vive. **b.** No sé por qué bebe. **c.** Creo que tienen dos hijos. **d.** Me parece que no trabajas. **e.** ¿Piensas que está enfermo?

SOLUTIONS

7 a. Me pides que te ayude. b. Te pido que salgas. c. Nos pide que repitamos. d. Nos piden que abramos. e. Usted me pide que cante.

8 a. Le professeur nous dit de lire des livres en espagnol. b. Le professeur nous dit que nous lisons très bien. c. Le professeur nous dit que nous allons voir un film. d. Le professeur nous dit d'aller voir des films.

9 a. La madre le dice a su hijo que <u>sea</u> prudente con la moto. b. Le pide que no <u>vaya</u> muy rápido. c. El hijo le dice que no <u>se preocupe</u>. d. Le dice que él <u>conduce</u> siempre con prudencia. e. Le dice a su madre que <u>duerma</u> tranquila. f. Le dice que <u>puede</u> dormir tranquila.

10. L'ordre, l'obligation, la nécessité

1 a. Necesita un ordenador. b. ¿Me necesitas? c. No te necesito. d. ¿Necesita dinero, señor? e. Necesitamos a Carmen. f. Hace falta un ordenador para trabajar. g. ¿Hacen falta gafas de sol? h. Hacen falta gambas en la paella. i. Para hacer una tortilla, hacen falta huevos. j. ¿Hace falta pan?

2 a. ¿<u>Hay que</u> sentarse aquí? Il faut s'asseoir ici ? b. ¿<u>Hace falta que</u> compremos pan? Il faut que nous achetions du pain ? c. ¿<u>Hace falta que</u> venga Pedro? Il faut que Pedro vienne ? d. <u>No hay que</u> mentir. Il ne faut pas mentir. e. <u>Hay que</u> cerrar la puerta. Il faut fermer la porte. f. <u>Hace falta que</u> vuelvas. Il faut que tu reviennes. g. <u>Hay que</u> viajar a menudo. Il faut voyager souvent. h. <u>Hay que</u> leer libros. Il faut lire des livres. i. <u>Hace falta que</u> lo sepas. Il faut que tu le saches.

3 a. Hace falta que hablen con él. b. Hace falta que leamos este libro. c. Hace falta que seáis pacientes. d. Hace falta que sigas estudiando.

4 a. Tienes que hacer un esfuerzo. b. No tenéis que pedir ayuda. c. ¿Tengo que ir yo? d. Tenemos que estar tranquilos.

5

infinitif	hablar	decir	hacer	pedir	ir	cerrar
Tú	habla	di	haz	pide	ve	cierra
Vosotros	hablad	decid	haced	pedid	id	cerrad

6 a. No os oigo: ¡<u>hablad</u> un poco más alto, por favor! b. ¡<u>Di</u> la verdad! ¿Me quieres o no? c. ¡Niños, antes de jugar, <u>haced</u> los deberes para la escuela! d. Isabel, ¡<u>ve</u> a comprar el pan, por favor! e. ¡<u>Cerrad</u> bien la puerta! Os lo pido por favor. f. Hoy es tu cumpleaños: <u>pide</u> lo que quieres comer.

7 a. Contádsela. b. Llámalo. c. Póntela. d. Escribidlos. e. Probadlas. f. Dáselo. g. Entiéndela. h. Conducidlo.

8 a. Acuérdate de mí. b. Acordaos de él. c. Divertíos mucho. d. Diviértete en esa fiesta.

9 a. Tratamiento de tú b. Tratamiento de usted c. Tratamiento de usted d. Tratamiento de tú.

10 a. Haz deporte. b. Haced deporte. c. Haga deporte. d. Hagan deporte. e. Ten cuidado con el perro. f. Tened cuidado con el perro. g. Tenga cuidado con el perro. h. Tengan cuidado con el perro. i. Conduce lentamente. j. Conducid lentamente. k. Conduzca lentamente. l. Conduzcan lentamente. m. Ponte el cinturón. n. Poneos el cinturón. o. Póngase el cinturón. p. Pónganse el cinturón.

11. Aspects de la phrase simple

1 a. Es un río <u>larguísimo</u>. b. Hay <u>muchísimos</u> tipos de peces. c. Quedan <u>poquísimas</u> tribus primitivas. d. Es <u>riquísima</u> en recursos naturales. e. Es <u>peligrosísima</u> para el planeta. f. Es <u>importantísimo</u> proteger Amazonia.

2 a. Es la ciudad más poblada del mundo. b. Es el río más largo del mundo. c. Es el pájaro más ligero del mundo. d. Son los animales más longevos del mundo.

3 a. Me gusta <u>mucho</u> chatear en Internet. b. Me hago <u>muchos</u> amigos chateando. c. Me paso <u>muchas</u> horas conectado. d. Para los niños, Internet puede ser <u>muy</u> peligroso. e. Hay <u>mucha</u> información interesante en línea. f. Suelo perder <u>mucho</u> tiempo en Internet. g. <u>Muchos</u> chicos juegan en línea. h. El juego en línea provoca <u>mucha</u> adicción.

4 a. Hago poco deporte. b. Comes poco pescado. c. Son poco simpáticos. d. Somos poco pacientes. e. Compro pocos zapatos. f. Come poca carne. g. Escribes pocas cartas. h. Esta película es poco interesante.

5 a. ¡Juegas <u>demasiado</u> a la Play! b. ¡Te pasas <u>demasiadas</u> horas en Internet! c. ¡Te acuestas <u>demasiado</u> tarde! d. ¡Tienes <u>demasiados</u> amigos! e. ¡Soy <u>demasiado</u> paciente contigo! f. ¡Tienes <u>demasiada</u> libertad!

6 a. ¡Mentira! ¡Mis notas son <u>bastante</u> buenas. b. ¡Mentira! No tengo <u>bastantes</u> amigos. c. ¡Mentira! No eres <u>bastante</u> paciente conmigo. d. ¡Mentira! No tengo <u>bastante</u> libertad.

7

cariñoso	cariñosa	cariñosamente
ágil	ágil	ágilmente
triste	triste	tristemente
feroz	feroz	ferozmente
cómodo	cómoda	cómodamente
único	única	únicamente

a. Este perro es muy malo: ladra <u>ferozmente</u> a todos los que pasan. b. El perro está malo: me mira <u>tristemente</u>. c. El gato duerme <u>cómodamente</u> en el sofá. d. El gato salta <u>ágilmente</u> por la ventana. e. A los gatos les gusta que les acaricien <u>cariñosamente</u>. f. Las jirafas viven <u>únicamente</u> en Africa.

8 a. <u>Es esencial</u> estudiar los verbos. b. <u>Está prohibido</u> fumar en este bar. c. Esta palabra es <u>imposible</u> de pronunciar. d. A mí me <u>es fácil</u> aprender idiomas. e. No <u>es fácil</u> recordar las conjugaciones.

9 a. <u>En</u> Sevilla, la gente es muy simpática. b. Los estudiantes que residen <u>en</u> Sevilla están muy contentos. c. Muchos Erasmus van <u>a</u> Sevilla para estudiar. d. Cuando vuelven <u>a</u> su país, sienten nostalgia. e. ¿Dónde estás? ¿<u>En</u> casa? f. Ven <u>a</u> casa, te invito.

Lexique et lecture 2 : se déplacer

1 a. ida b. llegada c. billete d. fecha e. salida f. metálico g. gastos h. plaza i. precio j. vuelta k. reserva l. tarifa m. tren n. IVA o. coche.

2 a. Tres. b. Lo habla pero bastante mal. c. Frank quiere un billete de tren para París. d. El empleado de la taquilla no entiende bien a Frank.

3 a. El empleado no es sordo. b. Hay que hablar despacio. c. Veo a alguien detrás de Frank.

4 a. Hola, ¿vende usted <u>billetes</u> para trenes de cercanías? b. Cómprame dos <u>entradas</u> para el concierto de Bisbal, por favor. c. El <u>billete</u> de autobús es más barato que el de tren. d. En avión, si tienes <u>billete</u> de primera clase, ¡te dan champán gratis! e. Las <u>entradas</u> para las corridas de toros suelen ser bastante caras. f. Para esta obra de teatro, puedes comprar <u>entradas</u> en Internet.

5 a. Este joven <u>oye</u> muy bien: no hace falta que hable tan alto. b. Leo bastante bien el español pero no <u>entiendo</u> a la gente cuando habla demasiado rápido. c. Sube el volumen de la música, por favor : ¡no <u>oigo</u> nada! d. Este texto es demasiado difícil para mí: no <u>entiendo</u> nada. e. ¿<u>Entiende</u> usted lo que digo o se lo vuelvo a explicar? f. ¡Estoy en el tren! Hay mucho ruido. ¿Me <u>oyes</u>?

6 a. puerta. b. llave. c. sobrinos. d. aquí. e. precio. f. silla. g. perra. h. fin. i. Quisiera un billete sencillo para París, por favor. j. Je voudrais un billet simple pour Paris, s'il vous plaît.

7 a. Tratamiento de tú. b. Tratamiento de usted. c. Tratamiento de usted. d. Tratamiento de tú.

8 a. El colegio está en la calle Mayor. b. La biblioteca está en la calle San Miguel. c. La discoteca está en el Paseo de la Paz. d. El cine está en la calle Real.

9 Exemples de réponses :

– Por favor, ¿dónde está la biblioteca?

– Tienes que tomar la calle Real, seguir todo recto, tomar la segunda calle a la derecha y luego la primera a la izquierda: es allí. Ou aussi :

– Toma la primera a la derecha, luego gira por la primera a la izquierda y sigue todo recto.

12. L'expression du futur

❶ **a.** futur : haré / infinitif : hacer **b.** futur : regalaré / infinitif : regalar **c.** futur serás / infinitif : ser **d.** futur : harás / infinitif : hacer **e.** futur : ganarás / infinitif : ganar **f.** futur : seducirás / infinitif : seducir **g.** futur : tendrás / infinitif : tener.

❷ **a.** haré, harás, hará, haremos, haréis, harán. **b.** regalaré, regalarás, regalará, regalaremos, regalaréis, regalarán.

❸ **a.** ¿Me ayudarás a tocar la guitarra? **b.** Seremos famosos. **c.** No podré tocar esta partitura. **d.** Me diréis qué os parece esta guitarra. **e.** El público querrá que sigas tocando. **f.** No tendrán tiempo para aprender.

❹ **a.** Me pregunto si vendrán. **b.** En cuanto te vea, te pagaré. **c.** No sabe si podrá venir. **d.** ¿Sabes cuándo saldrá su libro? **e.** Se pregunta dónde vivirá. **f.** El día que te pague, estarás contento. **g.** No sé si cantaremos. **h.** No sé cómo vestiré. **i.** Leeré su libro cuando salga. **j.** Mientras haga sol, iré a la playa.

❺ **a.** Cuando hable bien español, iré a México. **b.** Cuando sea mayor de edad, conduciré una moto. **c.** Cuando las aprendas, sabrás las conjugaciones. **d.** Cuando estudie, este chico tendrá buenas notas. **e.** Cuando haga sol, irán a la playa.

❻ **a.** *La personne que vous cherchez n'habite pas ici : ça doit être une erreur.* **b.** *Pedro a appelé dix fois : il doit vouloir te dire quelque chose d'important.*

❼ **a.** Quizás esté repasando un examen. **b.** Estará repasando un examen. **c.** A lo mejor no tiene cobertura el móvil. **d.** No tendrá cobertura el móvil. **e.** Quizás vaya al gimnasio. **f.** A lo mejor va al gimnasio.

❽ **a.** La mujer a quien (a la que, a la cual) me dirijo es mi profesora. **b.** El barrio en el que vivo es muy simpático. **c.** La moto con la que (con la cual) reparto pizzas es verde. **d.** La chica de quien (de la que, de la cual) te hablo es mi vecina.

❾ **a.** La ciudad donde / en que se pasan las vacaciones está a la orilla del mar. **b.** Me acuerdo muy bien de la noche en que te conocí. **c.** ¿Cuál fue el año en que el Barça ganó la Champions? **d.** Esta es la casa donde / en que me gustaría vivir.

❿ **a.** Ven cuando puedas. **b.** El primero que llame tendrá un coche. **c.** El día que vengas, estaré contento. **d.** Querré al hombre que me entienda.

13. Les temps du passé

❶ 1ʳᵉ ligne : jugar, jugaba, jugabas, jugaba, jugábamos, jugabais, jugaban. 2ᵉ ligne : estar, estaba, estabas, estaba, estábamos, estabais, estaban. 3ᵉ ligne : hacer, hacía, hacías, hacía, hacíamos, hacíais, hacían. 4ᵉ ligne : decir, decía, decías, decía, decíamos, decíais, decían. 5ᵉ ligne : divertirse, me divertía, te divertías, se divertía, nos divertíamos, os divertíais, se divertían.

❷ **a.** En mi época, yo no iba tanto al cine. **b.** Cuando tenía quince años, yo no era tan libre. **c.** Cuando éramos pequeños, nosotros no veíamos tanto la tele. **d.** Los mayores oían la radio y los niños jugaban en la calle.

❸ Toda la familia estaba en el salón: era la hora de la comida y todos estaban viendo la tele. A veces, los padres y los hijos no estaban de acuerdo: unos eran partidarios de ver las series y otros estaban a favor del telediario. Pero el padre siempre estaba de mal humor y además era muy autoritario, de modo que siempre era él quien decidía.

❹ pagué, ~~escribe~~, contó, cerró, contamos, cerraron, escribimos, bebí, ~~bebemos~~, ~~contéis~~, ~~juegue~~, escribiste, pagasteis, ~~cierro~~, bebió.

❺ **a.** Bailar : bailé, bailaste, bailó, bailamos, bailasteis, bailaron. **b.** Pensar : pensé, pensaste, pensó, pensamos, pensasteis, pensaron. **c.** Volver : volví, volviste, volvió, volvimos, volvisteis, volvieron.

❻ **a.** El año pasado no ayudaste en casa, pero este año vas a ayudar. **b.** El curso pasado no leí pero este año voy a leer. **c.** El año pasado perdisteis mucho tiempo en Internet, pero este año no vais a perder tanto. **d.** El año pasado mi hermano jugó mucho al fútbol, pero este año no va a jugar tanto.

❼ **a.** no saber la respuesta → no escribir nada **b.** la puerta / estar cerrada → entrar por la ventana **c.** no quedar café → preparar un té **d.** María / no contestar al teléfono → llamar a su puerta **e.** no haber billetes de avión → viajar en tren **f.** no tener ganas de salir → decidir ver una serie en la tele **g.** el ascensor / no funcionar → subir por las escaleras **h.** el título / parecer interesante → abrir el libro **i.** yo / querer trabajar en Madrid → aprender español **j.** el programa / no ser interesante → apagar la tele.

❽ **a.** Como no sabía la respuesta, no escribí nada. **b.** Como la puerta estaba cerrada, entré por la ventana. **c.** Como no quedaba café, preparé un té. **d.** Como María no contestaba al teléfono, llamé a su puerta. **e.** Como no había billetes de avión, viajé en tren. **f.** Como no tenía ganas de salir, decidí ver una serie en la tele. **g.** Como el ascensor no funcionaba, subí por las escaleras. **h.** Como el título parecía interesante, abrí el libro. **i.** Como quería trabajar en Madrid, aprendí español. **j.** Como el programa no era interesante, apagué la tele.

❾ **a.** Yo no he abierto la puerta. **b.** Habéis vuelto de las vacaciones cansados. **c.** ¿Le has escrito a la abuela? **d.** No hemos podido venir a tu cumpleaños. **e.** ¿Ustedes han pedido pescado?

❿ **a.** No encuentro las llaves: ¿dónde las habéis puesto? **b.** No estoy contento contigo: no has hecho tus deberes. **c.** ¿Quién ha visto mis gafas? **d.** Te he dicho mil veces que no te pases horas con el ordenador. **e.** Muchas gracias por la invitación: hemos comido muy bien. **f.** Te han llamado Carmen y Juan.

⓫ **a.** Ya (*ou* todavía no) he viajado en avión. **b.** Ya (*ou* todavía no) he comido paella. **c.** Ya (*ou* todavía no) he visto una película española en VO. **d.** Ya (*ou* todavía no) he hecho autoestop. **e.** Ya (*ou* todavía no) he cantado flamenco. **f.** Ya (*ou* todavía no) he tenido un diario íntimo. **g.** Ya (*ou* todavía no) he estado enamorado. **h.** Ya (*ou* todavía no) me he bañado en el Atlántico. **i.** Ya (*ou* todavía no) he hecho un discurso. **j.** Ya (*ou* todavía no) he subido en globo. **k.** Ya (*ou* todavía no) he actuado en una obra teatral. **l.** Ya (*ou* todavía no) he ido a América latina.

14. Les temps du passé (suite)

❶ **a.** A los diez años tuve mi primera bicicleta. **b.** Eres una mentirosa: ¿por qué no me dijiste la verdad? **c.** ¿Por qué no vinisteis a mi cumpleaños? **d.** Ayer hizo bastante sol. **e.** Había demasiada gente y no pudieron entrar en el estadio. **f.** La semana pasada fuimos a ver a la abuela.

❷ **a.** Cristóbal Colón descubrió América pero no fue él quien le dio su nombre al Nuevo Mundo. **b.** Midió mal la circunferencia de la Tierra, por eso el viaje duró más de lo previsto. **c.** Repitió el viaje a América cuatro veces y murió en Valladolid. **d.** Los españoles introdujeron nuevas enfermedades en América. **e.** Destruyeron las antiguas culturas precolombinas y construyeron otra civilización.

❸ **a.** Cuando abrí el periódico, fui directamente a la página de deportes. **b.** Cuando llegué a México, noté que el acento era diferente al de España. **c.** Cuando vimos que no hacía sol, decidimos quedarnos en casa.

❹ **a.** Al volver a casa, el padre vio que su hijo estaba escuchando música. **b.** Al oír ruido, miraron por la ventana. **c.** Al morir, dejó todo su dinero a una ONG.

❺ **a.** Le passé simple. **b.** Le passé composé. **c.** Le futur proche. **d.** Le futur simple.

❻ **a.** Antes de ayer, Belén comió con don Andrés y fue al cine con Pepa y Emilia. **b.** Ayer, Belén trajo los periódicos a la tienda y escribió a Carlota. **c.** Esta mañana, Belén ha ido al médico y esta tarde va a despedirse de Pedro. **d.** Mañana, Belén <u>dará un paseo en bici con Isa y pondrá en el facebook las recomendaciones del librero</u>. **e.** Pasado mañana, Belén <u>hará la mochila de Isa para la excursión y saldrá con Juan Carlos</u>.

❼ a. ¿Podría utilizar tu móvil? **b.** ¿Sería posible vernos más tarde? **c.** Desearíamos un móvil más barato. **d.** ¿Estaríais dispuestos a ayudarnos? **e.** ¿Me harías un favor? **f.** ¿Me dirías la respuesta?

❽ a. Estos niños pensaban que de mayores serían futbolistas. **b.** ¿Te imaginabas que un día tendrías nietos? **c.** El profesor decía que pronto sabríamos hablar español. **d.** Mi abuelo creía que los extraterrestres nos invadirían. **e.** Estaba convencido de que me haría este favor.

15. La phrase complexe au passé

❶

Passé simple			Subjonctif imparfait		
pedir	leer	tener	pedir	leer	tener
pedí	leí	tuve	pidiera	leyera	tuviera
pediste	leíste	tuviste	pidieras	leyeras	tuvieras
pidió	leyó	tuvo	pidiera	leyera	tuviera
pedimos	leímos	tuvimos	pidiéramos	leyéramos	tuviéramos
pedisteis	leísteis	tuvisteis	pidierais	leyerais	tuvierais
pidieron	leyeron	tuvieron	pidieran	leyeran	tuvieran

❷ a. Te llamo para que <u>vengas a ayudarme</u>. **b.** Quiero que alguien me <u>diga cómo usar este programa</u>. **c.** Le pedí al servicio técnico que <u>me explique lo que pasa</u>. **d.** Me dicen que ojalá <u>sea solo un problema material</u>. **e.** Yo les digo que tal vez <u>tenga algún virus el ordenador</u>.

❸ a. No hacía falta que <u>compraras el pan</u>. **b.** Te di dinero para que <u>fueras a hacer la compra</u>. **c.** No quería que <u>volvieras a traer chorizo</u>. **d.** No creía que <u>necesitáramos más vino</u>. **e.** Te pedí sobre todo que <u>pensaras en el chocolate</u>.

❹ a. Hago como si <u>me gustara</u> el cine. **b.** Hizo como si <u>se acordara</u> de mí. **c.** Hacen como si <u>durmieran</u>. **d.** Hace como si <u>supiera</u> la respuesta.

❺ Imparfait du subjonctif : pusieran, hiciera, condujeras, oyeras. **Conditionnel :** habría, iríamos, costaría, encantaría.

❻ a. Si todos se <u>pusieran</u> el cinturón de seguridad, <u>habría</u> menos accidentes graves. **b.** Si <u>hiciera</u> mejor tiempo, <u>iríamos</u> a la playa. **c.** Si <u>condujeras</u> más despacio, el coche te <u>costaría</u> menos en gasolina. **d.** Si <u>oyeras</u> cómo toca la guitarra, te <u>encantaría</u>.

❼ a. No es mayor de edad. Hace como si <u>fuera</u> mayor de edad. **b.** Si Pedro <u>estuviera</u> aquí, nos ayudaría. **c.** No duerme, hace como si <u>estuviera</u> durmiendo. **d.** Si <u>estuviera</u> tan cansado, te acompañaría. **e.** Si <u>estuviera</u> de mejor humor, iría al cine. **f.** ¡Aprender chino! Como si <u>fuera</u> tan fácil.

❽ a. Si estuviera enfermo, iría al médico. **b.** Si supiera de informática, no tendría tantos problemas con el ordenador. **c.** Si tuviera tu número de móvil, te mandaría mensajes. **d.** Si visitara México, subiría a las pirámides. **e.** Si viviera en Argentina, cruzaría la Pampa a caballo. **f.** Si durmiera más, estaría más relajado.

❾ a. Transposition : Aunque tuviera tiempo, no te ayudaría. **b.** Traduction : Même si j'avais le temps, je ne t'aiderais pas. **c.** Transposition : Aunque hiciera mal tiempo, iría a correr. **d.** Traduction : Même s'il faisait mauvais temps, j'irais courir. **e.** Transposition : Aunque estuviera enfermo, trabajaría. **f.** Traduction : Même si j'étais malade, je travaillerais. **g.** Transposition : Aunque vivieras cien años, no leerías todos los libros. **h.** Traduction : Même si tu vivais cent ans, tu ne lirais pas tous les livres. **i.** Transposition : Aunque escribieras veinte libros, no serías célebre. **j.** Traduction : Même si tu écrivais vingt livres, tu ne serais pas célèbre.

❿ a. Digas <u>lo que digas</u>, no te creeré. **b.** Vayas <u>donde</u> vayas, te seguiré. **c.** Sea <u>cuando</u> sea, esta tarde o esta noche, tengo que verte. **d.** Llame <u>quien</u> llame, no estoy. **e.** Bailes <u>como</u> bailes, bien o mal, me gusta bailar contigo.

⓫ a. Digan lo que <u>digan</u> mis amigos, lo haré. **b.** Venga quien <u>venga</u> a esta fiesta, yo no iré. **c.** Conduzca como <u>conduzca</u>, rápido o despacio, siempre tengo accidentes. **d.** Las <u>ponga</u> donde las <u>ponga</u>, siempre pierdo las llaves. **e.** <u>Llames</u> cuando <u>llames</u>, aunque sea tarde, te contestaré.

16. L'auxiliaire et les temps composés

❶ a. Voix passive **b.** Voix active **c.** Voix active **d.** Voix passive **e.** Voix passive **f.** Voix passive **g.** Voix active **h.** Voix passive.

❷ a. El viento abrió la puerta. **b.** He sido invitado por mi primo para su cumpleaños. **c.** Estos cuadernos de ejercicios han sido escritos por Juan. **d.** Muchas personas utilizan estos cuadernos. **e.** El año que viene, Assimil publicará otro cuaderno. **f.** El público aprecia mucho a estos autores. **g.** Las personas que saben idiomas son contratadas por las empresas. **h.** Ojalá la empresa no despida a mis amigos.

❸ a. <u>Para</u> llegar a casa, lo mejor es que pases <u>por</u> aquí. **b.** He reservado una mesa <u>para</u> cuatro personas. **c.** No me gusta trabajar <u>por</u> la noche. **d.** Viene a verme una vez <u>por</u> año. **e.** ¿Por dónde estará? Hace días que no lo veo. **f.** ¿Estás cansado? Esto te pasa <u>por</u> acostarte tan tarde. **g.** <u>Por</u> su capacidad, es un coche <u>para</u> familias numerosas. **h.** ¿Me podrías entregar el trabajo <u>para</u> el martes?

❹ a. Para comer una buena paella, ve a este restaurante. **b.** He traído algo para ti. **c.** El deporte es bueno para la salud. **d.** He viajado por España este verano. **e.** Por la mañana, tomo café. **f.** Para ti, ¿cuál es la mejor película? **g.** Quiero este trabajo para mañana.

❺ a. Juan <u>se ha arruinado</u> con el juego. **b.** Soy español, <u>he nacido</u> en Sevilla. **c.** Como la puerta estaba cerrada, <u>he entrado</u> por la ventana. **d.** Juan <u>está insatisfecho</u> con el resultado del partido. **e.** Yo <u>he cerrado</u> la puerta: ¿por qué <u>está abierta</u>? **f.** Como hacía buen tiempo, <u>hemos salido</u> a pasear. **g.** La empresa lo <u>ha despedido</u>: no tiene trabajo y <u>está desesperado</u>. **h.** ¡Si mis gafas <u>están rotas</u> es que alguien las <u>ha roto</u>!

❻ a. Hemos subido para verte. **b.** Han vuelto para comprar el pan. **c.** Las puertas están bien cerradas. **d.** La puerta fue (ou ha sido) abierta por el viento. **e.** Esta película fue (ou ha sido) vista por muchas personas. **f.** Este libro está bien escrito. **g.** Mis gafas están rotas.

❼ a. Si fuera más alto, jugaría al baloncesto. **b.** Si mi móvil tuviera cobertura, le escribiría un mensaje. **c.** Si hiciera mal tiempo, me pondría la gabardina. **d.** Si supiera hablar español, haría un gran viaje por América latina. **e.** Si tuviera la llave, abriría la puerta.

❽ a. Si hubiera sido más alto, hubiera (ou habría) jugado al baloncesto. **b.** Si mi móvil hubiera tenido cobertura, te hubiera (ou habría) escrito un mensaje. **c.** Si hubiera hecho mal tiempo, me hubiera (ou habría) puesto la gabardina. **d.** Si hubiera sabido hablar español, hubiera (ou habría) hecho un gran viaje por América latina. **e.** Si hubiera tenido la llave, hubiera (ou habría) abierto la puerta.

❾ a. Si no <u>hubiera</u> comprado este cuaderno, no <u>habría</u> repasado la gramática. **b.** No <u>había</u> hecho tantos ejercicios en mi vida. **c.** Cuando <u>haya</u> repasado toda la gramática, <u>hablaré</u> bastante mejor español. **d.** Siempre me <u>ha</u> encantado aprender idiomas.

Lexique et lecture 3 : s'habiller

❶ D / C / A / E / B.

❷ a. Los dos personajes de este diálogo son <u>una madre y su hija</u>. **b.** La joven que habla va a ir <u>a una fiesta</u>. **c.** Según ella, sus amigas van a vestir <u>un top y una minifalda</u>. **d.** No quiere ponerse las faldas que tiene <u>porque no son de marca</u>.

❸ a. Quelque chose de ridicule **b.** Quelle bêtise ! **c.** Eh bien je ne sais pas… **d.** Elle est bien mignonne.

❹ a. Tu falda será de Continente pero es monísima. **b.** Todas mis amigas van de marca. **c.** Tu armario está lleno de vestidos y de minifaldas. **d.** No quiero ir vestida así a una fiesta. **e.** ¿Cómo puedes decir que no tienes nada que ponerte?

❺ a. cazadora **b.** zapatos **c.** camisa **d.** vaqueros **e.** falda **f.** pantalón **g.** vestido **h.** chándal **i.** chaqueta.

❻ a. Paella. **b.** Suegra. **c.** Quince. **d.** Ese. **e.** Amistad. **f.** Horas. **g.** Usted. **h.** Oye. **i.** Assimil espera que le haya gustado este cuaderno. **j.** *Assimil espère que vous aurez aimé ce cahier.*

TABLEAU D'AUTOÉVALUATION

Bravo, vous êtes venu à bout de ce cahier ! Il est temps à présent de faire le point sur vos compétences et de comptabiliser les icônes afin de procéder à l'évaluation finale. Reportez le sous-total de chaque chapitre dans les cases ci-dessous puis additionnez-les afin d'obtenir le nombre final d'icônes dans chaque couleur. Puis découvrez vos résultats !

1. Les signes et les sons

2. Articles, noms, adjectifs et numéraux

3. Le pronom personnel et la conjugaison

4. Les possessifs, les démonstratifs, les indéfinis

5. *Ser, estar* et la forme progressive

6. Le présent irrégulier et la phrase simple

Lexique et lecture 1 : identité et famille

7. Nuances de l'action et présent irrégulier

8. Le subjonctif présent (formation, emplois)

9. Conjugaisons irrégulières et emploi des modes

10. L'ordre, l'obligation, la nécessité

11. Aspects de la phrase simple

Lexique et lecture 2 : se déplacer

12. L'expression du futur

13. Les temps du passé

14. Les temps du passé (suite)

15. La phrase complexe au passé

16. L'auxiliaire et les temps composés

Lexique et lecture 3 : s'habiller

Total, tous chapitres confondus

Vous avez obtenu une majorité de…

¡Matrícula de honor! Vous maîtrisez maintenant les bases de l'espagnol, vous êtes fin prêt pour passer au niveau 3 !

No está mal… Mais vous pouvez encore progresser ! Refaites les exercices qui vous ont donné du fil à retordre en jetant un coup d'œil aux leçons !

¡Ánimo! Vous êtes un peu rouillé… Reprenez l'ensemble de l'ouvrage en relisant bien les leçons avant de refaire les exercices.

Crédits : photo pages 38 et 74 / © MS, photo page 41 / © Stock.xchng, Illustrations / © MS.

© 2013, Assimil
Imprimé en Roumanie par Master Print - juin 2023

Création et réalisation : MediaSarbacane

Les cahiers d'exercices

Espagnol
Débutants

Juan Córdoba

À propos de ce cahier

Ce cahier ne requiert aucune connaissance préalable de l'espagnol. Il ne demande pas non plus, pour son utilisation, l'aide d'un dictionnaire ou d'un autre support. Il part de zéro et vous propose, en plus de 180 exercices variés et ludiques, d'acquérir les bases de la langue : prononciation, orthographe, syntaxe du groupe nominal, du système des verbes et de la phrase.

Ce balayage grammatical systématique est envisagé à partir de situations de communication et de parole : se présenter, parler de ses goûts, situer, comparer, exprimer une pensée, un souhait, un conseil, raconter des événements passés ou se projeter dans l'avenir. Il s'appuie donc sur une découverte organisée du lexique : des « boîtes à mots » vous offrent ainsi plus de 400 termes usuels, qui vous permettront, à travers les différentes activités, de construire et de comprendre une grande variété de phrases usuelles.

Cet ouvrage est aussi un guide pour la conjugaison, qui est une des grandes difficultés de l'espagnol : elle fait l'objet d'une acquisition progressive tout au long du cahier et d'un tableau récapitulatif.

Enfin, nous vous proposons d'effectuer votre autoévaluation : après chaque exercice, dessinez l'expression de vos icônes (☺ pour une majorité de bonnes réponses, ☹ pour environ la moitié et ☹ pour moins de la moitié). À la fin de chaque chapitre, reportez le nombre d'icônes relatives à tous les exercices et, en fin d'ouvrage, faites les comptes en reportant les icônes des fins de chapitre dans le tableau général prévu à cet effet.

Sommaire

1. Prononcer l'espagnol	3
2. Accorder les mots	10
3. Poser des questions et y répondre	17
4. Présenter une personne	24
5. Parler des goûts, des caractères et des humeurs	31
6. Le verbe et l'action (1)	37
7. Le verbe et l'action (2)	44
8. Situer dans l'espace et indiquer la possession	51
9. Comparer, exprimer des dates, des grandeurs et des quantités	58
10. Dire ce que l'on sait, ce que l'on sent et ce que l'on pense	65
11. L'interrogation, l'affirmation et la négation, l'exclamation	72
12. Exprimer un souhait, faire une demande, donner un conseil	79
13. Donner des instructions et interdire	86
14. S'exprimer au passé (1)	94
15. S'exprimer au passé (2)	100
16. Envisager l'avenir et l'irréel	106
Tableaux de conjugaison	114
Solutions	122
Tableau d'autoévaluation	128

Prononcer l'espagnol

Les voyelles

- Les voyelles **a**, **i**, **o** ont la même prononciation qu'en français.
- **e** se prononce [é] ; **u** se prononce [ou].
- La combinaison de **a**, **e**, **o** avec **i** et **u** ne donne pas naissance à un nouveau son comme en français. Chaque voyelle garde sa valeur : **au** [aou], **eu** [éou], etc.
- Comme en français, **y** peut être :
  - une voyelle, en position isolée : *y*, *et*, prononcé [i] ;
  - une semi-consonne, combiné avec une voyelle : *yogur*, *yaourt* [yogouR] ; *rey*, *roi* [RRéï].
- Devant **-m** ou **-n**, on marque une séparation, sans nasaliser la voyelle comme en français : **-an** [a'n]

lettres et groupes	prénom espagnol	transcription francisée
e	Pedro	[pédRo]
u	Luisa	[louissa]
au	Laura	[laouRa]
ai	Ainoha	[aïnoa]
eu	Eusebio	[éoussébio]
ei	Leire	[léïRé]
oi	Moisés	[moïsséss]
an	Antonio	[a'ntonio]
en	Enrique	[é'nRRiqué]
in	Inmaculada	[i'nmacoulada]
un	Asunta	[assou'nta]
oy	Eloy	[éloï]

1 Voici des noms de villes espagnoles. Écrivez-les à partir de leur transcription phonétique.

a. [ténéRifé] ....

b. [tolédo] ....

c. [lougo] ....

d. [bouRgoss] ....

e. [téRouél] ....

CHAPITRE 1 : PRONONCER L'ESPAGNOL

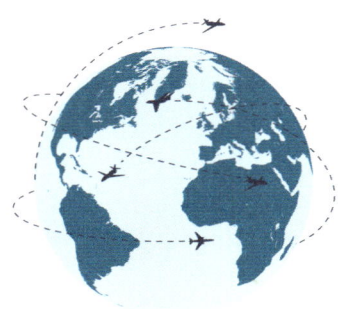

2 Voici des noms de fleuves, villes, pays et continents : comment les prononceriez-vous ? Complétez leur transcription francisée.

a. Australia, *Australie* [............ tRalia]

b. Loira, *Loire* [l..................Ra]

c. Europa, *Europe* [.................Ropa]

d. Reino Unido, *Royaume-Uni* [RR ....no ....nido]

e. Buenos Aires, *Buenos Aires* [b..........noss.........Réss]

Les consonnes (1)

En espagnol, on prononce toutes les lettres (sauf le **h**, toujours muet). Par exemple, il faudra marquer le **s** final : Luis, *Louis* [louiss].

Voici, pour le reste, un petit résumé des principales particularités orthographiques et phonétiques de l'espagnol.

lettres et groupes	prononciation	mot espagnol	transcription
ñ (la eñe)	comme un [gn] français	España	[espagna]
gn	en séparant les deux lettres	Ignacio	[ig'naZio]
ll	comme dans *million*	Mallorca	[malyoRca]
b	pour simplifier, comme un b	Bilbao	[bilbao]
v		Valencia	[balé'nZia]
r initial	fortement roulés	Rafael	[RRafaél]
rr		zorro	[ZoRRo]
r intérieur	faiblement roulé	Canarias	[canaRiass]
ch	comme s'il y avait un t : [tch]	macho	[matcho]
x	[ks], comme dans *axe*	examen	[éksamé'n]

3 Comment prononce-t-on le **-R** dans les mots suivants ? Cochez la bonne transcription.

	a. Rusia, *Russie*	b. pero, *mais*	c. perro, *chien*	d. Carlos, *Charles*	e. rosa, *rose*	f. caro, *cher*	g. carro, *char*
[R]							
[RR]							

CHAPITRE 1 : PRONONCER L'ESPAGNOL

  Comment prononce-t-on le groupe de lettres en vert dans les mots suivants ? Cochez « comme en français » ou donnez la transcription du groupe concerné.

	Comme en français	Transcription
a. ma**gn**ífico		....
b. Se**v**illa		....
c. **Ba**rcelona		....
d. Va**ll**adolid		....
e. se**x**o		....
f. **ch**ocolate		....
g. F**RA**N**CIA**		....

Les consonnes (2)

Outre le **r** roulé, il y a deux « sons » de l'espagnol inconnus en français :
- **la jota** (du fond de la gorge, comme un raclement),
- **la zeta** (comme le [th] anglais de *think*, le bout de la langue entre les dents).

Dans les groupes de lettres **-gue** et **-gui**, on n'entend pas le **u** : Miguel [miguél] et non pas [migouél].

lettres et groupes	prononciation	transcription francisée
ja, jo, ju, je/ge, ji/gi	la jota	[Ha], [Ho], [Hou], [Hé], [Hi]
sa, se, si, so, su	double s	[ssa], [ssé], [ssi], [sso], [ssou]
za, zo, zu, ce, ci	la zeta	[Za], [Zo], [Zou] [Zé] [Zi]
ga, go, gu gue, gui	comme dans *gorille*, *guerre*, etc.	[ga] [go] [gou] [gué] [gui]

CHAPITRE 1 : PRONONCER L'ESPAGNOL

5. Entourez la transcription correcte.

a. guitarra, *guitare*	guitaRRa	HitaRRa	gouitaRRA
b. gitano, *gitan*	Hitano	guitano	gouitano
c. rojo, *rouge*	HoRRo	RRoHo	RRogo
d. agua, *eau*	aHoua	aga	agoua
e. jirafa, *girafe*	HiRafa	gouiRafa	guiRafa
f. ángel, *ange*	a'ngouél	a'nHél	a'nguél

6. En suivant le type de transcription phonétique donné dans les leçons, dites comment vous prononceriez les noms de villes et pays suivants.

a. Zaragoza

b. Cáceres

c. Murcia

d. Ecuador

e. Brasil

f. Venezuela

L'accent tonique

Un accent mobile

En français, la voix tombe sur la fin des mots. En espagnol, elle monte sur une syllabe, la dernière, l'avant-dernière ou même encore avant. Comparez la prononciation espagnole et « à la française » de ces quelques mots empruntés.

à la française	en espagnol
sangri<u>a</u>	san<u>g</u>ría
fiest<u>a</u>	<u>fi</u>esta
chu<u>rro</u>	<u>chu</u>rro
Los Ange<u>les</u>	Los <u>Á</u>ngeles

Des règles orthographiques

L'anglais et l'italien sont également des langues toniques, mais l'espagnol a un avantage ! L'orthographe vous indique la place de l'accent.

- Sur les mots se terminant par **une voyelle**, **un -n** ou **un -s**, on marque l'avant-dernière syllabe : Es<u>pa</u>ña / Islas Ba<u>lea</u>res / <u>Car</u>men.
- Sur les mots se terminant par **une consonne** autre que **-n** ou **-s**, on marque la dernière syllabe : Ma<u>drid</u> / Guadalqui<u>vir</u> / Mi<u>guel</u>.
- **L'accent écrit (aigu)** sert justement à signaler les mots qui n'obéissent pas à la règle : Caste<u>lló</u>n / Pa<u>rís</u> / <u>Cá</u>diz / <u>Á</u>ngeles / Jo<u>sé</u>.

CHAPITRE 1 : PRONONCER L'ESPAGNOL

7 Voici quelques noms propres dont l'accentuation est régulière. Cochez la syllabe tonique.

a. NADAL ☐☐
b. CONTADOR ☐☐☐
c. IGLESIAS ☐☐☐
d. BELMONTE ☐☐☐
e. ESTEBAN ☐☐☐
f. INIESTA ☐☐☐

8 Voici d'autres noms propres, mais dont l'accentuation est irrégulière. Réécrivez-les en mettant l'accent aigu sur la syllabe concernée.

a. *Perez* ....
b. *Dali* ....
c. *Tomas* ....
d. *Martin* ....
e. *Miro* ....
f. *Sanchez* ....

Dire comment ça va

¿Qué tal?
Comment ça va ?

fenomenal
super bien

muy bien
très bien

bien
bien

regular
moyen

mal
mal

muy mal
très mal

fatal
horriblement

9 Écrivez dans la grille les termes correspondant à cinq états d'âme.

CHAPITRE 1 : PRONONCER L'ESPAGNOL

10. Reportez les mots trouvés dans la bulle correspondante, en soulignant la syllabe tonique pour les mots de plus d'une syllabe.

¿Qué tal?

a. ....
b. ....
c. ....
d. ....
e. ....

Hiatus et diphtongue

- **a**, **e** et **o** sont des voyelles ouvertes : lues à la suite, elles forment un hiatus : **-ea** = 2 syllabes ; **Baleares** = 4 syllabes.
- **i** et **u** sont des voyelles faibles, fermées : combinées avec une voyelle ouverte, elles forment une diphtongue : **-ua** = 1 syllabe ; **Nicaragua** = 4 syllabes.
- Si l'on veut séparer une diphtongue, il faut donc « renforcer » la voyelle faible par un accent écrit : **-ía** = 2 syllabes ; **sangría** = 3 syllabes.

Saluer et prendre congé

hola
bonjour, salut (salutation courante, pas forcément très familière)

buenos días
bonjour

buenas tardes
bonjour (début d'après-midi)
ou *bonsoir* (avant le coucher du soleil)

buenas noches
bonsoir (en soirée, s'il fait nuit)
ou *bonne nuit* (au coucher)

adiós
adieu ou *au revoir* (ne signifie pas un adieu définitif)

hasta pronto
à bientôt

hasta la próxima
à la prochaine

CHAPITRE 1 : PRONONCER L'ESPAGNOL

L'accent tonique, c'est un peu comme une note plus haute sur une portée : dans **Hola**, **ho** est plus haut que **la**.

Ho la

11 Écrivez sous les portées a, b, c la salutation qui convient, puis représentez avec des notes les syllabes des mots, en mettant la tonique plus haut.

a.

b.

c.

12 En vous aidant des « notes » de la portée, écrivez les formules d'adieu.

a.

———————————

b.

——— —— ————

c.

————

Bravo, vous êtes venu à bout du chapitre 1 ! Il est maintenant temps de comptabiliser les icônes et de reporter le résultat en page 128 pour l'évaluation finale.

2 Accorder les mots

L'article défini

	singulier	pluriel
masculin	**el** niño **el** amigo	**los** niños **los** amigos
féminin	**la** niña **la** amiga	**las** niñas **las** amigas

- Comme en français, l'article défini peut prendre une forme contractée au masculin (**de + el = del**) : **la amiga del niño**, *l'amie du petit garçon*.
- Attention, seul le singulier est concerné : **la amiga de los niños**, *l'amie des petits garçons*.

Les proches

el amigo, la amiga
l'ami, l'amie

el chico, la chica
le garçon, la fille

**el compañero,
la compañera**
le collègue, la collègue

el hermano, la hermana
le frère, la sœur

el niño, la niña
*le petit garçon,
la petite fille*

el vecino, la vecina
le voisin, la voisine

1 Entourez le bon article.

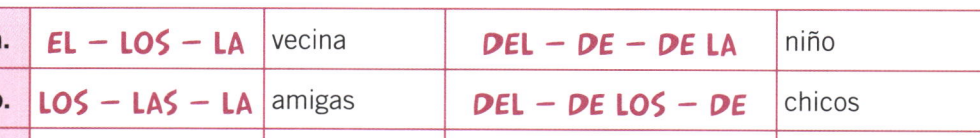

a.	EL – LOS – LA	vecina	DEL – DE – DE LA	niño
b.	LOS – LAS – LA	amigas	DEL – DE LOS – DE	chicos
c.	EL – LA – LOS	compañero	DE – DEL – DE LAS	Carmen
d.	EL – LOS – LAS	hermanos	DEL – DE LAS – DE LA	vecina

L'article indéfini et l'article partitif

- L'article indéfini singulier est **un/una** : **un amigo**, *un ami* ; **una amiga**, *une amie*.
- On omet l'article indéfini au pluriel : **Tengo amigos**, *J'ai des amis*.
- On n'utilise pas non plus l'article partitif (*du*, *de la*, *des*) : **Quiero vino**, *Je veux du vin*.

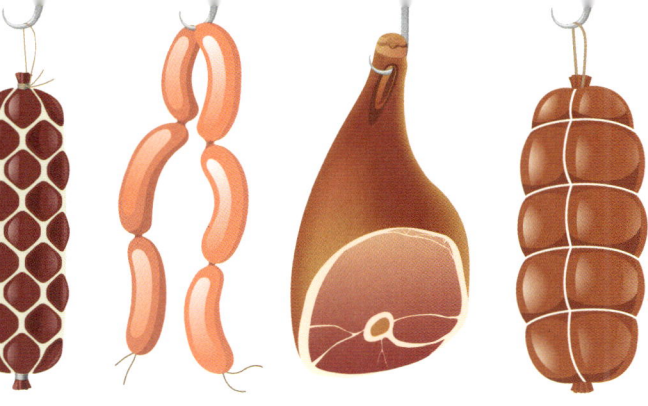

CHAPITRE 2 : ACCORDER LES MOTS

Quelques aliments

el azúcar	**el pan**
le sucre	*le pain*
el café	**el vino**
le café	*le vin*
la carne	**el pescado**
la viande	*le poisson*

2 Écrivez des phrases à partir de ce tableau. Voici les consignes : cases bleues = « je veux » / cases roses = « j'ai ». Utilisez le partitif pour les aliments (*du, de la*). Utilisez l'indéfini singulier ou pluriel (*un, une, des*) pour les humains représentés (voisins, amies et petit garçon).

	1	2	3
A	☕	👩👩👩	🥖
B	🪟	🧊	🐟
C	🍷	👦	🍗

A1.................................... B1.................................... C1....................................

A2.................................... B2.................................... C2....................................

A3.................................... B3.................................... C3....................................

CHAPITRE 2 : ACCORDER LES MOTS

Masculin et féminin

Les noms

- En général, les noms terminés en **-o** sont masculins et ceux terminés en **-a** sont féminins. Dans le cas d'êtres sexués, cette alternance est ce qui permet souvent de marquer le genre : **el hijo**, *le fils* ; **la hija**, *la fille*.
- Il y a cependant des exceptions (voir ci-contre), et un grand piège : les mots courants qui ont un genre différent en français et en espagnol. Dire **la coche** au lieu de **el coche**, *la voiture*, est une faute courante pour les francophones.

Les adjectifs

- Les adjectifs en **-o** au masculin font leur féminin en **-a.**
- Les adjectifs terminés au masculin par une consonne, un **-a** ou un **-e** sont invariables en genre.

Ex : **un hijo alto, joven, deportista y alegre**, *un fils grand, jeune, sportif et joyeux* ; **una hija alta, joven, deportista y alegre**, *une fille grande, jeune, sportive et joyeuse*.

Quelques mots qui trompent…

el día
le jour

el idioma
la langue

la foto
la photo

la leche
le lait

la mano
la main

la moto
la moto

el problema
le problème

la sangre
le sang

el tomate
la tomate

Les couleurs

amarillo	blanco	naranja	rojo	verde
jaune	*blanc*	*orange*	*rouge*	*vert*
azul	marrón	negro	rosa	morado
bleu	*marron*	*noir*	*rose*	*violet*

3 Écrivez la couleur de chaque anneau olympique.

a. ………………………………

b. ………………………………

c. ………………………………

d. ………………………………

e. ………………………………

CHAPITRE 2 : ACCORDER LES MOTS

4 Complétez la première phrase en indiquant la couleur, puis rédigez les suivantes sur le même modèle.

a.  La moto es ....

b.  ....

c.  ....

d.  ....

e.  ....

f. ....

Couples d'adjectifs

alto / bajo
petit / grand (taille)

fácil / difícil
facile / difficile

feo / guapo
laid / beau

frío / caliente
froid / chaud

joven / viejo
jeune / vieux

pequeño / grande
petit / grand

triste / alegre
triste / joyeux

Singulier et pluriel

Règle générale
Pour former le pluriel de la plupart des noms et adjectifs, on ajoute -**s** aux mots terminés en voyelle et -**es** aux mots terminés en consonne ou par un -**y** :
el amigo fiel, *l'ami fidèle* - **los amigos fieles**, *les amis fidèles* ; **la mujer guapa**, *la belle femme* - **las mujeres guapas**, *les belles femmes* ; **el rey alto**, *le grand roi* - **los reyes altos**, *les grands rois*.

Gare aux accents !
En passant du singulier au pluriel, il se peut que l'accent écrit apparaisse, en fonction de la règle d'accentuation que vous connaissez : **joven**, par exemple, devient **jóvenes** (car le mot s'allonge au pluriel).

Les singuliers collectifs
Un certain nombre de mots singuliers courants désignent des réalités collectives, que le français rend par un pluriel : **el equipaje**, *les bagages* ; **la fruta**, *les fruits* ; **la gente**, *les gens* ; **la pasta**, *les pâtes* ; **el pelo**, *les cheveux* ; **la ropa**, *les vêtements*.

CHAPITRE 2 : ACCORDER LES MOTS

5 Transposez les phrases suivantes au pluriel (ES = est / SON = sont).

a. El rey de España es joven.
....

b. El perro es fiel.
....

c. La mano es útil.
....

d. El problema es fácil.
....

6 Dites le contraire.

a. La leche fría.
....

b. La vecina guapa.
....

c. La hermana triste.
....

d. El idioma fácil.
....

e. La mano pequeña.
....

f. El compañero alto.
....

7 Transposez les phrases suivantes au singulier.

a. Los coches de los deportistas son grandes.
....

b. Los amigos de las vecinas son guapos.
....

c. Las hijas de los vecinos son alegres.
....

d. Las motos de las mujeres son marrones.
....

CHAPITRE 2 : ACCORDER LES MOTS

8 Traduisez les phrases suivantes.

a. J'ai les cheveux noirs.
....

b. Je veux des pâtes.
....

c. Les gens sont tristes.
....

d. Je veux des fruits verts.
....

e. Les vêtements sont petits.
....

f. J'ai des bagages bleus.
....

Adjectifs de nationalité

Terminés en voyelle
- Les adjectifs se terminant en **-o** ont leur féminin en **-a** : **el compañero ruso** / **la compañera rusa**, *le (la) collègue russe*.
- Ils sont invariables en genre s'ils se terminent par une autre voyelle : **el amigo canadiense** / **la amiga canadiense**, *l'ami canadien / l'amie canadienne*
- On ajoute un **-s** au pluriel : **los jóvenes italianos**, *les jeunes Italiens*.

Terminés en consonne
- Ils portent la marque du féminin en **-a** : **un chico francés** / **una chica francesa**, *un garçon français / une fille française*.
- Au pluriel, on ajoute **-es** au masculin et **-s** à la forme féminine : **amigos franceses** / **amigas francesas**, *des ami(e)s français(es)*.
- Attention à l'accent écrit, qui disparaît parfois !

9 Reliez les éléments des deux colonnes pour former des adjectifs de nationalité (masculin singulier), puis écrivez-les à côté de leur pays.

a. mexi •   • cés   Portugal : ....
b. bel •   • unidense   Alemania : ....
c. ale •   • tino   Francia : ....
d. estado •   • cano   Argentina : ....
e. fran •   • glés   Inglaterra : ....
f. portu •   • mán   Bélgica : ....
g. in •   • ga   México : ....
h. argen •   • gués   Estados Unidos : ....

CHAPITRE 2 : ACCORDER LES MOTS

10. Dites la nationalité de ces personnes ou groupes de personnes.

a. Guadalupe es
....

b. François y Julie son
....

c. Hillary
....

h. Angela y Frida
....

f. Margareth
....

d. Linda y Lucinda
....

g. Diego y Eva
....

e. Jules y Théo
....

Bravo, vous êtes venu à bout du chapitre 2 ! Il est maintenant temps de comptabiliser les icônes et de reporter le résultat en page 128 pour l'évaluation finale.

3
Poser des questions et y répondre

Dire l'heure et compter jusqu'à 12

- Les questions s'ouvrent avec un point d'interrogation inversé : **¿Qué hora es?**, *Quelle heure est-il ?*

- Pour répondre, on sous-entend le mot **hora**, *heure*. On dira par exemple : **Es la una**, *Il est une heure.* **Son las dos**, *Il est deux heures.*

- Les Espagnols n'utilisent couramment que les chiffres de 1 à 12 pour dire l'heure ; il faut donc parfois préciser : **de la mañana**, *du matin*, **de la tarde**, *de l'après-midi* ou **de la noche**, *du soir* (après le coucher du soleil).

- L'heure exacte se dit **en punto**, *pile* ; les minutes au moyen de **menos**, *moins*, et **y**, *et* : **Es la una menos cuarto**, *Il est une heure moins le quart.* **Son las dos y media**, *Il est deux heures et demie.* **Son las dos menos cinco**, *Il est deux heures moins cinq.*

❶ Ci-dessous se trouvent les chiffres de 0 à 12... dans le désordre ! Essayez de les reconnaître (un rien d'intuition suffit) et écrivez, pour chaque fiche de domino, la valeur de ses points.

17

CHAPITRE 3 : POSER DES QUESTIONS ET Y RÉPONDRE

2 Écrivez l'heure indiquée sur les horloges, en précisant le moment de la journée.

a. 14:00 pm ....

b. 11:30 am ....

c. 08:55 am ....

d. 21:45 ....

e. 03:15 pm ....

f. 12:10 pm ....

Demander l'âge et compter jusqu'à 100

L'âge

- Pour parler de l'âge, on utilise le verbe **tener**, *avoir*, dont voici la conjugaison :

tengo	j'ai
tienes	tu as
tiene	il/elle a
tenemos	nous avons
tenéis	vous avez
tienen	ils/elles ont

- Vous pouvez demander : **¿Qué edad tienes?**, *Quel âge as-tu ?* ou **¿Cuántos años tienes?**, ce qui signifie mot pour mot : *Combien d'années as-tu ?* On répond par : **Tengo x años**, *J'ai x ans*.

- On peut bien sûr vouvoyer : on utilise dans ce cas le pronom personnel **usted**, *vous*, et la 3ᵉ personne du verbe : **¿Qué edad tiene usted?**, *Quel âge avez-vous ?* **¿Cuántos años tiene usted?**

- Le pronom personnel sujet n'est pas obligatoire devant le verbe. Il exprime un renforcement : **Tengo...**, *J'ai...*, **Yo tengo**, *Moi, j'ai...*

Les nombres jusqu'à 100

- Entre 16 et 29, ils s'écrivent en un seul mot : **dieciséis** (16), **diecisiete** (17)... **veintinueve** (29).

- À partir de 31, il faut trois mots : **treinta y uno** (31), etc.

Les dizaines de 40 à 100

cuarenta	**sesenta**	**ochenta**	**cien**
quarante	*soixante*	*quatre-vingts*	*cent*
cincuenta	**setenta**	**noventa**	
cinquante	*soixante-dix*	*quatre-vingt-dix*	

CHAPITRE 3 : POSER DES QUESTIONS ET Y RÉPONDRE

3 Complétez la liste des nombres de 13 à 36.

trece	veintiuno	veintinueve
catorce	veintidós	treinta
quince	veintitrés	treinta y uno
dieciséis	....	treinta y dos
diecisiete	....	....
....	veintiséis	....
....	....	....
veinte	....	treinta y seis

4 Complétez cette grille pour que la somme des quatre chiffres (en colonne, en ligne et sur les deux grandes diagonales) fasse toujours 100 (CIEN).

diez	....	....	dieciséis
....	veinte	veintidós	....
veinticuatro	....	....	dieciocho
treinta y cuatro	....	doce	....

5 Écrivez en espagnol le nom de l'opération arithmétique concernée : MÁS (+) / MENOS (-) / POR (x) / ENTRE (:).

a. setenta y cinco .... tres son veinticinco

b. noventa y tres .... veintiséis son sesenta y siete

c. cuarenta y dos .... dos son ochenta y cuatro

d. veintinueve .... veintisiete son cincuenta y seis

CHAPITRE 3 : POSER DES QUESTIONS ET Y RÉPONDRE

6 Complétez ces mini-dialogues, en écrivant les âges en toutes lettres.

a. ¿Qué .... tienes?

b. [54]
....

c. ¿Cuántos .... tenéis?

d. [12]
....

7 Même exercice, au vouvoiement.

a. ¿ .... edad .... usted?

b. [29]
....

c. ¿................. años .... ustedes?

d. [77]
....

Poser des questions sur l'identité

Les mots interrogatifs
- Vous avez remarqué que ces mots portent toujours un accent écrit. En voici deux autres : **¿Cómo?**, *Comment ?* et **¿Cuál?**, *Quel ?, Quelle ?*

Un verbe pronominal
- Dans **llamarse**, *s'appeler*, le pronom personnel réfléchi fait partie de la forme verbale : **Me llamo**, *Je m'appelle* / **Yo me llamo**, *Moi, je m'appelle*.
- Voyons la conjugaison de ce verbe, qui fait partie des modèles réguliers en **-ar** :

me llamo	je m'appelle
te llamas	tu t'appelles
se llama	il/elle s'appelle
nos llamamos	nous nous appelons
os llamáis	vous vous appelez
se llaman	ils/elles s'appellent

- Ne confondez pas : **¿Cómo se llama usted?**, *Comment vous appelez-vous ?* (vouvoiement de politesse au singulier) et **¿Cómo os llamáis?**, *Comment vous appelez-vous ?* (2ᵉ personne du pluriel : un groupe de personnes que, chacune prise à part, vous tutoyez).

Les possessifs
- Les possessifs **mi, tu, su** valent pour le masculin et le féminin : **mi amigo**, *mon ami* ; **mi amiga**, *mon amie*. **Tu hermano**, *ton frère* ; **tu hermana**, *ta sœur*. **Su hijo**, *son fils* ; **su hija**, *sa fille*.
- On ajoute un **-s** s'il y a plusieurs objets possédés : **mis perros**, *mes chiens*.

CHAPITRE 3 : POSER DES QUESTIONS ET Y RÉPONDRE

Renseigner son identité

arroba *arobase*	**el correo** *le courrier*	**el nombre** *le prénom*	**punto** *point*
el apellido *le nom de famille*	**la dirección** *l'adresse*	**el número** *le numéro*	**el teléfono** *le téléphone*

8. Collés à la suite, voici les éléments de deux adresses électroniques telles que vous les entendriez. Réécrivez-les en séparant les mots et en donnant aux adresses leur format normal.

a. jotapuntocordobaarrobagmailpuntocom
....

b. cordobacincuentaysietepuntojotaarrobatelefonicapuntoes
....

9. Il n'y a pas vraiment de norme établie pour la lecture des numéros de téléphone. Écrivez en toutes lettres les numéros suivants en détachant le premier chiffre (ex. 9, ou 6) et groupant les suivants par dizaines.

a. 950235677 ....

b. 683314410 ....

c. 902855990 ....

10. Posez les questions qui conviennent et répondez (un segment de points = un mot).

   a.   b.   c.   d.

a. ¿Cómo ....?   **c.** ¿Cómo ....?
b. .... Gloria.   **d.** .... Isabel y Fernando.

   e.   f.   g.   h.

e. ¿Cómo ....?   **g.** ¿Cómo .... perros?
f. .... Belén Pellicer.   **h.** ...... perros .... Loco y Atila.

21

CHAPITRE 3 : POSER DES QUESTIONS ET Y RÉPONDRE

11 En utilisant les éléments fournis, posez les questions correspondant aux réponses données.

a. - ¿ .... ?
   - Andrés

b. - ¿ .... ?
   - Iniesta

c. - ¿ .... ?
   - a.iniesta@telefonica.net

d. - ¿ .... ?
   - 655846570

DIRECCIÓN

nombre   **apellido**

¿Cuál es tu…?

número   *de teléfono*

de correo

Poser des questions sur l'origine

Le verbe ser

- **Ser**, *être*, exprime l'identité (**Soy Juan**, **soy español**, *Je suis Juan, je suis espagnol*) et l'origine (**Soy de Sevilla**, *Je suis de Séville*).

soy	je suis
eres	tu es
es	il/elle est
somos	nous sommes
sois	vous êtes
son	ils/elles sont

Les mots interrogatifs et la négation

- Voici un nouvel adverbe interrogatif : **¿Dónde?**, *Où ?* et donc **¿De dónde?**, *D'où ?*, pour interroger sur l'origine.
- **Sí** signifie *oui*, et **no** signifie *non*.
- Retenez que **no** signifie également *ne… pas* : il suffit de le placer devant un verbe pour former une phrase négative : **No soy francés**, *Je ne suis pas français*. Rien ne vous empêche de dire **No, no soy francés**, *Non, je ne suis pas français*.

Quelques gentilés régionaux

andaluz	**gallego**	**extremeño**
andalou	*galicien*	*habitant d'Extrémadure*
catalán	**vasco**	
catalan	*basque*	
valenciano	**navarro**	
valencien	*navarrais*	

CHAPITRE 3 : POSER DES QUESTIONS ET Y RÉPONDRE

12 Si vous demandez à un Espagnol d'où il est, il vous répondra par exemple : *Soy asturiano, Je suis asturien,* ou *Soy de Oviedo, Je suis d'Oviedo.* Sur ce modèle, et en vous aidant de la carte des 17 communautés autonomes, complétez ces échanges (chaque segment de points correspond à un mot).

a. ¿De .... eres?
.... andaluz.
.... Sevilla.

b. ¿ .... usted .... ?
Sí, ... catalana.
.... de ....

c. ¿Es .... gallega?
No, no ....
.... Mérida, soy ....

d. ¿ .... eres?
Soy ....
.... Bilbao.

13 Même consigne, au masculin pluriel.
a. ¿ .... ?
Sí, ...
Somos de Pamplona.

14 Même consigne, au féminin pluriel.
a. ¿De .... ?
Somos ....
.... Valencia.

Bravo, vous êtes venu à bout du chapitre 3 ! Il est maintenant temps de comptabiliser les icônes et de reporter le résultat en page 128 pour l'évaluation finale.

4. Présenter une personne

Quelques usages des pronoms personnels

- Devant un verbe, le pronom personnel sujet a, comme vous le savez, une fonction d'insistance : **Yo soy español**, *Moi, je suis espagnol*.
- On s'en sert aussi pour s'identifier ou identifier quelqu'un : **¿Quién es?**, *Qui c'est ?* **Soy yo**, *C'est moi* ; **Eres tú**, *C'est toi* ; **Es él**, *C'est lui*, etc.
- Il joue également un rôle dans les présentations, où il équivaut à notre *voici* : **Él es mi hermano**, *Voici mon frère*. **Ella es Carmen**, *Voici Carmen*.
- Contrairement au français, il existe des formes féminines du pronom aux deux premières personnes du pluriel, nous et vous.

Les pronoms personnels

yo
je, moi

tú
tu, toi

él
il, lui

ella
elle

nosotros
nous (masc.)

nosotras
nous (fém.)

vosotros
vous (masc.)

vosotras
vous (fém.)

ellos
ils, eux

ellas
elles

Les membres de la famille

el padre
le père

la madre
la mère

los padres
les parents

el abuelo
le grand-père

la abuela
la grand-mère

los abuelos
les grands-parents

CHAPITRE 4 : PRÉSENTER UNE PERSONNE

❶ Dans les bulles suivantes, on s'identifie ou on identifie quelqu'un. Complétez-les.

a. ¡Soy ....!   b. ¡.................... nosotras!   c. ¿Sois .... ?

d. ¿Eres .... ?   e. ¿........................ usted?   f. ¡........................ellos!

❷ Complétez la bulle de présentation du petit Manolito.

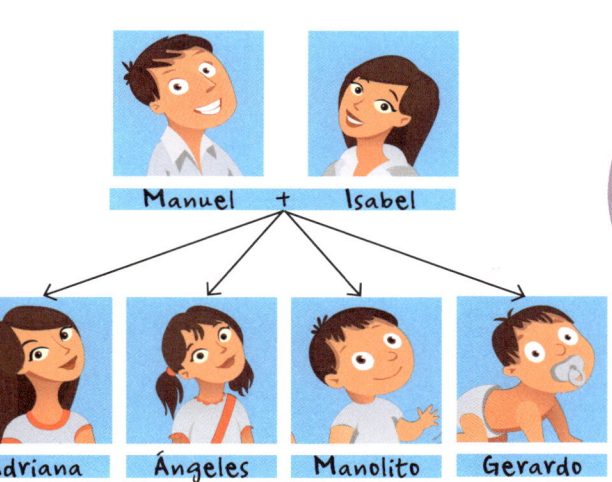

Hola, ... Manolito. .... es mi ...., se llama Manuel, y .... es mi ...., Isabel. .... dos hermanas, Adriana y Ángeles. Y .... pequeño, Gerardo.

Portraits physiques

- Vous avez vu dans les leçons précédentes quelques éléments de la description physique. Maintenant, complétons-les (grâce à la banque de mots qui suit).

- Le verbe **ser** permet ici de former la plupart des phrases : **Es joven**, *Il est jeune.* **Es morena**, *Elle est brune.*

- Notez aussi **tener**, pour des phrases du type : **Tiene gafas, barba y bigote**, *Il a des lunettes, de la barbe et de la moustache.* **Tiene el pelo largo**, *Il a les cheveux longs.*

CHAPITRE 4 : PRÉSENTER UNE PERSONNE

Décrire une personne

la barba *la barbe*	**fuerte** *fort*	**los ojos** *les yeux*
el bigote *la moustache*	**las gafas** *les lunettes*	**las orejas** *les oreilles*
castaño *châtain*	**largo** *long*	**pelirrojo** *roux*
corto *court*	**moreno** *brun*	**rubio** *blond*
delgado *maigre, mince*	**la nariz** *le nez*	

3 Entourez dans la grille 5 mots désignant des parties du corps et 4 mots désignant des couleurs de cheveux.

C	M	C	A	S	T	A	Ñ	O
U	O	Á	N	T	A	O	S	H
O	R	E	J	A	E	J	R	M
P	E	L	I	R	R	O	J	O
A	N	N	A	U	S	T	P	I
E	O	N	E	B	M	A	E	N
O	N	A	R	I	Z	L	L	I
T	B	I	G	O	T	E	O	O

4 Les lettres restantes forment une question. Écrivez-la et répondez-y.

¿ .... ?

....

CHAPITRE 4 : PRÉSENTER UNE PERSONNE

5 Complétez les phrases, en relevant les ressemblances entre les membres de cette famille (1 segment de points = 1 mot).

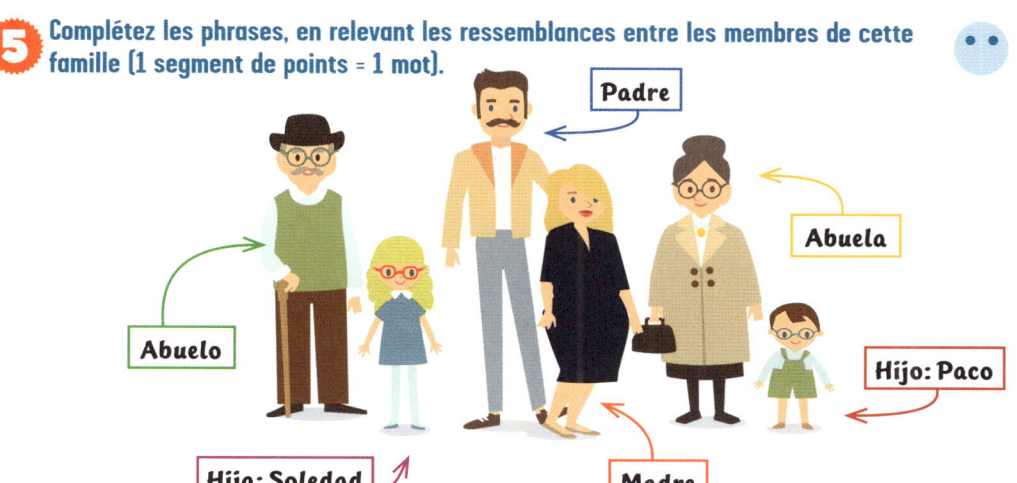

a. Paco es .... como su padre.

b. Soledad es .... como su madre.

c. Paco es .... y .... como su madre.

d. Soledad es .... y .... como su padre.

e. Paco y Soledad tienen .... como sus abuelos.

f. Paco y Soledad tienen los .... como sus padres.

g. El abuelo y el padre tienen ....

h. Soledad tiene el .... como su madre.

Le travail et les professions

- Le verbe *travailler* se dit **trabajar** ; en voici la conjugaison :

trabajo	je travaille
trabajas	tu travailles
trabaja	il/elle travaille
trabajamos	nous travaillons
trabajáis	vous travaillez
trabajan	ils/elles travaillent

- Il existe trois questions pour interroger quelqu'un sur son travail : **¿En qué trabajas?**, *Dans quoi travailles-tu ?* **¿A qué te dedicas?**, *Que fais-tu dans la vie ?* Mot à mot : *à quoi te consacres-tu ?* (verbe **dedicarse**, conjugué comme **llamarse**). **¿Cuál es tu profesión?**, *Quelle est ta profession ?*

- Pour vouvoyer, vous utilisez la 3ᵉ personne : **¿En qué trabaja usted?** ; **¿A qué se dedica usted?** ; **¿Cuál es su profesión?**

- Les professions dont le nom se termine en **-ista** et **-ante** ont la même forme aux deux genres : **Isabel es periodista**, *Isabel est journaliste.* **Paco es taxista**, *Paco est chauffeur de taxi.*

- Les professions terminées en **-or** ont généralement un féminin en **-ora** : **profesor/profesora**.

CHAPITRE 4 : PRÉSENTER UNE PERSONNE

Les professions

cantante *chanteur*	**escritor** *écrivain*	**dentista** *dentiste*	**pintor** *peintre*
carnicero *boucher*	**estudiante** *étudiant*	**panadero** *boulanger*	**abogado** *avocat*

6 Vous interrogez ces personnes (tutoiement) et elles vous répondent. Complétez les dialogues.

7 Même exercice, mais en vouvoyant.

a. ¿En qué ....?
....

a. ¿Cuál ....?
....

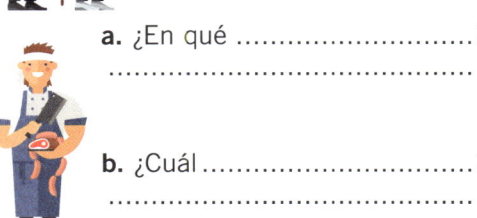

b. ¿Cuál ....?
....

b. ¿A qué..............................?
....

Le lieu de résidence

- Pour parler du lieu de résidence, on utilise le verbe **vivir**, dont la conjugaison sert de modèle pour le groupe des verbes réguliers en **-ir** :

vivo	je vis
vives	tu vis
vive	il/elle vit
vivimos	nous vivons
vivís	vous vivez
viven	ils/elles vivent

- La question est : **¿Dónde vives?**, *Où vis-tu ? / Où habites-tu ?*

- La préposition qui désigne le lieu où l'on se trouve, sans idée de mouvement, est toujours **en**, quel que soit l'équivalent français : **Vivo en España**, *Je vis en Espagne*. **Vivo en Sevilla**, *Je vis à Séville*. **Vivo en una ciudad**, *Je vis dans une ville*.

- La question peut aussi concerner l'adresse : **¿Cuál es tu dirección?**, *Quelle est ton adresse ?*

- Lorsque vous écrivez une adresse, **Calle**, *rue*, s'abrège souvent en **C/**. On place alors le numéro après le nom de la voie : **C/ San Miguel 17**. À l'oral, un usage elliptique courant consiste à ne garder que l'essentiel ; par exemple, dans le film *Mujeres al borde de un ataque de nervios*, de Pedro Almodóvar, l'actrice, sautant dans un taxi, dit simplement : « **Almagro 38** » (*38, rue Almagro*).

CHAPITRE 4 : PRÉSENTER UNE PERSONNE

8 Traduisez ces phrases (celui qui pose les questions vouvoie).

a. Où habitez-vous, Carmen ?

....

b. Quelle est votre adresse ?

....

9 Même exercice, mais les personnes se tutoient.

a. Vous vivez au Mexique ?

....

b. Non, nous vivons en France, à Paris.

....

10 Traduisez ces phrases.

a. À quel numéro de la rue Almagro habites-tu ?

....

b. J'habite au 25.

....

Les langues parlées, lues, écrites

- Vous pouvez demander : **¿Cuántos idiomas hablas?**, *Combien de langues parles-tu ?* **¿Qué idiomas hablas?**, *Quelles langues parles-tu ?*
- Les noms de nationalités vous servent pour les noms de langues : **francés**, **inglés**, **alemán**, etc.
- Vous pouvez aussi réutiliser les mots qui disent comment on va. **¿Qué tal hablas el inglés?**, *Comment parles-tu l'anglais ?* **Lo hablo muy bien**, *Je le parle très bien.* **Lo escribo bien, pero lo hablo regular**, *Je l'écris bien, mais je le parle moyennement.*

- Découvrons le dernier modèle de conjugaison régulière : celui des verbes en **-er** (**comer**, *manger*; **beber**, *boire*; **leer**, *lire*) :

leo	je lis
lees	tu lis
lee	il/elle lit
leemos	nous lisons
leéis	vous lisez
leen	ils/elles lisent

11 Rédigez (en vouvoyant) les questions correspondant à ces réponses.

a. ¿..? Hablo inglés y francés.

b. ¿.. el inglés? Lo leo regular.

c. ¿................................. el francés? Lo escribo muy bien.

CHAPITRE 4 : PRÉSENTER UNE PERSONNE

12 Reprenez les dialogues de l'exercice précédent, mais maintenant on pose la question à deux personnes (rapport de tutoiement).

a. ....

b. ....

c. ....

13 Ces personnes disent leurs compétences (lire, parler, écrire) en anglais, russe et portugais :
- servez-vous des 7 mots appris au chapitre 1 pour les qualifier (super bien, très bien, etc.) ;
- rédigez les phrases correspondantes en reliant leurs éléments par **PERO**, mais (« Je parle l'anglais, mais je le … ») et **Y**.

a. ....
pero ....

b. ....
y ....

c. ....
pero ....
y ....

Bravo, vous êtes venu à bout du chapitre 4 ! Il est maintenant temps de comptabiliser les icônes et de reporter le résultat en page 128 pour l'évaluation finale.

5
Parler des goûts, des caractères et des humeurs

Exprimer ses goûts

- Pour dire *J'aime Madrid* ou *J'aime les tomates*, l'Espagnol dit littéralement : *Me plaît Madrid*, *Me plaisent les tomates*. Il utilise le verbe **gustar**, *plaire*, et un pronom indirect : **Me gusta Madrid**, **Me gustan los tomates**.

- Sur le même principe, vous pouvez dire : **Nos encanta España**, *Nous adorons l'Espagne* (*Nous enchante l'Espagne*), ou **Le horrorizan sus vecinos**, *Il a horreur de ses voisins* (*L'horrifient ses voisins*).

- Pour préciser ou insister, on se sert de la préposition **a** : **A mi hermana no le gusta la carne**, *Ma sœur n'aime pas la viande.*

- Attention à certaines formes du pronom employé après une préposition.

- Voici un récapitulatif des pronoms personnels utilisés :

les pronoms personnels	
après préposition	indirects
a mí, *à moi*	**me**, *me*
a ti, *à toi*	**te**, *te*
a él/ella, *à lui/elle*	**le**, *lui*
a usted, *à vous*	**le**, *vous*
a nosotros/as, *à nous*	**nos**, *nous*
a vosotros/as, *à vous*	**os**, *vous*
a ellos/ellas, *à eux/elles*	**les**, *leur*

Les fruits et les fruits secs

el albaricoque — *l'abricot*
la manzana — *la pomme*
la piña — *l'ananas*
la avellana — *la noisette*

la ciruela — *la prune*
el melocotón — *la pêche*
el plátano — *la banane*
la cereza — *la cerise*

la fresa — *la fraise*
el melón — *le melon*
la uva — *le raisin*
el coco — *la noix de coco*

el limón — *le citron*
la naranja — *l'orange*
el aguacate — *l'avocat*
el kiwi — *le kiwi*

el mango — *la mangue*
la pera — *la poire*
la almendra — *l'amande*
la sandía — *la pastèque*

CHAPITRE 5 : PARLER DES GOÛTS, DES CARACTÈRES ET DES HUMEURS

❶ Rédigez cinq phrases à partir du tableau. Modèle : « Pablo adore les pommes et aime les bananes, mais il n'aime pas le melon et il a horreur de l'ananas. » NB : mettez le nom des fruits au pluriel lorsqu'il y en a plusieurs et au singulier quand il n'y en a qu'un.

	😀	🙂	🙁	😡
PABLO	pommes	bananes	melon	ananas
MIS HIJOS	citron	mangue	cerises	prunes
YO	pastèque	pêche	raisin	noisettes
NOSOTROS	poires	kiwi	noix de coco	fraises
TÚ	oranges	amandes	abricot	avocat

a. A Pablo ....
....
b. A mis hijos ....
....
c. A ....
....
d. A ....
....
e. A ....
....

CHAPITRE 5 : PARLER DES GOÛTS, DES CARACTÈRES ET DES HUMEURS

2 Traduisez ces phrases (il s'agit d'un vouvoiement au singulier).

a. Aimez-vous le vin ? ....

b. Aimez-vous les chiens ? ....

c. Vous adorez le café. ....

d. Vous avez horreur du sucre. ....

3 Traduisez ces phrases (il s'agit d'un tutoiement au pluriel).

a. Aimez-vous le pain ? ....

b. Aimez-vous mes lunettes ? ....

c. Vous n'aimez pas mes parents. ....

d. Vous adorez lire. ....

Exprimer une réaction

- De nombreuses locutions à valeur affective se construisent comme **gustar** : un verbe à la 3ᵉ personne accompagné d'un pronom personnel indirect. C'est aussi parfois le cas en français (*ça me donne faim, ça me donne soif*) ; **dar**, *donner*, permet précisément d'exprimer en espagnol tout un éventail de réactions.

  me da asco, *ça me dégoûte*
  me da miedo, *ça me fait peur*
  me da pena, *ça me fait de la peine*
  me da pereza, *j'ai la flemme*
  me da vergüenza, *j'ai honte*
  me da gusto, *ça me fait plaisir*

- Comme pour **gustar**, le pronom personnel indirect indique la personne qui éprouve le sentiment et le verbe **dar** s'accorde avec le sujet : **Me da asco la carne**, *La viande me dégoûte*. **Le dan miedo los animales**, *Il a peur des animaux*.

CHAPITRE 5 : PARLER DES GOÛTS, DES CARACTÈRES ET DES HUMEURS

4 Introduisez l'une des six locutions apprises qui convient à chaque phrase.

a. Me .... los perros grandes.

b. ¿No te .... las cucarachas?

c. Le .... los animales del zoológico.

d. Nos .... tener amigos.

e. ¿No os .... tener el pelo largo?

f. Les .... trabajar.

5 Traduisez les six phrases obtenues dans l'exercice précédent.

a. ....

b. ....

c. ....

d. ....

e. ....

f. ....

Le caractère et l'humeur

L'espagnol considère qu'il existe deux manières d'« être », et qu'il faut deux verbes différents pour dire *je suis médecin* et *je suis malade*.

- D'un côté, il y a le verbe **ser**, que vous connaissez. Il exprime ce qui est essentiel : la forme, l'identité et tout ce qui s'y rapporte (profession, aspect physique, nationalité, origine). On dira donc : **Soy médico**.

- De l'autre, voici le verbe **estar**, qui permet d'exprimer ce qui a trait au devenir, aux circonstances (l'état d'âme, l'état de santé, l'humeur). On dira ainsi : **Estoy enfermo**. Voici sa conjugaison au présent :

estoy	je suis
estás	tu es
está	il/elle est
estamos	nous sommes
estáis	vous êtes
están	ils/elles sont

- Tout cela s'applique directement aux portraits psychologiques. Si vous envisagez un trait de caractère de la personne, c'est **ser** : **Es tonto**, *Il est bête*.

- S'il est par contre question d'un état circonstanciel, c'est **estar** : **Está cansado**, *Il est fatigué*.

CHAPITRE 5 : PARLER DES GOÛTS, DES CARACTÈRES ET DES HUMEURS

Les oppositions de caractère

bueno	listo	serio	valiente
gentil	*intelligent*	*sérieux*	*courageux*
cobarde	malo	trabajador	en cambio
lâche	*méchant*	*travailleur*	*en revanche*
divertido	perezoso	tonto	mientras que
drôle	*paresseux*	*bête*	*tandis que*

6 Les personnages suivants incarnent des traits de caractère opposés. Prenez un moment pour mémoriser les adjectifs de la boîte à mots, puis complétez les phrases.

a. Lucía .... , mientras que Teresa es tonta.

b. María es buena. En cambio, Esperanza ....

c. Nicolás .... , mientras que Paco es serio.

d. Miguel .... Jaime, en cambio, es cobarde.

e. Cecilia es perezosa, mientras que Juan ....

7 On peut retenir les mots mécaniquement, mais la plupart du temps votre « intuition linguistique » vous aide. Testez-la ! Associez chaque puce rose à une puce bleue et écrivez vous-même les traductions espagnoles.

can •	• cionado	a. .... : *furieux*
con •	• cupado	b. .... : *malade*
decep •	• fermo	c. .... : *pensif*
enamo •	• oso	d. .... : *inquiet*
en •	• prendido	e. .... : *fatigué*
furi •	• rado	f. .... : *surpris*
pensa •	• sado	g. .... : *déçu*
preo •	• tento	h. .... : *content*
sor •	• tivo	i. .... : *amoureux*

CHAPITRE 5 : PARLER DES GOÛTS, DES CARACTÈRES ET DES HUMEURS

8 Traduisez les phrases suivantes.

a. Nous sommes inquiètes. ....

b. Tu es furieux. ....

c. Ils sont pensifs. ....

d. Êtes-vous déçu ? ....

e. Êtes-vous surprises ? ....

9 Il reste quatre états d'âme à réutiliser de l'exercice 7. Identifiez-les grâce aux pictogrammes et rédigez les dialogues. Modèle : « Est-ce que tu es... ? » « Est-ce que vous êtes... ? » / « Non, je suis... », « Non, nous sommes... »

a. ¿ ....?

No, ...

No, ...

b. ¿ ....?

Bravo, vous êtes venu à bout du chapitre 5 ! Il est maintenant temps de comptabiliser les icônes et de reporter le résultat en page 128 pour l'évaluation finale.

6
Le verbe et l'action (1)

Les routines journalières

- Le radical de certains verbes (dits à diphtongue) se modifie au présent de l'indicatif : **-o** devient **-ue** (**dormir**, *dormir*; **duermo**, *je dors*), **-e** devient **-ie** (**despertarse**, *se réveiller*; **me despierto**, *je me réveille*).
- Cette diphtongaison ne concerne pas les deux premières personnes du pluriel. Nous avons le même phénomène en français (je tiens, tu tiens, il tient, nous tenons, vous tenez, ils tiennent). Ces verbes seront signalés par un astérisque.

- **Dormir**

duermo	*je dors*
duermes	*tu dors*
duerme	*il/elle dort*
dormimos	*nous dormons*
dormís	*vous dormez*
duermen	*ils/elles dorment*

- **Despertarse**

me despierto	*je me réveille*
te despiertas	*tu te réveilles*
se despierta	*il/elle se réveille*
nos despertamos	*nous nous réveillons*
os despertáis	*vous vous réveillez*
se despiertan	*ils/elles se réveillent*

Horaires et activités

acostarse* *se coucher*	**dormir*** *dormir*
cenar *dîner*	**dormirse*** *s'endormir*
comer *manger, déjeuner*	**por la mañana** *le matin*
desayunar *prendre le petit déjeuner*	**por la noche** *la nuit*
despertarse* *se réveiller*	**por la tarde** *le soir*

CHAPITRE 6 : LE VERBE ET L'ACTION (1)

1 Remettez dans l'ordre les questions et les réponses.

¿ A QUÉ HORA TE DESPIERTAS POR LA MAÑANA ?

Me despierto a las ocho menos cuarto.

a. .... b. ....

¿ A qué hora se acuesta usted por la noche ?

Me acuesto a las doce y media.

c. .... d. ....

2 Traduisez les phrases suivantes.

a. Combien d'heures dors-tu ?
....

b. À quelle heure t'endors-tu ?
....

3 Associez les éléments des trois colonnes et écrivez six phrases complètes (avec l'heure en toutes lettres), classées dans l'ordre de déroulement d'une journée.

co •	• tamos •	• 08:00	a. ....
os dor •	• nan •	• 13:45	b. ....
ce •	• mes •	• 22:30	c. ....
nos desper •	• yuno •	• 07:15	d. ....
desa •	• ta •	• 23:45	e. ....
se acues •	• mís •	• 00:00	f. ....

CHAPITRE 6 : LE VERBE ET L'ACTION (1)

Les déplacements quotidiens

Verbes en -go

- **Salir**, *sortir*, et **venir**, *venir*, ont une 1re personne en -**go**. Pour le reste, **salir** suit le modèle de **vivir**, et **venir** se comporte comme un verbe à diphtongue.

Salir

salgo	je sors
sales	tu sors
sale	il/elle sort
salimos	nous sortons
salís	vous sortez
salen	ils/elles sortent

Venir

vengo	je viens
vienes	tu viens
viene	il/elle vient
venimos	nous venons
venís	vous venez
vienen	ils/elles viennent

Le verbe ir, *aller*

- En tant que verbe de mouvement, il est suivi de la préposition **a**, devant un nom et devant un verbe : **Voy a España**, *Je vais en Espagne.* **Voy a comer**, *Je vais manger.*

Ir

voy	je vais
vas	tu vas
va	il/elle va
vamos	nous allons
vais	vous allez
van	ils/elles vont

Prépositions spatiales

- **a** + **el** se contracte en **al** : **Voy al cine**, *Je vais au cinéma.*
- **casa**, *maison*, se construit sans article dans : **en casa**, *à la maison* (sans mouvement) / **a casa**, *à la maison* (avec mouvement) / **de casa**, *de la maison.*

La question « où »

- L'adverbe interrogatif **¿Dónde?** devient **¿Adónde?** s'il porte sur une direction : **¿Adónde vas?**, *Où vas-tu ?*

Activités et lieux de travail

el alumno	la fábrica	el obrero	el trabajo
l'élève	*l'usine*	*l'ouvrier*	*le travail*
el empleado	el instituto	la oficina	volver*
l'employé	*le lycée*	*le bureau*	*revenir*

4 Complétez ces échanges, au tutoiement, en utilisant les verbes **IR**, **SALIR** et **VOLVER**.

a. ¿ .... ?

b. .... a la fábrica.

c. ¿ .... ?

d. .... de casa a las ocho.

e. ¿ .... ?

f. .... a casa a las siete.

CHAPITRE 6 : LE VERBE ET L'ACTION (1)

5 Reformulez les échanges précédents au vouvoiement, en les adaptant à l'activité exercée illustrée ci-contre.

a. ¿ .... ?

b. ....

c. ¿ .... de casa?

d. .... a las nueve.

e. ¿ .... ?

f. .... a casa a las seis.

6 Reformulez les échanges précédents au tutoiement pluriel, en les adaptant à l'activité illustrée ci-contre.

a. ¿ .... ?

b. ....

c. ¿ .... ?

d. .... de casa a las diez.

e. ¿ .... ?

f. .... a casa a las cinco.

7 Traduisez ces phrases.

a. Qui suis-je ? ....

b. D'où viens-je ? ....

c. Où vais-je ? ....

CHAPITRE 6 : LE VERBE ET L'ACTION (1)

3 Transposez au pluriel les phrases de l'exercice précédent.

a. ....

b. ....

c. ....

Quelques actions simples

Autres irréguliers

- **Hacer**, *faire*, **ver**, *voir*, et **dar**, *donner* présentent eux aussi des irrégularités à la 1re personne du singulier du présent. **Hacer** est un verbe en **-go** : **hago**, *je fais*. **Ver** fait **veo**, *je vois*. **Dar** fait **doy**, *je donne*.
- Le reste de la conjugaison de ces verbes est conforme à leur modèle.

Hacer

hago	*je fais*
haces	*tu fais*
hace	*il/elle fait*
hacemos	*nous faisons*
hacéis	*vous faites*
hacen	*ils/elles font*

Ver

veo	*je vois*
ves	*tu vois*
ve	*il/elle voit*
vemos	*nous voyons*
veis	*vous voyez*
ven	*ils/elles voient*

Dar

doy	*je donne*
das	*tu donnes*
da	*il/elle donne*
damos	*nous donnons*
dais	*vous donnez*
dan	*ils/elles donnent*

Le complément d'objet

- Lorsque le complément d'objet direct représente une personne, il est précédé de la préposition **a** : **Veo la tele**, *Je regarde la télé*. **Veo a un amigo**, *Je vois un ami*.
- Ne pas confondre avec le complément d'objet indirect : **Doy la mano a mis amigos**, *Je donne la main à mes amis*.
- Le pronom personnel COD ne se distingue du COI qu'à la 3e personne :
  - COD : **Lo (la) veo**, *Je le (la) vois* ; **Los (las) veo**, *Je les vois* (masc. et fém.).
  - COI : **Le (les) hablo**, *Je lui (leur) parle*.

CHAPITRE 6 : LE VERBE ET L'ACTION (1)

9. Cochez la bonne case.

a. Veo...
☐ el carnicero.
☐ al carnicero.

b. Hago...
☐ mi trabajo.
☐ a mi trabajo.

c. Leo...
☐ un escritor español.
☐ a un escritor español.

d. Doy...
☐ mi número de teléfono.
☐ a mi número de teléfono.

10. Reformulez la phrase en remplaçant le fragment souligné par un pronom personnel complément.

a. Doy café <u>a mis amigos</u>.   ....doy café.

b. Veo <u>la tele</u>.   .... veo.

c. Me da <u>su perro</u>.   Me .... da.

d. Doy mi perro <u>a un amigo</u>.   .... doy mi perro.

L'action en train de se faire

Valeurs du présent
- Les valeurs du présent de l'indicatif sont pratiquement les mêmes en français et en espagnol. Le présent exprime par exemple une vérité générale ou une habitude. **Los plátanos son amarillos**, *Les bananes sont jaunes*. **Me acuesto a las once**, *Je me couche à onze heures*.

La forme progressive
- Comme l'anglais, l'espagnol utilise beaucoup la forme progressive pour rendre compte des actions en cours. On la construit avec le verbe **estar** suivi du gérondif invariable.

- Il y a deux terminaisons pour le gérondif régulier : en **-ando** pour les verbes en **-ar** ; en **-iendo** pour les verbes en **-er** et en **-ir** : **Estoy hablando**, *Je suis en train de parler*. **Estás comiendo**, *Tu es en train de manger*. **Está saliendo**, *Il est en train de sortir*.

- Il y a plusieurs irrégularités. Retenez déjà **durmiendo**, *en dormant*, et **leyendo**, *en lisant*.

- Règle : on ne peut pas placer un pronom personnel directement devant un gérondif. On le met devant le verbe conjugué : **Me está llamando**, *Il est en train de m'appeler*.

CHAPITRE 6 : LE VERBE ET L'ACTION (1)

11 Traduisez, en utilisant la forme progressive.

a. Qu'est-ce qu'ils font ?
....
b. Tu me parles ?
....
c. Il s'endort.
....
d. Je me réveille.
....

12 Décrivez ce que les personnes sont en train de faire à partir des pictogrammes.
Modèle : Les ouvriers ne sont pas en train de travailler. Ils sont en train de dormir.

a. Los obreros ....
....
....

b. El alumno ....
....
....

c. Yo ....
....
....

Bravo, vous êtes venu à bout du chapitre 6 ! Il est maintenant temps de comptabiliser les icônes et de reporter le résultat en page 128 pour l'évaluation finale.

7. Le verbe et l'action (2)

Les routines hebdomadaires

L'habitude

- On l'exprime par **soler***, *avoir l'habitude de* + infinitif : **Suelo acostarme a las doce**, *J'ai l'habitude de me coucher à minuit.*
- Devant un nom de jour, l'article au pluriel indique l'habitude : **Los lunes estoy cansado**, *Le lundi, je suis fatigué.*
- L'initiale du jour lui sert d'abréviation : **L** = **lunes**. **Miércoles** s'abrège en **X** pour le distinguer de **martes**.

La fréquence

- On peut préciser la fréquence avec des locutions adverbiales : **Me despierto siempre a las siete**, *Je me réveille toujours à sept heures.* **Desayuno a menudo en un café**, *Je prends souvent mon petit déjeuner dans un café.* **Como a veces en casa**, *Je déjeune parfois à la maison.* **Ceno pocas veces en un restaurante**, *Je dîne rarement au restaurant.*
- Pour **nunca**, *jamais*, il y a deux formules possibles : **Nunca tomo café** / **No tomo nunca café**, *Je ne prends jamais de café.*

Les jours de la semaine

lunes
lundi

martes
mardi

miércoles
mercredi

jueves
jeudi

viernes
vendredi

sábado
samedi

domingo
dimanche

CHAPITRE 7 : LE VERBE ET L'ACTION (2)

Sports et loisirs

correr *courir*	**el baloncesto** *le basket-ball*	**el libro** *le livre*
escuchar *écouter*	**el balonmano** *le handball*	**la música** *la musique*
jugar* *jouer*	**el deporte** *le sport*	**la película** *le film*
nadar *nager*	**el fútbol** *le football*	**el cine** *le cinéma*

1 Transformez les formes verbales pour que ces phrases expriment une habitude.

a. Leemos libros en español.
....

b. Van al cine.
....

c. Hago deporte por la tarde.
....

d. No juegas al balonmano.
....

2 Dites le contraire de ces affirmations, de deux manières différentes.

Mis amigos siempre nadan por la mañana.

a. ....

b. ....

Yo siempre juego al baloncesto por la tarde.

c. ....

d. ....

CHAPITRE 7 : LE VERBE ET L'ACTION (2)

3 Consultez le tableau d'activités des personnages et répondez aux questions.

a. ¿Qué hace Alicia los lunes? ....

b. ¿Qué hacen Pedro y Alba los sábados? ....

c. ¿Qué hace Pedro los miércoles? ....

d. ¿Qué hacen Alicia y Alba los domingos? ....

	PEDRO	ALICIA	ALBA
(corre)		L M J	
(ve películas)	L X V		
(escucha música)	S		V S
(juega al fútbol)		X D	D

4 Souvent (3 fois), de temps en temps (2 fois) ou rarement (1 fois) ? Toujours à partir du tableau d'activités, complétez ces phrases avec les locutions adverbiales correspondantes.

a. Pedro ve películas .... y escucha música ....

b. Alicia corre .... y juega al fútbol ....

c. Alba escucha música .... y juega al fútbol ....

CHAPITRE 7 : LE VERBE ET L'ACTION (2)

Demander quelque chose

- Si ce que vous « demandez » appelle une réponse verbale, si vous souhaitez par exemple qu'on vous donne un renseignement ou qu'on vous dise quelque chose, vous utilisez le verbe **preguntar** : **Le pregunto su nombre**, *Je lui demande son prénom.*

- Si vous demandez qu'on fasse quelque chose, ou qu'on vous donne quelque chose de non verbal (un acte, un objet et pas simplement des mots), vous utilisez **pedir** : **Te pido una manzana**, *Je te demande une pomme.*

- **Pedir** sert de modèle à une conjugaison irrégulière, celle des verbes dits « à affaiblissement » : le **-e** du radical (**ped-**) devient un **-i** (**pid-**) à toutes les personnes sauf aux deux premières du pluriel.

Pedir (*demander*)

pido	je demande
pides	tu demandes
pide	il/elle demande
pedimos	nous demandons
pedís	vous demandez
piden	ils/elles demandent

5 Reliez les deux amorces de phrase au groupe complément qui leur correspond.

... CUARENTA EUROS.

... azúcar.

... el color de sus ojos.

A. LE PREGUNTO...

B. LE PIDO...

... la mano de su hija.

... SI LE GUSTA LA PELÍCULA.

... cuál es su dirección.

... DÓNDE VIVE.

... pan y vino.

CHAPITRE 7 : LE VERBE ET L'ACTION (2)

Autres verbes à affaiblissement

- Parmi les six verbes ci-dessous, quatre se conjuguent en suivant le modèle de **pedir** sans autre difficulté.
- **Seguir** et **elegir**, en revanche, présentent quelques complications. Le radical doit garder la même prononciation à toutes les personnes : le [g] de guitare pour **seguir**, et la prononciation « jota » pour **elegir**. Il y aura donc parfois des modifications orthographiques.

elegir	**repetir**	**servir**
choisir	*répéter*	*servir*
medir	**seguir**	**vestir**
mesurer	*suivre, continuer*	*vêtir, porter*

6 Pour chaque phrase, identifiez le verbe qui manque : **MEDIR, REPETIR, SERVIR** ou **VESTIR**. Introduisez-le en le conjuguant à la personne voulue.

a. El panadero ………………………………… al cliente.

b. ¿Me ………………………… tu número de teléfono?

c. ¿Cuánto ………………………………… tu hermano?

d. Nosotros …………………………… como nos gusta.

7 Pour chaque personne du verbe **ELEGIR** au présent de l'indicatif, voici trois propositions. Barrez les deux formes fausses.

Elejo	Elijo	Eligo
Elejes	Elegues	Eliges
Elege	Elegue	Elige
Elegimos	Elijimos	Eligimos
Elegís	Eligís	Elegéis
Eliguen	Eligen	Elejen

CHAPITRE 7 : LE VERBE ET L'ACTION (2)

8 Même exercice pour **SEGUIR**.

Sego	Siguo	Sigo
Sigues	Siges	Segues
Segue	Sigue	Sije
Siguimos	Sigimos	Seguimos
Seguís	Siguís	Sejís
Seguen	Siguen	Sigen

9 Complétez ces phrases avec **SEGUIR** ou **ELEGIR** conjugués.

a. Mi perro me .... siempre.

b. .... a tus amigos pero no a tu familia.

c. Salimos pero yo .... el restaurante.

d. No estamos cansados : ¡..!

Continuité et changement

- L'action commencée dans le passé peut se poursuivre dans le présent. On recourt dans ce cas à une périphrase verbale : le verbe **seguir** conjugué + un gérondif. **¿Sigues viviendo en Madrid?**, *Tu continues à vivre à Madrid ?* **¿Seguís jugando al fútbol?**, *Vous jouez toujours au football ?*

- L'idée contraire (*ne plus*) s'exprime par **ya no** : **Ya no vivo en Madrid**, *Je ne vis plus à Madrid.* **Ya no jugamos al fútbol**, *Nous ne jouons plus au football.*

10 Reformulez ces phrases en introduisant l'idée de continuité.

a. ¿Ves la película? ....

b. ¿Escucháis música? ....

c. Trabajamos en Madrid. ....

d. Corro por la tarde. ....

CHAPITRE 7 : LE VERBE ET L'ACTION (2)

11 Traduisez ces phrases.

a. Je n'ai plus d'amis.
……………………………………………………

c. Nous ne dormons plus l'après-midi.
……………………………………………………

b. Il n'aime plus nager.
……………………………………………………

d. Ils ne mangent plus de viande.
……………………………………………………

Le temps qu'il fait

hacer calor	**llover***
faire chaud	*pleuvoir*
hacer frío	**nevar***
faire froid	*neiger*

12 Rédigez ces mini-dialogues. Modèle : « Est-ce qu'il continue à … ? » / « Non, il ne … plus ».

a. ¿…………………………………………………………?
b. …………………………………………………………..

c. ¿…………………………………………………………?
d. …………………………………………………………..

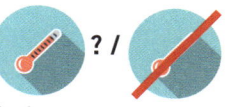

e. ¿…………………………………………………………?
f. …………………………………………………………..

g. ¿…………………………………………………………?
h. …………………………………………………………..

Bravo, vous êtes venu à bout du chapitre 7 ! Il est maintenant temps de comptabiliser les icônes et de reporter le résultat en page 128 pour l'évaluation finale.

Situer dans l'espace et indiquer la possession

L'endroit où l'on est et l'endroit où l'on va

- Lorsqu'il a le sens de *se trouver*, le verbe *être* se rend par **estar**. Et puisqu'il indique le lieu où l'on est, sans mouvement, il est suivi de la préposition **en**. **¿Dónde estás?**, *Où es-tu?* **Estoy en casa**, *Je suis à la maison.*

- D'autres verbes contiennent, au contraire, une idée implicite de mouvement, par exemple **ir**, **venir**, **volver**, **salir** ou **correr**. On peut leur associer la préposition **de** (origine) ou **a** (destination). **Voy de Madrid a París**, *Je vais de Madrid à Paris.* **Salgo a pasear**, *Je sors me promener.*

D'autres verbes de mouvement

acercarse	bajar	subir	traducir
s'approcher	*descendre*	*monter*	*traduire*

 Introduisez SER, ESTAR ou ESTAR EN conjugués dans les phrases suivantes.

a. ¿Quiénes .... tus padres?

b. ¿De dónde .... tus abuelos?

c. ¿Dónde .... los obreros?

d. Usted no .... la oficina.

e. Nosotros .... de Barcelona, pero .... viviendo en Madrid.

f. Tú .... estudiante y .... el instituto.

CHAPITRE 8 : SITUER DANS L'ESPACE ET INDIQUER LA POSSESSION

 Cochez la préposition qui convient dans le tableau.

	A	AL	DE	DEL	EN
a. Los pasajeros bajan …. avión.					
b. Los obreros llegan …. la fábrica a las ocho de la mañana.					
c. El niño baja …. jugar.					
d. Me da miedo acercarme …. perro.					
e. Cervantes escribe Don Quijote …. español.					
f. Los traductores traducen Don Quijote …. español.					
g. Los traductores traducen Don Quijote …. inglés.					
h. El avión viene …. México.					
i. Es hora de subir …. avión.					

Les pièces dans la maison

la buhardilla
les combles

la cocina
la cuisine

el comedor
la salle à manger

el cuarto de baño
la salle de bain

el dormitorio
la chambre à coucher

el salón
le salon

a la derecha
à droite

a la izquierda
à gauche

en medio
au milieu

la planta baja
le rez-de-chaussée

la primera planta
le premier étage

la segunda planta
le second étage

CHAPITRE 8 : SITUER DANS L'ESPACE ET INDIQUER LA POSSESSION

3 Prenez un moment pour mémoriser le nom des pièces de la maison, puis écrivez-les à leur place dans la grille, sans consulter la banque de mots.

4 Reportez le chiffre qui correspond à chaque pièce sur le pictogramme.

5 Rédigez une phrase complète pour situer chaque pièce dans la maison, en précisant l'étage et la position (droite, gauche ou milieu).

a. ....
....
b. ....
....
c. ....
....
d. ....
....
e. ....
....
f. ....
....

53

CHAPITRE 8 : SITUER DANS L'ESPACE ET INDIQUER LA POSSESSION

Situer des objets

- On peut localiser des objets au moyen de locutions adverbiales, ou les repérer par rapport à d'autres objets avec des prépositions : **Vive al lado**, *Il habite à côté*. **Vive al lado del instituto**, *Il habite à côté du lycée*.

- Rien de bien différent du français, sauf que la préposition est systématiquement double (avec **de**) : **Estoy delante**, *Je suis devant*. **Estoy delante de él**, *Je suis devant lui*.

Les adverbes et prépositions de lieu

al lado (de) / à côté (de)
delante (de) / devant
dentro (de) / à l'intérieur (de)

detrás (de) / derrière
encima (de) / au-dessus / sur
entre / entre

fuera (de) / dehors / hors de
debajo (de) / au-dessous / sous

Le mobilier

la cama / le lit
el espejo / le miroir
el frigorífico / le réfrigérateur
la mesa / la table

la puerta / la porte
la silla / la chaise
el sillón / le fauteuil
la ventana / la fenêtre

Montrer des objets

Le système des démonstratifs espagnols comprend trois degrés et inclut les adverbes (**aquí / ahí / allí**).

	proche de celui qui parle	plus éloigné (ou proche de l'interlocuteur)	lointain (ni le locuteur ni l'interlocuteur)
adjectifs démonstratifs	**este** hombre / *cet homme-ci*	**ese** niño / *ce garçon*	**aquel** amigo / *cet ami-là*
	esta mujer / *cette femme-ci*	**esa** niña / *cette fille*	**aquella** amiga / *cette amie-là*
	estos hombres / *ces hommes-ci*	**esos** niños / *ces garçons*	**aquellos** amigos / *ces amis-là*
	estas mujeres / *ces femmes-ci*	**esas** niñas / *ces filles*	**aquellas** amigas / *ces amies-là*
adverbes	**aquí** / *ici*	**ahí** / *là*	**allí** / *là-bas*

CHAPITRE 8 : SITUER DANS L'ESPACE ET INDIQUER LA POSSESSION

6 Prenez un moment pour mémoriser l'ensemble des termes de la leçon, prépositions et banques de mots (vous pouvez les écrire, les répéter, etc.). Sans les regarder à nouveau, rédigez huit phrases pour situer le petit chat par rapport à ce qui l'entoure.

A  B  C

D  E

F  G  H

a. ....
b. ....
c. ....
d. ....
e. ....
f. ....
g. ....
h. ....

CHAPITRE 8 : SITUER DANS L'ESPACE ET INDIQUER LA POSSESSION

Les animaux

la ardilla *l'écureuil*	**el gato** *le chat*	**el pez rojo** *le poisson rouge*
el conejo *le lapin*	**el papagayo** *le perroquet*	**la tortuga** *la tortue*
la cotorra *la perruche*	**el perro** *le chien*	

7 Cédant à la demande de vos enfants, vous allez enfin acquérir quelques animaux domestiques. Désignez ceux du pictogramme, du plus proche au plus éloigné, avec le démonstratif et l'adverbe correspondants. **Modèle : « a. Je veux ces écureuils, ici. »**

ici *là* *là-bas*

a. Quiero .... , ...
b. Quiero .... , ...
c. Quiero .... , ...

8 Même exercice, même modèle : **« a. Je veux cette perruche, ici. »**

ici *là* *là-bas*

a. Quiero .... , ...
b. Quiero .... , ...
c. Quiero .... , ...

CHAPITRE 8 : SITUER DANS L'ESPACE ET INDIQUER LA POSSESSION

Dire la possession

- Remarquez l'accord en genre de l'adjectif aux deux premières personnes du pluriel : **nuestro amigo**, *notre ami*, **vuestra amiga**, *votre amie*.
- Le pronom possessif s'utilise comme en français : **Es el mío**, *C'est le mien*. **Es la tuya**, *C'est la tienne*.
- Pour indiquer la possession, on utilise **ser de**, *être à* : **¿De quién es el perro?**, *À qui est le chien ?*
- Pour répondre, vous pouvez nommer le propriétaire ou bien utiliser le pronom possessif sans l'article : **Es de Pedro**, *Il est à Pedro*. **Es suyo**, *Il est à lui*. **Es mío**, *Il est à moi*.

adjectif	pronom
mi(s)	el (los) mío(s) la(s) mía(s)
tu(s)	el (los) tuyo(s) la (las) tuya(s)
su(s)	el (los) suyo(s) la (las) suya(s)
nuestro(s) nuestra(s)	el (los) nuestro(s) la (las) nuestra(s)
vuestro(s) vuestra(s)	el (los) vuestro(s) la (las) vuestra(s)
su(s)	el (los) suyo(s) la (las) suya(s)

9 À qui sont ces animaux ? Formulez les questions en introduisant l'adjectif démonstratif ou l'adverbe adéquat.

a. ¿ .... pez rojo, aquí?

b. ¿ .... esas tortugas, ...?

c. ¿ .... papagayo, allí?

10 Traduisez ces réponses aux questions de l'exercice précédent.

a. Il est à nous. ....

b. Elles sont à eux. ....

c. Il est à toi. ....

Bravo, vous êtes venu à bout du chapitre 8 ! Il est maintenant temps de comptabiliser les icônes et de reporter le résultat en page 128 pour l'évaluation finale.

Comparer, exprimer des dates, des grandeurs et des quantités

Compter à partir de 100

- De 100 à 199, **cien** s'écrit **ciento** : **ciento uno** (101), **ciento dos** (102)…, **ciento noventa y nueve** (199).
- À partir de 200, les centaines s'accordent en genre : **trescientos hombres y trescientas mujeres**, *300 hommes et 300 femmes.*
- **Mil**, *mille,* est invariable : **dos mil**, *2 000*; **veinte mil**, *20 000*; **cuatrocientos mil**, *400 000.*
- **Un millón** signifie *un million*, et **mil millones**, *un milliard.*
- **Cien** reste **cien** devant un nombre qu'il multiplie : **cien mil**, *cent mille*; **cien millones**, *cent millions.*

Centaines et milliers

doscientos, as *200*
trescientos, as *300*
cuatrocientos, as *400*
quinientos, as *500*
seiscientos, as *600*
setecientos, as *700*
ochocientos, as *800*
novecientos, as *900*
mil *1 000*
dos mil *2 000*

❶ Barrez les chiffres qui conviennent pour former les nombres indiqués. Exemple : doscientos quince
~~1~~ 4 2 5 3 ~~1~~ ~~7~~ 5

a. seiscientos cuarenta y seis……… 5 6 8 4 1 2 6 4
b. quinientos dos…………………… 2 0 5 3 1 0 2 0
c. novecientos setenta y tres……… 7 9 7 4 0 1 3 1
d. ochocientos noventa …………… 8 1 0 7 2 0 9 0
e. setecientos doce………………… 1 7 3 6 0 2 1 2

$E = mc^2$

CHAPITRE 9 : COMPARER, EXPRIMER DES DATES, DES GRANDEURS ET DES QUANTITÉS

2 Traduisez les phrases suivantes, en toutes lettres.

a. J'ai 350 amies sur (dans) Facebook. ....

b. Elle a 122 ans. ....

c. Je lis 230 romans en une année. ....

d. Ils ont 465 photos de leur fille. ....

3 Écrivez en toutes lettres ces chiffres de population (ils datent de 2016).

a. Brasil tiene 205 638 000 habitantes. ....

b. Indonesia tiene 258 705 000 habitantes. ....

c. Estados Unidos tiene 324 757 000 habitantes. ....

d. India tiene 1 330 783 000 habitantes. ....

e. China tiene 1 374 900 000 habitantes. ....

f. La Tierra tiene 7 432 663 000 habitantes. ....

Tailles, poids, distances, surfaces

- Les verbes **pesar**, *peser*, et **medir**, *mesurer*, servent à indiquer le poids et la taille : **¿Cuánto pesas?**, *Combien pèses-tu ?* **Peso setenta y nueve kilos**, *Je pèse 79 kilos.* **¿Cuánto mide usted?**, *Combien mesurez-vous ?* **Mido un metro ochenta**, *Je mesure 1,80 mètres.*

- Les liquides s'expriment en **litros**, *litres*. Comme pour les heures (mais au masculin), on utilise **medio**, *demi* : **un litro y medio**, *un litre et demi.*

- Pour les fractions, on se sert également de **cuarto**, *quart* : **un cuarto de litro**, *un quart de litre.* Mais attention à **medio litro**, *un demi-litre*, qui s'écrit sans article.

Les mesures

el kilo
le kilo

el gramo
le gramme

el metro
le mètre

el centímetro
le centimètre

el kilómetro
le kilomètre

el kilómetro cuadrado
le kilomètre carré

el litro
le litre

CHAPITRE 9 : COMPARER, EXPRIMER DES DATES, DES GRANDEURS ET DES QUANTITÉS

4 Remettez dans l'ordre ces éléments et réécrivez les phrases en toutes lettres.

- 384 000 km
- El jugador de baloncesto mide
- La distancia entre la Tierra y la Luna son
- Un bebé elefante pesa
- 120 K
- Francia tiene una superficie de
- 2,13 M
- 643 800 km^2

a. ....
b. ....
c. ....
d. ....

5 Légendez chaque vignette (nom et quantité du produit représenté, en toutes lettres).

a. 2 l

b. ¾ kg

c. 1,5 kg

d. 600 g

e. ½ l

CHAPITRE 9 : COMPARER, EXPRIMER DES DATES, DES GRANDEURS ET DES QUANTITÉS

L'argent, les prix

- **El dinero**, c'est *l'argent*. Les prix s'expriment en **euros**, *euros*, et **céntimos**, *centimes*. Pour demander un prix, le verbe est **costar***, *coûter* : **¿Cuánto cuesta este libro?**, *Combien coûte ce livre ?*

- Il existe comme partout des raccourcis usuels pour dire la somme : **Cuesta quince euros noventa / quince noventa**. Une pratique courante consiste à introduire **con**, *avec*, entre le chiffre des euros et celui des centimes : **Cuesta quince con noventa**, *Il coûte 15,90 euros.*

6 Demandez le prix de chaque objet (« Combien coûte ce ... / cette ... ? » et répondez (« Il / elle coûte... »), en écrivant la somme en toutes lettres.

190 000 euros

0,25 euros

85,50 euros

a. ¿ .... ?

b. ....

c. ¿ .... ?

d. ....

e. ¿ .... ?

f. ....

La date

- On peut exprimer la date de deux manières, avec **ser** ou avec **estar a** conjugué à la 1re personne du pluriel : **¿Qué día es?**, *Quel jour est-ce ?* **Hoy es lunes**, *Aujourd'hui, c'est lundi.* **¿A qué día estamos?**, *Quel jour sommes-nous ?* **Estamos a lunes**, *Nous sommes lundi.*

- Dans une date complète, il faut introduire la préposition **de** devant le mois et devant l'année : **El veintiuno de julio de mil novecientos sesenta y nueve**, *Le 21 juillet 1969.*

CHAPITRE 9 : COMPARER, EXPRIMER DES DATES, DES GRANDEURS ET DES QUANTITÉS

Les mois et les saisons

enero *janvier*	**mayo** *mai*	**septiembre** *septembre*	**la primavera** *le printemps*
febrero *février*	**junio** *juin*	**octubre** *octobre*	**el verano** *l'été*
marzo *mars*	**julio** *juillet*	**noviembre** *novembre*	**el otoño** *l'automne*
abril *avril*	**agosto** *août*	**diciembre** *décembre*	**el invierno** *l'hiver*

7 Complétez ces phrases, avec le nom du mois ou celui de la saison.

a. ………………………………… comienza en septiembre.

b. El invierno comienza en …………………………………

c. El verano comienza en …………………………………

d. ………………………………… comienza en marzo.

8 Complétez les questions et répondez-y.

FEB 24

AGO 15

a. ¿Qué ………………………………… ?

e. ¿ ………………………………… es?

b. ………………………………… .

f. ………………………………… .

NOV 13

ENE 29

c. ¿A qué ………………………………… ?

g. ¿ ………………………………… estamos?

d. ………………………………… .

h. ………………………………… .

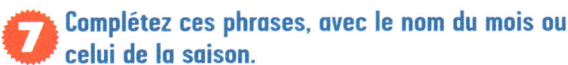

CHAPITRE 9 : COMPARER, EXPRIMER DES DATES, DES GRANDEURS ET DES QUANTITÉS

9 Associez les dates fournies à l'événement historique qui s'y rapporte, en les écrivant en toutes lettres.

14/07/1789 • 12/10/1492 • 08/05/1945

a. Descubrimiento de América : el ....

b. Toma de la Bastilla : el ....

c. Fin de la Segunda Guerra Mundial : el ....

Comparer

- **Más**, *plus*, et **menos**, *moins*, servent à former les comparatifs de supériorité et d'infériorité : **Soy más bajo que mi hermano**, *Je suis plus petit que mon frère.* **Eres más alto que yo**, *Tu es plus grand que moi.*

- Le comparatif d'égalité peut prendre deux formes : **tan** + adjectif + **como** / **tanto(s)** / **tanta(s)** + nom + **como** : **Es tan alto como tonto**, *Il est aussi grand que bête.* **Tengo tantas amigas como amigos**, *J'ai autant d'amis que d'amies.*

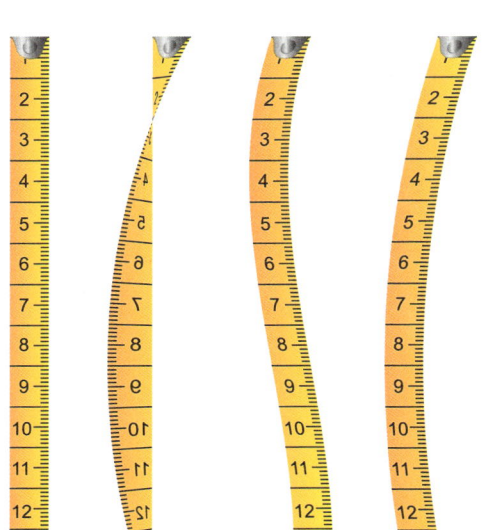

Couples de contraires

pesado   **ligero**
lourd   *léger*

lejos   **cerca**
loin   *près*

caro   **barato**
cher   *bon marché*

CHAPITRE 9 : COMPARER, EXPRIMER DES DATES, DES GRANDEURS ET DES QUANTITÉS

10 Barrez pour chaque phrase l'un des deux adjectifs proposés.

a. El Sol está más [cerca / lejos] de la Tierra que la Luna.
b. La ropa es menos [cara / barata] que el pan.
c. Berlín está menos [lejos / cerca] de París que Londres.
d. Un coche es más [pesado / ligero] que una moto.
e. La carne es menos [pesada / ligera] que la fruta.
f. El champán es más [caro / barato] que la leche.

11 Complétez ces comparatifs d'égalité avec les mots proposés.

TANTAS   TANTOS   TANTO   TAN   TANTA

a. Tengo .... dinero como él.
b. Enero es .... frío como febrero.
c. Abril tiene .... días como junio.
d. La naranja tiene .... vitamina C como el limón.
e. No como .... manzanas como peras.

Bravo, vous êtes venu à bout du chapitre 9 ! Il est maintenant temps de comptabiliser les icônes et de reporter le résultat en page 128 pour l'évaluation finale.

Dire ce que l'on sait, ce que l'on sent et ce que l'on pense

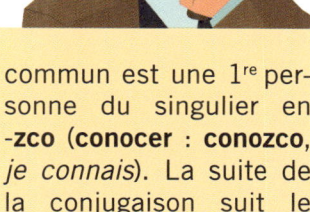

Les verbes « savoir », « connaître », et leur modèle de conjugaison

- **Saber**, *savoir*, et **conocer**, *connaître*, sont des verbes de base qui présentent des irrégularités.

- **Saber** a une 1re personne du singulier particulière (**sé**, *je sais*) ; le reste de la conjugaison suit le modèle des verbes en -**er**.

- **Conocer** sert, lui, de modèle à toute une série de verbes : les verbes terminés en -**acer**, -**ecer**, -**ocer** et -**ucir**. Leur point commun est une 1re personne du singulier en -**zco** (**conocer : conozco**, *je connais*). La suite de la conjugaison suit le modèle normal du verbe.

- Il y a des exceptions. Vous en connaissez déjà une : **hacer**, *faire*, qui fait **hago**, *je fais*.

saber *savoir*	conocer *connaître*	parecer *sembler*	conducir *conduire*	nacer *naître*
sé	conozco	parezco	conduzco	nazco
sabes	conoces	pareces	conduces	naces
sabe	conoce	parece	conduce	nace
sabemos	conocemos	parecemos	conducimos	nacemos
sabéis	conocéis	parecéis	conducís	nacéis
saben	conocen	parecen	conducen	nacen

CHAPITRE 10 : DIRE CE QUE L'ON SAIT, CE QUE L'ON SENT ET CE QUE L'ON PENSE

1 Traduisez les phrases suivantes.

a. Je ne sais pas qui c'est. ....
b. Il ne sait pas qui tu es. ....
c. Savez-vous qui je suis ? (vouvoiement) ....
d. Savez-vous qui ils sont ? (tutoiement pl.) ....
e. Sais-tu qui nous sommes ? ....

2 Transposez les phrases de l'exercice précédent en utilisant CONOCER à la place de SABER.
Exemple : Je ne sais pas qui c'est. / Je ne le connais pas.

a. ....
b. ....
c. ....
d. ....
e. ....

3 Dans les phrases suivantes, remplacez SER ou ESTAR, *être*, par PARECER, *sembler*.

a. Es muy listo. ....
b. Sois tontos. ....
c. Están cansadas. ....
d. Estás sorprendida. ....
e. Somos buenos. ....

4 PARECERSE signifie *ressembler*. Il s'agit donc d'un verbe pronominal, comme llamarse, *s'appeler* (me llamo, *je m'appelle*). Traduisez ces phrases.

a. Nous nous ressemblons. ....
b. Ils se ressemblent. ....
c. Vous vous ressemblez. ....

CHAPITRE 10 : DIRE CE QUE L'ON SAIT, CE QUE L'ON SENT ET CE QUE L'ON PENSE

5. Rédigez les six phrases correspondant à ce tableau : le signe **=** indique la ressemblance entre personnes (**PARECERSE A**) et **X** la différence (**NO PARECERSE A**).

	mis padres	Javier
yo	=	X
tú	X	=
ella	=	X

a. ....

b. ....

c. ....

d. ....

e. ....

f. ....

6. Quels véhicules ces personnages conduisent-ils ? Rédigez les courts dialogues correspondant aux pictogrammes (rapport de tutoiement).

a. ¿ .... una moto?

b. No, ... un coche.

c. ¿ .... un avión?

d. No, ... un barco.

CHAPITRE 10 : DIRE CE QUE L'ON SAIT, CE QUE L'ON SENT ET CE QUE L'ON PENSE

Les verbes « de sensation »

- Vous connaissez déjà **ver**, *voir* ; retenez aussi **tocar**, *toucher*, qui est régulier. Les trois autres verbes relatifs aux sens ont de fortes particularités.

- **Oír**, *entendre*, est un verbe en **-go** à la 1ʳᵉ personne ; il présente également un **-y** intercalé aux 2ᵉ et 3ᵉ personnes du singulier et à la 3ᵉ du pluriel. En voici la conjugaison :

oigo	j'entends
oyes	tu entends
oye	il/elle entend
oímos	nous entendons
oís	vous entendez
oyen	ils/elles entendent

- **Oler**, *sentir*, est un verbe à diphtongue. Il s'écrit avec un **-h** initial à toutes les personnes sauf aux deux premières du pluriel.

huelo	je sens
hueles	tu sens
huele	il/elle sent
olemos	nous sentons
oléis	vous sentez
huelen	ils/elles sentent

- Retenez ces constructions et emplois : **¿No hueles?**, *Tu ne sens pas ?* **Huelen bien / mal**, *Ils sentent bon / mauvais.* **Huele a sardina**, *Ça sent la sardine.* **Huelo a pescado**, *Je sens le poisson* (ou : *Je sens une odeur de poisson*).

- **Saber**, *avoir le goût de*, est un homonyme de **saber**, *savoir*. Il suit sa conjugaison, sauf à la 1ʳᵉ personne, peu usitée. Il s'emploie surtout, de fait, aux 3ᵉ personnes, avec la préposition **a** : **Sabe a sangre**, *Ça a un goût de sang.* **Estos helados saben a limón**, *Ces glaces ont un goût de citron.*

7 En commençant par la syllabe centrale au cœur de la fleur, mettez dans l'ordre les pétales pour reconstituer une phrase, puis traduisez-la.

a. .... c. .... e. ....

b. .... d. .... f. ....

CHAPITRE 10 : DIRE CE QUE L'ON SAIT, CE QUE L'ON SENT ET CE QUE L'ON PENSE

 **Traduisez les phrases suivantes.**

a. Vous sentez le vin. *(rapport de tutoiement)*
....

b. Vous sentez le chien. *(vouvoiement)*
....

c. Je sens une odeur de café.
....

d. Ce lapin a un goût de chat.
....

e. Ces fraises n'ont pas le goût de fraise.
....

Autres verbes exprimant ce que l'on ressent

- La faim, la soif, le froid, la chaleur, l'envie… : en dehors des cinq sens, il y a bien sûr d'autres ressentis. Remarquez ici que l'Espagnol ne dit pas *j'ai chaud* (qui se dit **caliente**), mais *j'ai chaleur* : **tengo calor**.

- Vous pouvez intensifier l'expression de ce ressenti. Attention, le français utilise ici un adverbe, invariable donc : *très* ; en espagnol, ce sera un adjectif (**mucho, mucha, muchos, muchas**) qui s'accordera avec le nom. Sachez que **calor**, comme presque tous les mots en **-or**, est masculin : **el calor**, *la chaleur*.

Les ressentis

tener calor — *avoir chaud*
tener frío — *avoir froid*
tener ganas — *avoir envie*
tener hambre — *avoir faim*
tener sed — *avoir soif*
tener sueño — *avoir sommeil*

CHAPITRE 10 : DIRE CE QUE L'ON SAIT, CE QUE L'ON SENT ET CE QUE L'ON PENSE

9 Légendez ces quatre pictogrammes, à la 1ʳᵉ personne du singulier et en exprimant un ressenti intense (« très »).

a. .... b. .... c. .... d. .... e. ....

10 Reformulez les phrases c, d et e de l'exercice précédent en utilisant la formule « avoir envie de ».

a. .... b. .... c. ....

Exprimer une opinion, approuver et contredire

- Vous trouverez dans la banque de mots ci-contre différents outils pour exprimer une opinion. Attention à la préposition **con**, *avec*, quand elle se combine avec les pronoms *moi* et *toi* : **Estoy de acuerdo contigo**, *Je suis d'accord avec toi*. **No estás de acuerdo conmigo**, *Tu n'es pas d'accord avec moi.*

- Les formules courtes pour approuver et contredire varient selon la construction à laquelle elles font écho : **Tengo hambre**, *J'ai faim*, **Yo también**, *Moi aussi*, **Yo no**, *Pas moi*. **No tengo sed**, *Je n'ai pas soif*, **Yo tampoco**, *Moi non plus*, **Yo sí**, *Moi si*. **Me gusta comer**, *J'aime manger*, **A mí también**, *Moi aussi*, **A mí no**, *Pas moi*. **No me gusta beber**, *Je n'aime pas boire*, **A mí tampoco**, *Moi non plus*, **A mí sí**, *Moi si*.

Les verbes d'opinion

creer
croire

pensar*
penser

me parece
il me semble

estar de acuerdo (con)
être d'accord (avec)

estar a favor (de)
être pour (+ cplmt)

estar en contra (de)
être contre (+ cplmt)

CHAPITRE 10 : DIRE CE QUE L'ON SAIT, CE QUE L'ON SENT ET CE QUE L'ON PENSE

11 **Traduisez cette petite conversation.**

Pedro – Que penses-tu des corridas ? ....

Gloria – Je suis contre. Et toi ? ....

Pedro – Je suis pour. Il me semble que les matadors sont courageux.

....

Gloria – Je ne suis pas d'accord avec toi : je crois que ce sont des lâches !

....

12 **Trois personnes dialoguent : la première lance une affirmation, la deuxième est du même avis, la troisième d'un avis différent. Rédigez les répliques.**

Me encantan las corridas.
a. ....
b. ....

Estoy a favor de las corridas.
e. ....
f. ....

No me gustan los animales.
c. ....
d. ....

No voy a ver corridas.
g. ....
h. ....

Bravo, vous êtes venu à bout du chapitre 10 ! Il est maintenant temps de comptabiliser les icônes et de reporter le résultat en page 128 pour l'évaluation finale.

L'interrogation, l'affirmation et la négation, l'exclamation

Les pronoms interrogatifs

¿Cómo...?
Comment...?

¿Cuál, cuáles...?
Quel(s), quelle(s)...?

¿Cuándo...?
Quand...?

¿Cuánto(s), cuánta(s)...?
Combien de...?

¿Dónde...?
Où...?

¿Por qué...?
Pourquoi...?

¿Qué...?
Qu'est-ce que...?

¿Quién, quiénes...?
Qui...?

Outils de la phrase interrogative

- Ce n'est pas l'ordre des mots qui détermine l'interrogation en espagnol ; c'est la ponctuation : **¿Es tu hermano el chico que canta? / El chico que canta, ¿es tu hermano?**, *Le garçon qui chante, est-ce ton frère ?*
- Les mots interrogatifs portent tous un accent, y compris dans l'interrogative indirecte : **No sé qué hacer**, *Je ne sais pas quoi faire.*
- Distinguez la question **¿por qué?**, *pourquoi ?* en deux mots, de la réponse **porque**, *parce que* en un mot : **Estoy cansado porque trabajo mucho**, *Je suis fatigué parce que je travaille beaucoup.*

1 Rédigez la question correspondante, au tutoiement (singulier ou pluriel), en faisant porter l'interrogation sur le segment souligné.

a. Dormimos <u>ocho horas</u> al día.
....

b. Suelo desayunar <u>café con leche.</u>
....

c. Mi fruta preferida es <u>el plátano</u>.
....

d. Los sábados salgo <u>con un amigo del instituto</u>.
....

e. Nos gusta ir a España <u>en septiembre</u>.
....

CHAPITRE 11 : L'INTERROGATION, L'AFFIRMATION ET LA NÉGATION, L'EXCLAMATION

2 Traduisez les phrases suivantes.

a. Ils ne savent pas d'où nous sommes.
....

b. Je me demande comment il va.
....

c. Je sais qui sont ses amis.
....

d. Il se demande combien ça coûte.
....

e. Je ne vois pas quand je vais pouvoir aller en Espagne.
....

3 Complétez ces courts dialogues avec **POR QUÉ** ou **PORQUE**.

a. - ¿Sabes .... me gusta España ?
   - No, no sé ....
   - .... la gente es muy simpática.

b. - Me pregunto .... comes tanto.
   - ¿Quieres saber .... ?
   - Lo sé, lo sé : .... tienes mucha hambre, ¿no ?

Dire non

- **No** est bien sûr l'outil de base : il signifie à la fois *non* et, devant un verbe, *ne … pas* (**no quiero**, *je ne veux pas*). Pour le tac au tac de la conversation, il existe quelques formules plus développées. Par exemple : **de ninguna manera**, *aucunement*, ou **por supuesto que no**, *bien sûr que non*.

- Gare à **en absoluto**, qui ne signifie pas *absolument*, mais exactement le contraire ! **¿Me crees? En absoluto**, *Tu me crois ? Absolument pas.*

CHAPITRE 11 : L'INTERROGATION, L'AFFIRMATION ET LA NÉGATION, L'EXCLAMATION

4 Sans relire la leçon, complétez ces trois réponses négatives.

¿Estáis de acuerdo conmigo?

a. ¡Por ....!

b. ¡En ....!

c. ¡De ....!

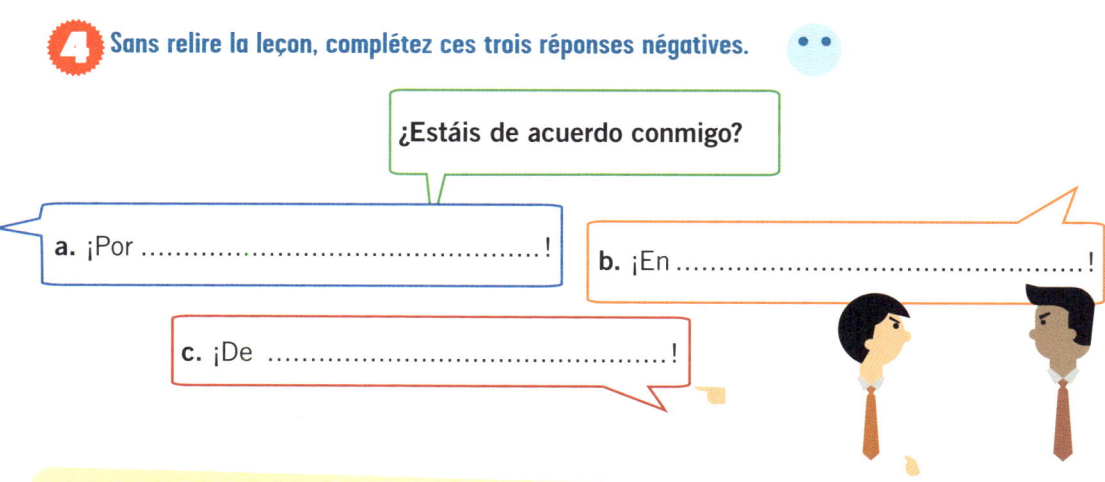

Construction de phrases affirmatives et négatives

- Vous pouvez écrire un pronom ou adverbe à valeur négative à la suite d'un verbe lui-même à la forme négative. Il y a dans ce cas une double négation : **No hay nada**, Il n'y a rien.

- On peut aussi placer le mot négatif devant le verbe : la phrase devient alors négative sans redoubler la négation. **No duerme nadie** ou **Nadie duerme**, Personne ne dort. **No salgo nunca** ou **Nunca salgo**, Je ne sors jamais. **No lo sé tampoco** ou **Tampoco lo sé**, Je ne sais pas non plus.

- **Nada** et **algo** peuvent prendre une valeur de quantification : pas du tout, un peu. **No me gusta nada esta novela**, Je n'aime pas du tout ce roman. **Es algo tonto**, Il est un peu bête.

- **Alguien** et **nadie** représentent des personnes, et sont donc précédés de **a** s'ils sont COD : **Veo a alguien**, Je vois quelqu'un. **No veo a nadie**, Je ne vois personne.

Couples de contraires

algo *quelque chose*	**alguien** *quelqu'un*	**siempre** *toujours*
nada *rien*	**nadie** *personne*	**también** *aussi*
	nunca *jamais*	**tampoco** *non plus*

5 Dites le contraire, avec deux constructions différentes.

Hoy también va a llover.
a. ....
b. ....

Aquí siempre hace frío.
c. ....
d. ....

CHAPITRE 11 : L'INTERROGATION, L'AFFIRMATION ET LA NÉGATION, L'EXCLAMATION

6 Complétez les phrases suivantes avec **NADA** ou **NADIE**, puis traduisez-les.

a. No sé .... / ....
b. .... cena en el cuarto de baño. / ....
c. No quiero .... / ....
d. .... me cree. / ....
e. No escucha a .... / ....
f. No estoy .... contento. / ....
g. No llueve .... / ....
h. .... me escucha. / ....

7 Complétez les phrases suivantes avec **ALGO** ou **ALGUIEN**, puis traduisez-les.

a. ¿Dices .... ? / ....
b. ¿A .... le gusta esta película? / ....
c. ¿Vas a comer .... ? / ....
d. ¿Ves .... ?/ ....
e. Estoy saliendo con .... / ....
f. ¿ .... tiene sed? / ....
g. ¿ .... no está de acuerdo? / ....
h. Está lloviendo .... / ....

Indéfinis à valeur affirmative et négative

Indéfinis à valeur affirmative

- **Alguno(s), alguna(s),** quelqu'un(e), quelques-un(e)s, certain(e)s, sont pronoms ou adjectifs.
- Attention : **alguno** devient **algún** devant un masculin singulier : **¿Alguno sabe la respuesta?**, Quelqu'un sait la réponse ? **Creo que algunas la saben**, Je crois que certaines la savent **¿Practicas algún deporte?**, Tu pratiques un sport ? **¿Escuchas alguna música?**, Tu écoutes une quelconque musique ? **Algunos niños son malos**, Certains enfants sont méchants. **Algunas tortugas viven cien años**, Certaines tortues vivent cent ans.

Indéfinis à valeur négative

- Les pronoms **ninguno**, aucun, et **ninguna**, aucune, admettent deux constructions : **¿Ninguno de vosotros lo sabe?** / **¿No lo sabe ninguno?**, Aucun de vous ne le sait ? **Ninguna de mis amigas me llama** / **No me llama ninguna**, Aucune de mes amies ne m'appelle.
- Comme adjectif, **ninguno** devient **ningún** devant un masculin singulier. **No practico ningún deporte**, Je ne pratique aucun sport. **¿No tienes ninguna amiga?**, Tu n'as aucune amie ?

CHAPITRE 11 : L'INTERROGATION, L'AFFIRMATION ET LA NÉGATION, L'EXCLAMATION

Magasins et commerces

la carnicería *la boucherie*	**el mercado** *le marché*
el centro comercial *le centre commercial*	**la pescadería** *la poissonnerie*
la frutería *le magasin de fruits*	**el supermercado** *le supermarché*
los grandes almacenes *les grands magasins*	**la zapatería** *le magasin de chaussures*

8 Donnez deux traductions pour chacune de ces phrases.

Aucune d'entre vous n'aime les grands magasins ?

a. ....

b. ....

Non, aucun ne me plaît.

c. ....

d. ....

9 Vous cherchez un commerce. Complétez la question que vous poserez et répondez-y négativement : « Est-ce qu'il y a... ? » / « Non, il n'y en a aucun(e). »

a. ¿ .... en esta calle?

b. No, ...

c. ¿ .... por aquí?

d. No, ...

CHAPITRE 11 : L'INTERROGATION, L'AFFIRMATION ET LA NÉGATION, L'EXCLAMATION

10 Barrez les propositions d'indéfinis fautives et complétez la traduction de ces phrases.

a. *Aucune femme n'a horreur d'un magasin de chaussures.*
A [alguna – ninguna – algunas] mujer le horroriza ....

b. *Certains grands magasins sont tristes.*
[Algún – Algunos – Ningún] .... son tristes.

c. *Certaines poissonneries sentent mauvais.*
[Alguna – Algunas – Algún] .... huelen mal.

d. *Il n'y a aucun marché près de chez moi.*
No hay [algún – alguno – ningún] .... cerca de casa.

e. *Connaissez-vous un centre commercial près d'ici ?*
¿Conoce [algún – alguno – ningún] .... cerca de aquí?

f. *Sais-tu l'adresse d'un bon magasin de fruits ?*
¿Sabes la dirección de [algún – alguno – alguna] .... ?

S'exclamer

- Devant un nom, on utilise **¡qué…!** pour faire porter l'exclamation sur la qualité ; ou **¡cuánto(s), cuánta(s)!** si on insiste sur la quantité : **¡Qué casa!**, *Quelle maison!* **¡Qué frío!**, *Quel froid!* **¡Cuánto dinero!**, *Que d'argent!* **¡Cuántos gatos!**, *Que de chats!* **¡Cuántas naranjas!**, *Que d'oranges!*

- Devant un verbe, de même, on pourra s'exclamer avec **¡cómo…!** ou **¡cuánto…!** : **¡Cómo canta!**, *Comme il chante!* **¡Cuánto come!**, *Qu'est-ce qu'il mange!*

- Devant un groupe nom + adjectif, vous trouverez souvent la tournure idiomatique suivante : **¡qué + nom + más + adjectif!** : **¡Qué pan más bueno!**, *Quel bon pain!*

- Lorsque l'exclamation porte sur une phrase complète, on place le verbe après le groupe exclamatif, et le sujet, s'il est exprimé, en toute fin de phrase : **¡Qué alto es!**, *Qu'il est grand!* **¡Qué casa más grande tienes!**, *Quelle grande maison tu as!* **¡Cuántos gatos tiene Elisa!**, *Qu'est-ce qu'Elisa a comme chats!* **¡Cómo bebe el hermano de Juan!**, *Qu'est-ce qu'il boit, le frère de Juan!*

Les achats de vêtements

ancho(a) *large*	**las deportivas** *les baskets*	**el pantalón** *le pantalon*	**el vestido** *la robe*
la camisa *la chemise*	**estrecho(a)** *étroit(e)*	**quedar (bien, mal…)** *aller (bien, mal…)*	**el zapato** *la chaussure*
la camiseta *le tee-shirt*	**la falda** *la jupe*		**la cazadora** *le blouson*
el chándal *le survêtement*	**gastar** *dépenser*	**los vaqueros** *les jeans*	

CHAPITRE 11 : L'INTERROGATION, L'AFFIRMATION ET LA NÉGATION, L'EXCLAMATION

11. Long, court, large ou étroit ? Qualifiez les vêtements représentés au moyen d'exclamations simples, sans verbes.

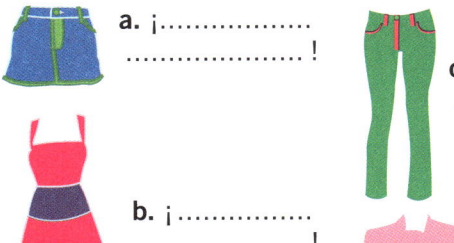

a. ¡.................... !

b. ¡.................... !

c. ¡.................... !

d. ¡.................... !

12. Complétez ces exclamations avec le mot qui convient.

a. ¡.................... gastas en camisas!

b. ¡.................... caros son estos pantalones!

c. ¡.................... zapatos tiene mi vecina!

d. ¡.................... mal te queda esta falda!

e. ¡.................... te gusta comprar ropa!

13. Traduisez ces exclamations.

a. Qu'est-ce que ces chaussures me vont bien !
....

b. Qu'est-ce que tu dépenses en jeans !
....

c. Qu'est-ce que mon frère a comme baskets !
....

d. Quel survêtement horrible (laid) il a, Juan !
....

e. Comme j'aime ton blouson !
....

Bravo, vous êtes venu à bout du chapitre 11 ! Il est maintenant temps de comptabiliser les icônes et de reporter le résultat en page 128 pour l'évaluation finale.

12. Exprimer un souhait, faire une demande, donner un conseil

Formules de souhaits

- Pas besoin de longues phrases, souvent, pour souhaiter quelque chose à quelqu'un. Retenez donc d'abord les « formules désidératives » toutes faites ; **Feliz cumpleaños**, *Joyeux anniversaire*, par exemple, que vous pouvez même chantonner : **Cumpleaños feliz (*bis*), te deseamos todos: cumpleaños feliz.**

- Les formules de la banque de mots ci-contre sont presque toutes transparentes. Précisons que **bienvenida**, *bienvenue*, est tout-terrain, mais que vous pouvez aussi l'accorder : au masculin **bienvenido(s)**, *bienvenu(s)*, et au féminin **bienvenida(s)**, *bienvenue(s)*.

- **Felicidades** s'emploie souvent pour souhaiter *bonne fête* à un ami (les Espagnols fêtent **el santo**, *l'éphéméride*, presque autant que l'anniversaire).

- **Salud**, enfin, a deux usages : *santé*, lorsqu'on trinque, mais aussi *à vos (tes) souhaits*, quand quelqu'un éternue !

Les souhaits

desear
souhaiter, désirer

¡Bienvenida(s), bienvenido(s)!
Bienvenue(s), bienvenu(s) !

¡Buen provecho! / ¡Que aproveche!
Bon appétit !

¡Buen viaje!
Bon voyage !

¡Enhorabuena!
Félicitations !

¡Felicidades!
Bonne fête !

¡Feliz año!
Bonne année !

¡Feliz cumpleaños!
Joyeux anniversaire !

¡Felices fiestas!
Joyeuses fêtes !

¡Feliz Navidad!
Joyeux Noël !

¡Salud!
Santé / À vos (tes) souhaits !

¡Suerte!
Bonne chance !

CHAPITRE 12 : EXPRIMER UN SOUHAIT, FAIRE UNE DEMANDE, DONNER UN CONSEIL

1 Écrivez sous chaque pictogramme la formule de souhaits qui convient.

a. .... c. .... e. ....

b. .... d. .... f. ....

2 Vous voudrez peut-être exagérer vos souhaits en ajoutant « très » ; traduisez ces petits mots.

a. Je te souhaite très bonne chance.

....

b. Nous te souhaitons une très bonne fête.

....

3 En espagnol, on ne « présente » pas ses félicitations, et on ne « souhaite » pas la bienvenue : on les « donne » (verbe **DAR**). Traduisez ces formules.

a. Je te présente mes félicitations.

....

b. Nous vous souhaitons la bienvenue (*vouvoiement*).

....

CHAPITRE 12 : EXPRIMER UN SOUHAIT, FAIRE UNE DEMANDE, DONNER UN CONSEIL

Quiero que..., Je veux que... / Deseo que..., Je souhaite que...

- Si vous exprimez un désir, un souhait ou une volonté dans une phrase complexe (principale + subordonnée), vous entrez comme en français dans le domaine du subjonctif : *Je veux que tu fasses*, *Je souhaite que tu dises*...
- Le subjonctif présent régulier espagnol se forme en changeant les voyelles finales du présent de l'indicatif : les verbes en **-ar** auront des terminaisons en **-e** ; les verbes en **-er** et **-ir** auront des terminaisons en **-a**.

Présent du subjonctif régulier

trabajar	comer	vivir
trabaje	coma	viva
trabajes	comas	vivas
trabaje	coma	viva
trabajemos	comamos	vivamos
trabajéis	comáis	viváis
trabajen	coman	vivan

4 Complétez cette grille de conjugaison au subjonctif présent.

infinitivo	....	....	....
yo	....	....	....
tú	....	**leas**	....
él/ella	....	....	....
nosotros/as	....	....	**hablemos**
vosotros/as	**escribáis**	....	....
ellos/as	....	....	....

5 Dans les phrases suivantes, barrez la forme verbale fautive.

a. Quiero que [llamamos] [llamemos] a nuestro hijo Andrés.
b. No quiero que [corras] [corres] cuando conduces.
c. Queremos que nos [escuchas] [escuches].
d. Tu madre desea que no [gastáis] [gastéis] tanto en ropa.
e. Deseo que mis padres me [crean] [creen].
f. No quiere que [subamos] [subimos] a la buhardilla.
g. Deseamos que [vivís] [viváis] felices.

CHAPITRE 12 : EXPRIMER UN SOUHAIT, FAIRE UNE DEMANDE, DONNER UN CONSEIL

Autres emplois et irrégularités du subjonctif

- Comme en français, le subjonctif est également obligatoire dans la subordonnée :
  - pour exprimer le but : **Te doy su número para que lo llames**, *Je te donne son numéro pour que tu l'appelles.*
  - après les locutions à valeur affective : **No me gusta que hables mal de ella**, *Je n'aime pas que tu parles mal d'elle.*
  - après un verbe d'opinion à la forme négative : **No creo que suba a París**, *Je ne crois pas que je monte à Paris.*

- Le radical du subjonctif, c'est en fait la 1re personne du singulier du présent de l'indicatif. Lorsqu'il s'agit d'un verbe régulier, c'est simple. Par contre, quand le verbe est irrégulier à cette personne, c'est tout le subjonctif qui reproduit l'irrégularité. C'est le cas des verbes en -**go**, en -**zco**, et des verbes à affaiblissement.

Présent de l'indicatif

decir	conducir	pedir
digo	conduzco	pido
dices	conduces	pides
dice	conduce	pide
decimos	conducimos	pedimos
decís	conducís	pedís
dicen	conducen	piden

Présent du subjonctif

decir	conducir	pedir
diga	conduzca	pida
digas	conduzca	pidas
diga	conduzca	pida
digamos	conduzcamos	pidamos
digáis	conduzcáis	pidáis
digan	conduzcan	pidan

 Reformulez ces phrases à la forme négative.

a. Creo que siguen viviendo en Madrid.
....

b. Pienso que mide más de dos metros.
....

c. Me parece que tenéis hambre.
....

CHAPITRE 12 : EXPRIMER UN SOUHAIT, FAIRE UNE DEMANDE, DONNER UN CONSEIL

7 Traduisez les phrases suivantes.

a. Ça me fait peur que tu conduises une moto.
....

b. Ton père n'aime pas que tu sortes avec cette fille.
....

c. Ça me dégoûte que tu manges avec les mains.
....

d. J'ai honte que mon grand-père s'habille en jeans.
....

e. Ça nous fait plaisir qu'ils viennent.
....

f. Ça me fait de la peine que ma grand-mère ne m'entende pas.
....

8 Introduisez les verbes proposés dans la phrase qui convient.

TRADUZCA   ELIGES   DICES   DIGAS   ELIJAS   TRADUZCO

a. Hablo español y francés y .... a los dos idiomas.

b. Entre la naranja y el limón, tú siempre .... el limón.

c. ¿No .... que es tu amigo?

d. Voy a llamar a Miguel para que me .... este libro.

e. Hay carne y pescado, para que .... lo que más te gusta.

f. Lo hace para que .... que es bueno contigo.

CHAPITRE 12 : EXPRIMER UN SOUHAIT, FAIRE UNE DEMANDE, DONNER UN CONSEIL

Emplois particuliers et autres irrégularités du subjonctif

- Pour demander quelque chose (*je te demande de…*), donner un ordre (*je te dis de…*) ou un conseil (*je te conseille de…*), l'espagnol va utiliser **que** + le subjonctif là où le français s'en sort avec **de** + l'infinitif : **Te pido que vengas**, *Je te demande de venir.* **Te digo que trabajes**, *Je te dis de travailler.* **Te aconsejo que hagas deporte**, *Je te conseille de faire du sport.*

- Ne confondez donc pas : **Me dice que trabaja**, *Il me dit qu'il travaille* (indicatif, fait réel) et **Me dice que trabaje**, *Il me dit de travailler* (subjonctif, c'est un ordre).

- Au chapitre des irrégularités du subjonctif, retenez que les verbes à diphtongue modifient leur radical aux mêmes personnes qu'à l'indicatif. Sachez enfin qu'un certain nombre de verbes usuels (**ser**, **estar**, **saber**, **ir**, **ver**) ont un subjonctif présent particulier.

Verbes à diphtongue / subjonctifs particuliers

pensar	ser	estar	saber	ir	ver
piense	sea	esté	sepa	vaya	vea
pienses	seas	estés	sepas	vayas	veas
piense	sea	esté	sepa	vaya	vea
pensemos	seamos	estemos	sepamos	vayamos	veamos
penséis	seáis	estéis	sepáis	vayáis	veáis
piensen	sean	estén	sepan	vayan	vean

Noms de pays

Alemania L'Allemagne	**Inglaterra** L'Angleterre
Francia La France	**Italia** L'Italie
Grecia La Grèce	**Portugal** Le Portugal

9 Traduisez ces phrases.

a. Le digo que duerme mucho.
....

b. Le digo que duerma mucho.
....

c. Mi mujer me dice que me despierto a las seis.
....

d. Mi mujer me dice que me despierte a las seis.
....

CHAPITRE 12 : EXPRIMER UN SOUHAIT, FAIRE UNE DEMANDE, DONNER UN CONSEIL

10 Rédigez ces six conseils et recommandations.
Exemple : a. Je te conseille de visiter la France.

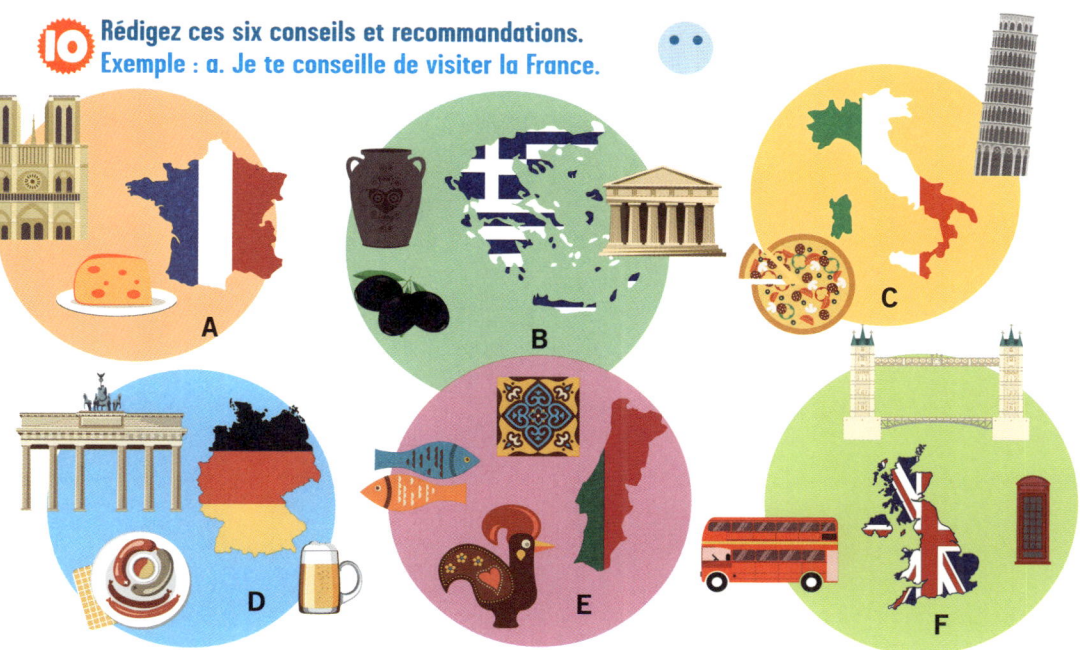

Te aconsejo que… *Os recomiendo que…*

a. [visitar] .... **d.** [estar unos días en] ....
b. [ir a] .... **e.** [vivir un año en] ....
c. [ver] .... **f.** [conocer] ....

11 Conjuguez le verbe entre crochets à l'indicatif ou au subjonctif.

a. El profesor les pide a los alumnos que [saber].............. las conjugaciones españolas.
b. Yo le digo que no las [saber] .... bien porque soy francés.
c. Nos dice que estudiemos más y que no [ser]......................................tan perezosos.
d. Le decimos que [ser]...muy trabajadores.

Bravo, vous êtes venu à bout du chapitre 12 ! Il est maintenant temps de comptabiliser les icônes et de reporter le résultat en page 128 pour l'évaluation finale.

Donner des instructions et interdire

Les injonctions familières

Avant d'entrer dans les subtilités du mode impératif, sachez qu'il existe une formule orale toute simple et bien utile au quotidien pour donner familièrement une consigne : elle consiste à utiliser **a** suivi de l'infinitif. Exemple : **¡A comer!**, *On mange !*

❶ Comment rendriez-vous en espagnol les injonctions suivantes ?

a. On dîne !
....
b. On joue !
....
c. Au dodo !
....
d. Au boulot !
....

Donner un ordre en tutoyant

- L'impératif espagnol au sens strict a deux personnes : la 2e du singulier (**canta**, *chante*) et la 2e du pluriel (**cantad**, *chantez*). Et puisque la 2e personne grammaticale est en espagnol celle du tutoiement, nous sommes ici dans un rapport de familiarité.
- Au singulier, on prend la 2e personne de l'indicatif sans le **-s** final. Au pluriel, on prend l'infinitif et on remplace le **-r** final par un **-d** :

hablas, *tu parles*	**¡habla!**, *parle !*	**¡hablad!**, *parlez !*
comes, *tu manges*	**¡come!**, *mange !*	**¡comed!**, *mangez !*
piensas, *tu penses*	**¡piensa!**, *pense !*	**¡pensad!**, *pensez !*
duermes, *tu dors*	**¡duerme!**, *dors !*	**¡dormid!**, *dormez !*
traduces, *tu traduis*	**¡traduce!**, *traduis !*	**¡traducid!**, *traduisez !*
repites, *tu répètes*	**¡repite!**, *répète !*	**¡repetid!**, *répétez !*

CHAPITRE 13 : DONNER DES INSTRUCTIONS ET INTERDIRE

 Complétez ce tableau de l'impératif.

infinitivo	desayunar	…………	…………	…………
tú	…………	lee	…………	juega
vosotros	…………	…………	subid	…………

infinitivo	volver	…………	…………	elegir
tú	…………	…………	oye	…………
vosotros	…………	conducid	…………	…………

3 **Complétez les phrases suivantes à l'impératif, en vous servant de formes verbales prises dans le tableau précédent. Repérez bien, dans la phrase donnée, si on s'adresse à un TÚ ou à un VOSOTROS.**

a. …………… este libro, te lo recomiendo.

b. Niños, ¡……………! bien! Es importante para estar en forma todo el día.

c. De acuerdo, ……………… al fútbol con vuestros amigos si queréis.

d. Me das miedo, ……………… más lento, por favor.

e. ……………… un poco la tele, Carmen, no se oye nada.

f. De acuerdo, estáis muy cansados: ……………… a casa y mañana seguimos.

g. ¿Carne o pescado? ……………… lo que más te gusta.

h. Silencio, ……………… bien lo que os voy a decir.

Impératifs irréguliers

Ils sont au nombre de huit, mais l'irrégularité ne concerne que le singulier ; la 2e personne du pluriel suit le modèle normal et se forme à partir de l'infinitif (avec un **-d** à la place du **-r** final).

infinitivo	hacer	poner	tener	salir	venir	decir	ser	ir
tú	haz	pon	ten	sal	ven	di	sé	ve
vosotros	haced	poned	tened	salid	venid	decid	sed	id

CHAPITRE 13 : DONNER DES INSTRUCTIONS ET INTERDIRE

4 Transformez ces phrases en ordres à l'impératif, au singulier ou au pluriel.

a. Te recomiendo que salgas con tus amigos.
¡ .... !

b. Os aconsejo que vayáis a visitar el Prado.
¡ .... !

c. Te digo que hagas tu cama.
¡ .... !

d. Quiero que pongáis las sillas en el salón.
¡ .... !

e. Me gusta que vengas a casa a cenar.
¡ .... !

f. Os pido que seáis buenos.
¡ .... !

g. Quiero que siempre tengas café en casa.
¡ .... !

h. Deseo que digáis lo que pensáis.
¡ .... !

L'impératif et le pronom personnel

- Observez l'impératif *aide-moi*. Vous remarquez qu'un trait d'union relie la forme verbale au pronom qui la suit. L'espagnol va plus loin : il accroche le pronom à l'impératif : **ayúdame**. Ce phénomène, nommé « enclise », se produit d'ailleurs aussi à l'infinitif : *s'appeler*, vous le savez, se dit **llamarse**.

- L'enclise a une conséquence ; puisqu'on ajoute une syllabe, un accent écrit apparaît : **Léelo**, *Lis-le* (l'accent tonique remonte sur l'avant-avant-dernière syllabe et on doit donc l'écrire).

- Quand il y a deux pronoms à la suite, on les accroche tous deux (toujours le COI d'abord, et le COD ensuite) : **Dámelo**, *Donne-le-moi*.

- Attention : lorsque deux pronoms de 3e personne se suivent, le COI n'est plus **le** ou **les** mais **se** : non pas « **le lo digo** » ou « **les lo digo** », mais **se lo digo**, *je le lui dis / je le leur dis*. Du coup, à l'impératif, on aura : **díselo**, *dis-le-lui / dis-le-leur*.

CHAPITRE 13 : DONNER DES INSTRUCTIONS ET INTERDIRE

La table et les couverts

lavar	**los cubiertos**	**el cuchillo**	**el plato**	**el tenedor**
laver	*les couverts*	*le couteau*	*l'assiette*	*la fourchette*
recoger	**la cuchara**	**el mantel**	**la servilleta**	**el vaso**
débarrasser	*la cuillère*	*la nappe*	*la serviette*	*le verre*

5 Rédigez l'ordre correspondant à chaque pictogramme. Mettez le verbe proposé au tutoiement singulier, et le complément au pluriel s'il y a plusieurs objets représentés.

a. .... [recoger]   c.  [poner]

....

b.  [lavar]   d. .... [tener]

....

6 Reprenez les phrases de l'exercice précédent, en remplaçant le COD par le pronom personnel qui lui correspond. Exemple : Débarrasse les assiettes / Débarrasse-les.

a. ....   c. ....

b. ....   d. ....

7 Si vous êtes à table avec des Espagnols, vous pourrez être amené à dire *Passe-moi ci, passe-moi ça*. Traduisez les phrases suivantes, puis reformulez-les en remplaçant le COD par un pronom personnel.

Passe-moi les couverts.   *Passe-nous les verres.*
a. ....   e. ....
b. ....   f. ....

Passe-lui le couteau.   *Passe-leur la fourchette.*
c. ....   g. ....
d. ....   h. ....

CHAPITRE 13 : DONNER DES INSTRUCTIONS ET INTERDIRE

Cas particulier : l'impératif des verbes pronominaux

- Au singulier, les verbes pronominaux suivent la règle : le pronom personnel **te** s'accroche à la forme verbale : **levántate**, *lève-toi*.
- Au pluriel, en revanche, la forme normale serait [**levantad** + **os** = **levantados**], mais le **-d** tombe ; on a donc : **levantaos**, *levez-vous*.

8 Mettez ces impératifs au pluriel.

a. ¡Duérmete!

....

b. ¡Despiértate!

....

c. ¡Acuéstate!

....

L'impératif à la 1re personne du pluriel

- Pour donner un ordre à la 1re personne du pluriel, on se sert du subjonctif : **comamos**, *mangeons* ; **cantemos**, *chantons*.
- Les verbes pronominaux ont une petite singularité ; le **-s** final de la forme verbale tombe devant le pronom : **levantémo[s]nos** / **levantémonos**, *levons-nous*.

9 Traduisez ces phrases.

a. Réveillons-nous ! ....

b. Mettons la table ! ....

c. Dînons ! ....

d. Couchons-nous ! ....

L'interdiction

L'interdiction s'exprime par **no + subjonctif**.

si on tutoie	si on vouvoie
No hables, *Ne parle pas.*	**No hable, señor**, *Ne parlez pas, monsieur.*
No habléis, *Ne parlez pas.*	**No hablen, señores**, *Ne parlez pas, messieurs.*

CHAPITRE 13 : DONNER DES INSTRUCTIONS ET INTERDIRE

10 Transformez ces impératifs en interdictions.

a. ¡Duerme! ....
b. ¡Cantad! ....
c. ¡Haz tu trabajo! ....
d. ¡Ve a esa fiesta! ....

L'impératif quand on vouvoie

On utilise le subjonctif pour marquer le vouvoiement de politesse. Comme vous le savez, l'outil grammatical de la politesse en espagnol, c'est la 3e personne. Ce sera donc ici la 3e personne du subjonctif : **Hable, señor**, *Parlez, monsieur*. **Hablen, señores**, *Parlez, messieurs*. **Levántese, señor**, *Levez-vous, monsieur*. **Levántense, señores**, *Levez-vous, messieurs*.

11 Passez du tutoiement au vouvoiement et inversement.

a. ¡Ven a verme! ....
b. ¡Dígame! ....
c. ¡Sed buenos! ....
d. ¡Aprendan español! ....

L'omelette espagnole

el aceite *l'huile*	**la patata** *la pomme de terre*	**añadir** *ajouter*	**cubrir** *couvrir*	**echar** *verser*	**mover*** *bouger*
la cebolla *l'oignon*	**la sal** *le sel*	**batir** *battre*	**dar la vuelta** *retourner*	**escurrir** *égoutter*	**pelar** *éplucher*
el colador *la passoire*	**la sartén** *la poêle*	**cortar** *couper*	**degustar** *déguster*	**freír** *frire*	
el huevo *l'œuf*	**la tortilla** *l'omelette*	**cuajar** *saisir*	**dejar** *laisser*	**mezclar** *mélanger*	

CHAPITRE 13 : DONNER DES INSTRUCTIONS ET INTERDIRE

12. Les huit photographies ci-dessous représentent la recette de la **TORTILLA ESPAÑOLA** dans son déroulement. Dans les huit zones de texte, en revanche, les opérations sont dans le désordre. Reportez face à chaque chiffre de photo la lettre du texte qui lui correspond.

1. ....

3. ....

5. ....

7. ....

2. ....

4. ....

6. ....

8. ....

A. Cubrir el fondo de la sartén con dos cucharas de aceite y echar la mezcla.

B. Servir y degustar. ¡Buen provecho!

C. Darle la vuelta a la tortilla.

D. Batir los huevos, salar y añadir las patatas y cebollas fritas.

E. Pelar y cortar las patatas y las cebollas.

F. Cuando están fritas, escurrirlas en un colador.

G. Freír las patatas y cebollas en abundante aceite.

H. Mover ligeramente la sartén y cuajar la tortilla.

CHAPITRE 13 : DONNER DES INSTRUCTIONS ET INTERDIRE

13 La recette est rédigée à l'infinitif. Soulignez les 14 verbes qui la composent. Réécrivez-les, dans l'ordre de déroulement, sous la forme d'impératifs au tutoiement singulier : « épluchez… », etc.

a. ....
b. ....
c. ....
d. ....
e. ....
f. ....
g. ....
h. ....
i. ....
j. ....
k. ....
l. ....
m. ....
n. ....

14 Même exercice au vouvoiement singulier

a. ....
b. ....
c. ....
d. ....
e. ....
f. ....
g. ....
h. ....
i. ....
j. ....
k. ....
l. ....
m. ....
n. ....

Bravo, vous êtes venu à bout du chapitre 13 ! Il est maintenant temps de comptabiliser les icônes et de reporter le résultat en page 128 pour l'évaluation finale.

93

S'exprimer au passé (1)

L'imparfait de l'indicatif

- C'est le temps qui vous posera le moins de problèmes. Il est très simple à former : on prend le radical de l'infinitif et on ajoute des terminaisons en **-aba** pour les verbes en **-ar** et en **-ía** pour les verbes en **-er** et en **-ir**. Il faut juste être attentif à l'accent tonique : toujours sur le **-í** et à la 1ʳᵉ personne du pluriel pour les verbes en **-ar**.

hablar	tener	vivir
hablaba	tenía	vivía
hablabas	tenías	vivías
hablaba	tenía	vivía
hablábamos	teníamos	vivíamos
hablabais	teníais	vivíais
hablaban	tenían	vivían

- Il y a en tout et pour tout trois verbes irréguliers : **ser**, **ir** et **ver**.

ser	ir	ver
era	iba	veía
eras	ibas	veías
era	iba	veía
éramos	íbamos	veíamos
erais	ibais	veíais
eran	iban	veían

- L'imparfait a pratiquement les mêmes valeurs et les mêmes usages en français et en espagnol. C'est par exemple le temps de la description et celui du récit d'habitudes : **Llovía y los árboles se movían**, *Il pleuvait et les arbres bougeaient.* **Me levantaba todos los días a las siete**, *Je me levais tous les jours à sept heures.*

1 Complétez ce tableau des conjugaisons à l'imparfait.

infinitivo	yo	tú	él, ella, usted	nosotros, nosotras	vosotros, vosotras	ellos, ellas, ustedes
....	pensaba	....	pensaba	....	....	....
....	....	leías	....	....	....	leían
....	....	....	....	....	os movíais	se movían
acostarse	me	....	....	....	....	....

CHAPITRE 14 : S'EXPRIMER AU PASSÉ (1)

Le courrier, hier et aujourd'hui

mandar *envoyer*	**hoy** *aujourd'hui*	**la carta** *la lettre*	**el móvil** *le portable*	**el sello** *le timbre*
recibir *recevoir*	**el bolígrafo** *le stylo*	**el estanco** *le bureau de tabac*	**la pantalla** *l'écran*	**el sobre** *l'enveloppe*
ahora *maintenant*	**el buzón** *la boîte aux lettres*	**el mensaje** *le message*	**el papel** *le papier*	
antes *avant*			**la postal** *la carte postale*	

2 Les Schtroumpfs s'appellent en Espagne les **PITUFOS** et, comme leurs homologues francophones, ils ne connaissent qu'un verbe : **PITUFAR**, schtroumpfer. Réécrivez ce petit texte, en introduisant les verbes proposés et en mettant le mot qui convient à la place de chaque pictogramme.

COMPRAR – DAR – DEJAR – ECHAR – ENCANTAR – ESCRIBIR – IR – MANDAR – QUERER – RECIBIR – SER

Antes, cuando pitufabas [................] comunicarte con la familia y los amigos,

todo pitufaba [................] mucho más largo que ahora. Pitufábamos [................]

la [................] con el [................], pitufábamos [................]

al estanco, pitufábamos [................] un [................] y un

[................] y lo pitufábamos [................] al [................].

Hoy pitufas [................] un mensaje con el [................], ¡y ya!

Pitufamos [................] el [................] y nos pitufan [................]

las [................], pero a mi me pitufaba [................] más gusto

cuando pitufaba [................] una [................].

CHAPITRE 14 : S'EXPRIMER AU PASSÉ (1)

Le passé simple de l'indicatif régulier

- Le radical est celui de l'infinitif. Les modèles réguliers en **-ar** ont des terminaisons en : **-é** / **-aste** / **-ó** / **-amos** / **-asteis** / **-aron**.
- Les modèles réguliers en **-er** et en **-ir** ont des terminaisons en : **-í** / **-iste** / **-ió** / **-imos** / **-isteis** / **-ieron**.
- Soyez donc très attentif à l'accentuation. Elle détermine la prononciation et une erreur peut vous faire dire un temps à la place d'un autre : **canté**, *je chantai* (passé simple) / **cante**, *que je chante* (subjonctif) ; **cantó**, *il chanta* / **canto**, *je chante* ; **¿te gustó?**, *ça t'a plu ?* / **¿te gusto?**, *je te plais ?*

hablar	comer	vivir
hablé	comí	viví
hablaste	comiste	viviste
habló	comió	vivió
hablamos	comimos	vivimos
hablasteis	comisteis	vivisteis
hablaron	comieron	vivieron

- En français, le passé simple se cantonne pratiquement à la langue littéraire et au récit d'événements historiques. Dans l'usage parlé, il est couramment remplacé par le passé composé.
- Rien de tel en espagnol : on l'utilise dès qu'on parle d'événements passés dont on ne sent pas les prolongements dans le présent : **¿Qué comiste ayer?**, *Qu'as-tu mangé hier ?* (littéralement : *que mangeas-tu hier ?*).

3 Voici quinze formes conjuguées des verbes suivants : **LAVAR, DESCUBRIR, PENSAR, VOLVER, CORRER**. Barrez les formes qui ne peuvent en aucun cas être des passés simples.

Repères temporels du passé

ayer
hier

anoche
la nuit dernière

anteayer
avant-hier

el año pasado
l'année dernière

la semana pasada
la semaine dernière

CHAPITRE 14 : S'EXPRIMER AU PASSÉ (1)

4 Voici des couples de phrases ; l'une évoque le présent et l'autre un fait révolu du passé, en utilisant le même verbe. Conjuguez-les au temps qui convient.

[salir]

a. Los sábados, si no estoy cansado, ... con mis amigos.

b. El sábado pasado no .... con mis amigos.

[acostarse]

c. Dime, Pedro: ¿a qué hora .... anoche?

d. Yo siempre .... a las diez en punto.

[jugar]

e. Ayer el Barça .... muy bien.

f. Esta tarde .... el Real Madrid.

[recoger]

g. Mis hijos nunca .... los platos.

h. Anteayer, por mi cumpleaños, mis hijos .... los platos.

5 Complétez la traduction de ces phrases.

a. *Christophe Colomb a découvert l'Amérique en 1492.*
Cristóbal Colón .... América en 1492.

b. *Il savait que la Terre était ronde.*
.... que la Tierra .... redonda.

c. *En arrivant, il pensa qu'il était en Inde.*
Al llegar, ... que .... en la India.

d. *C'est pourquoi il a appelé Indiens les habitants.*
Por eso .... indios a los habitantes.

CHAPITRE 14 : S'EXPRIMER AU PASSÉ (1)

Le passé composé

- L'espagnol distingue clairement ce qui appartient à une période du passé avec laquelle il est encore en contact, mentalement ou réellement (passé composé), et le passé inactuel (passé simple). **Esta mañana he desayunado con Miguel**, *Ce matin, j'ai pris mon petit déjeuner avec Miguel*. **Anteayer desayuné con Miguel**, *Avant-hier, j'ai pris mon petit déjeuner avec Miguel*.

- Les temps composés sont plus simples en espagnol qu'en français, car il n'y a qu'un auxiliaire (**haber**, *avoir*) et non pas deux, *avoir* et *être* (*j'ai mangé / je suis tombé*).

- **Haber** est suivi du participe passé invariable, formé sur le radical de l'infinitif et terminé en -**ado** (verbes en -**ar**) ou en -**ido** (verbes en -**er** et en -**ir**).

pensar	correr
he pensado	he corrido
has pensado	has corrido
ha pensado	ha corrido
hemos pensado	hemos corrido
habéis pensado	habéis corrido
han pensado	han corrido

6 Traduisez ces phrases en utilisant le passé composé.

a. Tu es sortie ce matin ? ....

b. Nous sommes allés en Espagne. ....

c. Je suis venu te voir. ....

d. Qui a demandé du poisson ? ....

Le passé composé : un piège, des irrégularités

- Il y a une règle d'usage à retenir : contrairement au français, l'espagnol ne sépare pas l'auxiliaire et le participe dans un temps composé. Un éventuel adverbe se place donc après le participe : **He comido bien**, *J'ai bien mangé*.

- Les seules difficultés morphologiques au passé composé concernent le participe passé, qui comporte de nombreuses formes irrégulières. Voyez dans le tableau ci-contre celles des verbes que nous avons déjà rencontrés.

cubrir	cubierto
decir	dicho
escribir	escrito
hacer	hecho
poner	puesto
ver	visto
volver	vuelto

CHAPITRE 14 : S'EXPRIMER AU PASSÉ (1)

Les quantificateurs

bastante
assez

mucho
beaucoup

demasiado
trop

poco
peu

7 Traduisez les phrases suivantes.

a. J'ai trop dormi.
....

b. Vous avez beaucoup travaillé. (*tutoiement pluriel*)
....

c. Tu as assez bu.
....

d. Elles ont peu dépensé.
....

8 Introduisez ces formes verbales dans la phrase qui convient.

he cubierto / ha dicho / habéis escrito / has vuelto / hemos hecho / han puesto / ha visto

a. ¿Alguien .... al gato?

b. Me .... bien porque hace frío.

c. Se .... la gabardina porque está lloviendo.

d. ¿ .... a vuestros abuelos?

e. ¿Qué .... usted?

f. ¿ .... a cenar en ese restaurante tan malo?

g. .... una tortilla muy buena.

Bravo, vous êtes venu à bout du chapitre 14 ! Il est maintenant temps de comptabiliser les icônes et de reporter le résultat en page 128 pour l'évaluation finale.

15
S'exprimer au passé (2)

Les passés simples forts

- Autant l'imparfait est morphologiquement simple, autant le passé simple est riche d'irrégularités. Le groupe irrégulier le plus important est composé de verbes très usuels, qui ont pour la plupart une même terminaison : -**e**, -**iste**, -**o**, -**imos**, -**isteis**, -**ieron**.

- Vous pouvez le voir dans l'exemple de **estar**, ces terminaisons <u>ne portent pas d'accent écrit</u>, comme les passés simples réguliers à certaines personnes. De plus, le radical est très différent de celui de l'infinitif.

estar (être)	
estuve	je fus
estuviste	tu fus
estuvo	il/elle fut
estuvimos	nous fûmes
estuvisteis	vous fûtes
estuvieron	ils/elles furent

- Voyons les sept autres verbes de ce modèle que nous avons déjà rencontrés (l'ensemble des irréguliers se trouve à la fin du cahier).

Autres irréguliers de mêmes terminaisons	
hacer	hice, hiciste, hizo, hicimos, hicisteis, hicieron
poder	pude, pudiste, pudo, pudimos, pudisteis, pudieron
poner	puse, pusiste, puso, pusimos, pusisteis, pusieron
querer	quise, quisiste, quiso, quisimos, quisisteis, quisieron
saber	supe, supiste, supo, supimos, supisteis, supieron
tener	tuve, tuviste, tuvo, tuvimos, tuvisteis, tuvieron
venir	vine, viniste, vino, vinimos, vinisteis, vinieron

- Apparenté à ce groupe de verbes, **decir** diffère par la terminaison de la 3ᵉ personne du pluriel, en -**eron** et non en -**ieron**.

decir (dire)	
dije	je dis
dijiste	tu dis
dijo	il/elle dit
dijimos	nous dîmes
dijisteis	vous dîtes
dijeron	ils/elles dirent

- **Ser** et **ir**, enfin, ont la même conjugaison, et des terminaisons irrégulières également.

ser / ir (être/aller)	
fui	je fus / j'allai
fuiste	tu fus / allas
fue	il/elle fut / alla
fuimos	nous fûtes / allâmes
fuisteis	vous fûtes / allâtes
fueron	ils/elles furent / allèrent

CHAPITRE 15 : S'EXPRIMER AU PASSÉ (2)

1 Dans cette grille se trouvent cinq passés simples (horizontalement, verticalement et en diagonale) ; entourez-les.

U	T	A	S	O	P	E
N	D	U	A	F	U	I
Q	A	Y	V	E	D	F
U	U	D	E	J	I	U
I	H	I	Z	O	M	S
S	A	J	S	I	O	T
U	T	O	S	O	S	E

2 Écrivez les cinq verbes trouvés et leur infinitif entre parenthèses.

a. ....
b. ....
c. ....
d. ....
e. ....

Les points cardinaux

el **Este** el **Oeste**
l'est *l'ouest*
el **Norte** el **Sur**
le nord *le sud*

3 Introduisez les formes trouvées dans la grille à l'intérieur de la phrase qui convient.

a. El verano pasado .... de vacaciones al Sur.

b. Un amigo me .... que siempre hacía buen tiempo.

c. Pero no .... bañarnos porque llovía.

d. En pleno mes de agosto, ¡ .... frío!

e. Y mi mujer no .... salir de casa.

101

CHAPITRE 15 : S'EXPRIMER AU PASSÉ (2)

4 Complétez ces phrases en y insérant **SER** ou **ESTAR** au passé simple.

a. Yo, el mes pasado, ... en el Norte. Me encantó.

b. ¡..................................... unas vacaciones estupendas!

c. Yo siempre .... más amante del frío que del calor.

d. .... una semana, mi mujer y yo, en un albergue.

5 Traduisez ces phrases.

a. J'ai mis la table hier.
....

b. Colomb n'a jamais su qu'il était en Amérique.
....

c. Mes grands-parents ont eu quatre enfants.
....

d. Pourquoi n'êtes-vous pas venus pour mon anniversaire ?
....

Autres irrégularités au passé simple

- Les verbes à affaiblissement (modèle **pedir**) ont des particularités au passé simple. Le -**e** du radical devient un -**i** à la 3e personne du singulier et à celle du pluriel.
- Il existe une autre catégorie de verbes, dits « à alternance », parce qu'ils alternent deux irrégularités : la diphtongaison et l'affaiblissement. Leur radical change, lui aussi, aux 3e personnes du passé simple. Exemples : le -**e** de **sentir** devient un -**i** et le -**o** de **dormir** devient un -**u**.

pedir	sentir	dormir
pedí	sentí	dormí
pediste	sentiste	dormiste
pidió	sintió	durmió
pedimos	sentimos	dormimos
pedisteis	sentisteis	dormisteis
pidieron	sintieron	durmieron

CHAPITRE 15 : S'EXPRIMER AU PASSÉ (2)

6 Ces phrases contiennent des verbes présentant les irrégularités expliquées dans la leçon. Transposez-les, du présent au passé simple.

a. ¿Por qué me mientes? ....
b. Siempre prefiero el Sur al Norte. ....
c. Cristóbal Colón muere en 1506. ....
d. Seguimos este coche durante una hora. ....
e. ¿Cuándo elegís a vuestro presidente? ....
f. Algunos amigos míos prefieren no votar. ....

7 Traduisez les phrases suivantes.

a. Avez-vous bien dormi la nuit dernière, monsieur ? ....
b. Est-ce que ce livre t'a servi ? ....
c. Quels vêtements as-tu portés hier ? ....
d. Ils ne m'ont pas demandé d'argent. ....

Verbes en -ducir au passé simple

- Il existe quelques verbes courants, terminés en **-ducir**, qui présentent deux particularités de conjugaison. Vous connaissez la première : une 1re personne du présent en **-zco** : **conduzco**, *je conduis*. La seconde concerne le passé simple : une terminaison en **-je**, **-jiste**, etc., comme vous pouvez le voir ci-contre :

conduje	je conduisis
condujiste	tu conduisis
condujo	il/elle conduisit
condujimos	nous conduisîmes
condujisteis	vous conduisîtes
condujeron	ils/elles conduisirent

CHAPITRE 15 : S'EXPRIMER AU PASSÉ (2)

8 Cochez la bonne traduction.

a. *Me introduje en la casa.*
◯ Il m'a introduit dans la maison.
◯ Je me suis introduit dans la maison.
◯ Je m'introduis dans la maison.

b. *No produjo nada.*
◯ Je n'ai rien produit.
◯ Je ne produis rien.
◯ Il n'a rien produit.

c. *Tradujisteis esta novela.*
◯ Vous avez traduit ce roman.
◯ Vous traduisez ce roman.
◯ Tu as traduit ce roman.

d. *Conducís demasiado rápido.*
◯ Vous avez conduit trop vite.
◯ Tu conduis trop vite.
◯ Vous conduisez trop vite.

Verbes particuliers au passé simple

- Un certain nombre de verbes en **-er** et **-ir**, dont le radical se termine par une voyelle (**le-er**, *lire* ; **o-ír**, *entendre* ; **ca-er**, *tomber*, etc.), ont un passé simple à irrégularités aux 3ᵉ personnes : un **-y** s'intercale devant la terminaison.

- **Dar**, *donner*, suit curieusement les terminaisons des verbes en **-er** et **-ir** au passé simple. De plus, comme les monosyllabes, il ne porte pas l'accent écrit. C'est aussi par exemple le cas de **ver**, *voir* : **vi**, **viste**, **vio**…, *je vis, tu vis, il vit…*

leer	oír	dar
leí	oí	di
leíste	oíste	diste
leyó	oyó	dio
leímos	oímos	dimos
leísteis	oísteis	disteis
leyeron	oyeron	dieron

9 Complétez les traductions suivantes au passé simple.

a. *Je n'ai pas bien lu le mode d'emploi.* No ……………………… bien el modo de empleo.

b. *Tu n'as pas lu ce que j'ai écrit hier sur mon blog ?* ¿No ……………………………………… lo que …………… ayer en mi blog?

c. *Vous n'avez rien entendu, monsieur ?* ¿No ……………………………… usted nada, señor?

d. *Non, je n'ai pas entendu le coup de sifflet.* No, no ……………………………… el silbato.

e. *Mes parents m'ont donné un peu d'argent.* Mis padres me ………… un poco de dinero.

f. *Tu n'as pas eu peur ?* ¿No te ……………………………………………………… miedo?

CHAPITRE 15 : S'EXPRIMER AU PASSÉ (2)

10 Voici en quelques phrases un petit récit : l'histoire d'un vol de portefeuille. Nous vous donnons les verbes à l'infinitif : à vous de les remettre dans les phrases, au temps qui vous semble convenir (passé composé, imparfait ou passé simple).

robar	**caer**	**darse**	**ser**
voler	*tomber*	**cuenta**	*être*
volver	**insistir**	*se rendre*	**llevar**
revenir	*insister*	*compte*	*porter*
chocar	**despedirse**	**tener**	**decir**
heurter	*prendre congé*	*avoir*	*dire*

a. ¡Policía, policía! ¡Un joven me .... la cartera!

b. Yo .... tranquilamente del mercado, cuando de pronto ese chico .... conmigo.

c. Toda la compra .... al suelo.

d. El muchacho .... en recogerla y .... muy amablemente.

e. Y entonces .... de que ya no .... la cartera.

f. .... bajito y .... un tatuaje en el brazo que .... : "Mamá, te quiero".

Pour suivre l'histoire…

amablemente
aimablement

la cartera
le portefeuille

la compra
les courses

de pronto
soudain

entonces
alors

el mercado
le marché

el muchacho
le jeune homme

la policía
la police

el suelo
le sol

te quiero
je t'aime

ya no
ne plus

Bravo, vous êtes venu à bout du chapitre 15 ! Il est maintenant temps de comptabiliser les icônes et de reporter le résultat en page 128 pour l'évaluation finale.

16
Envisager l'avenir et l'irréel

Manières d'exprimer le futur

- Comme en français, un événement à venir peut s'exprimer par une périphrase, avec le verbe *aller*. Ce « futur proche » est (comme le passé composé pour le passé) un peu à cheval sur le présent. Attention, le verbe **ir**, *aller*, est suivi en espagnol de la préposition **a**, même devant un infinitif : **Voy a trabajar**, *Je vais travailler.* **Va a llover**, *Il va pleuvoir.*

- Le futur comme forme verbale est comme en français construit sur l'infinitif, auquel on ajoute des terminaisons dérivées de l'auxiliaire *avoir* : **trabajaré**, *je travaillerai* ; **trabajarás**, *tu travailleras*, etc. Attention à l'accent écrit sur la dernière syllabe, sauf à la 1re personne du pluriel.

trabajaré	je travaillerai
trabajarás	tu travailleras
trabajará	il/elle travaillera
trabajaremos	nous travaillerons
trabajaréis	vous travaillerez
trabajarán	ils/elles travailleront

- Les irrégularités ne concernent que le radical. Il y a douze verbes irréguliers (voir tableau complet en fin de cahier) ; nous avons déjà rencontré les suivants :

decir	diré, dirás, dirá…
haber	habré, habrás, habrá…
hacer	haré, harás, hará…
poder	podré, podrás, podrá…
poner	pondré, pondrás, pondrá…
querer	querré, querrás, querrá…
saber	sabré, sabrás, sabrá…
salir	saldré, saldrás, saldrá…
tener	tendré, tendrás, tendrá…
venir	vendré, vendrás, vendrá…

CHAPITRE 16 : ENVISAGER L'AVENIR ET L'IRRÉEL

1 Reformulez ces bonnes résolutions de Nouvel An en remplaçant le futur proche par un futur.

a. Este año vamos a hacer deporte. ....
b. Voy a correr una hora por día. ....
c. Vais a perder peso. ....
d. No vas a beber alcohol. ....
e. No se van a acostar tan tarde. ....
f. Mi vida va a ser diferente. ....

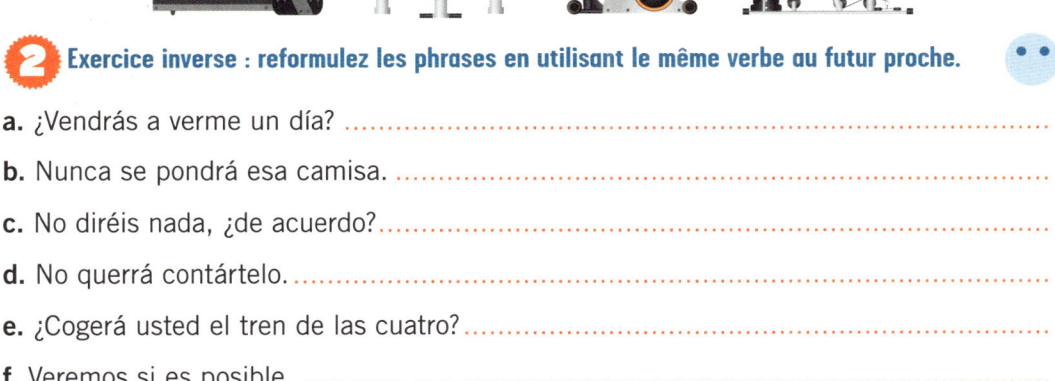

2 Exercice inverse : reformulez les phrases en utilisant le même verbe au futur proche.

a. ¿Vendrás a verme un día? ....
b. Nunca se pondrá esa camisa. ....
c. No diréis nada, ¿de acuerdo? ....
d. No querrá contártelo. ....
e. ¿Cogerá usted el tren de las cuatro? ....
f. Veremos si es posible. ....

Situer dans le temps

dentro de una hora
dans une heure

el año que viene
l'année prochaine

el próximo jueves
jeudi prochain

la semana próxima
la semaine prochaine

mañana
demain

pasado mañana
après-demain

pronto
bientôt

todavía no
pas encore

ya
déjà

CHAPITRE 16 : ENVISAGER L'AVENIR ET L'IRRÉEL

3 Rédigez les réponses au futur, sur ce modèle.
- ¿Has hecho ya tu cama? [–> plus tard]
- No, todavía no. Más tarde la haré.

a. ¿Has escrito ya la carta para la abuela? [–> demain]
No, todavía no. ....

b. ¿Sabéis ya todas las conjugaciones?
[–> l'année prochaine]
No, todavía no. ....

c. ¿Han vuelto ya de vacaciones? [–> dans deux semaines]
No, todavía no. ....

d. ¿Has visto ya al médico? [–> après-demain]
No, todavía no. ....

e. ¿Se lo habéis dicho ya? [–> bientôt]
No, todavía no. ....

f. ¿Ha salido ya del hospital? [–> lundi prochain]
No, todavía no. ....

g. ¿Tienes ya dieciocho años? [–> l'été prochain]
No, todavía no. ....

Le futur dans la subordonnée temporelle et relative

- Dans la phrase **No sé cuándo tendré dinero**, *Je ne sais pas quand j'aurai de l'argent*, vous remarquez que **cuándo** porte l'accent écrit, typique des mots interrogatifs. Il s'agit de fait d'une interrogative indirecte, qui s'exprime aux mêmes temps qu'en français.

- Mais attention ! Lorsque **cuando** (sans accent) introduit une subordonnée de temps, le futur est impossible : on le remplace en espagnol par le subjonctif présent. Ne dites donc jamais **Cuando tendré dinero, iré a México**, mais **Cuando tenga dinero, iré a México**, *Quand j'aurai de l'argent, j'irai au Mexique*.

- La même règle s'applique dans la subordonnée relative. Ne dites pas : **Haz lo que podrás**, mais **Haz lo que puedas**, *Fais ce que tu pourras*.

CHAPITRE 16 : ENVISAGER L'AVENIR ET L'IRRÉEL

4 Quelle est la bonne traduction pour chacune des phrases ?

a. *Quand tu auras envie, dis-le-moi.*
☐ Cuando tengas ganas, dímelo.
☐ Cuando tendrás ganas, dímelo.

b. *Je ne sais pas à quelle heure je sortirai.*
☐ No sé a qué hora salga.
☐ No sé a qué hora saldré.

c. *Fais ce que tu voudras.*
☐ Haz lo que querrás.
☐ Haz lo que quieras.

d. *Quand tu le verras, pose-lui la question.*
☐ Cuando lo verás, pregúntale.
☐ Cuando lo veas, pregúntale.

e. *Je me demande quand il viendra.*
☐ Me pregunto cuándo venga.
☐ Me pregunto cuándo vendrá.

f. *Je ferai ce que tu diras.*
☐ Haré lo que digas.
☐ Haré lo que dirás.

5 Traduisez ces phrases.

a. Quand tu te réveilleras, appelle-moi. ....

b. Quand ils seront à la maison, dis-le-moi. ....

c. Sais-tu à quelle heure nous dînerons ? ....

d. Nous dînerons quand nous pourrons. ....

6 Transformez ces phrases selon le modèle. **Je ne peux pas te parler de lui parce que je ne le connais pas bien. / Quand je le connaîtrai bien, je pourrai te parler de lui.**

a. No puedo hablarte de él porque no lo conozco bien.
....

b. No salimos a pasear porque no hace buen tiempo.
....

c. No leo más libros porque no tengo tiempo.
....

d. No habláis mejor español porque no vais a España.
....

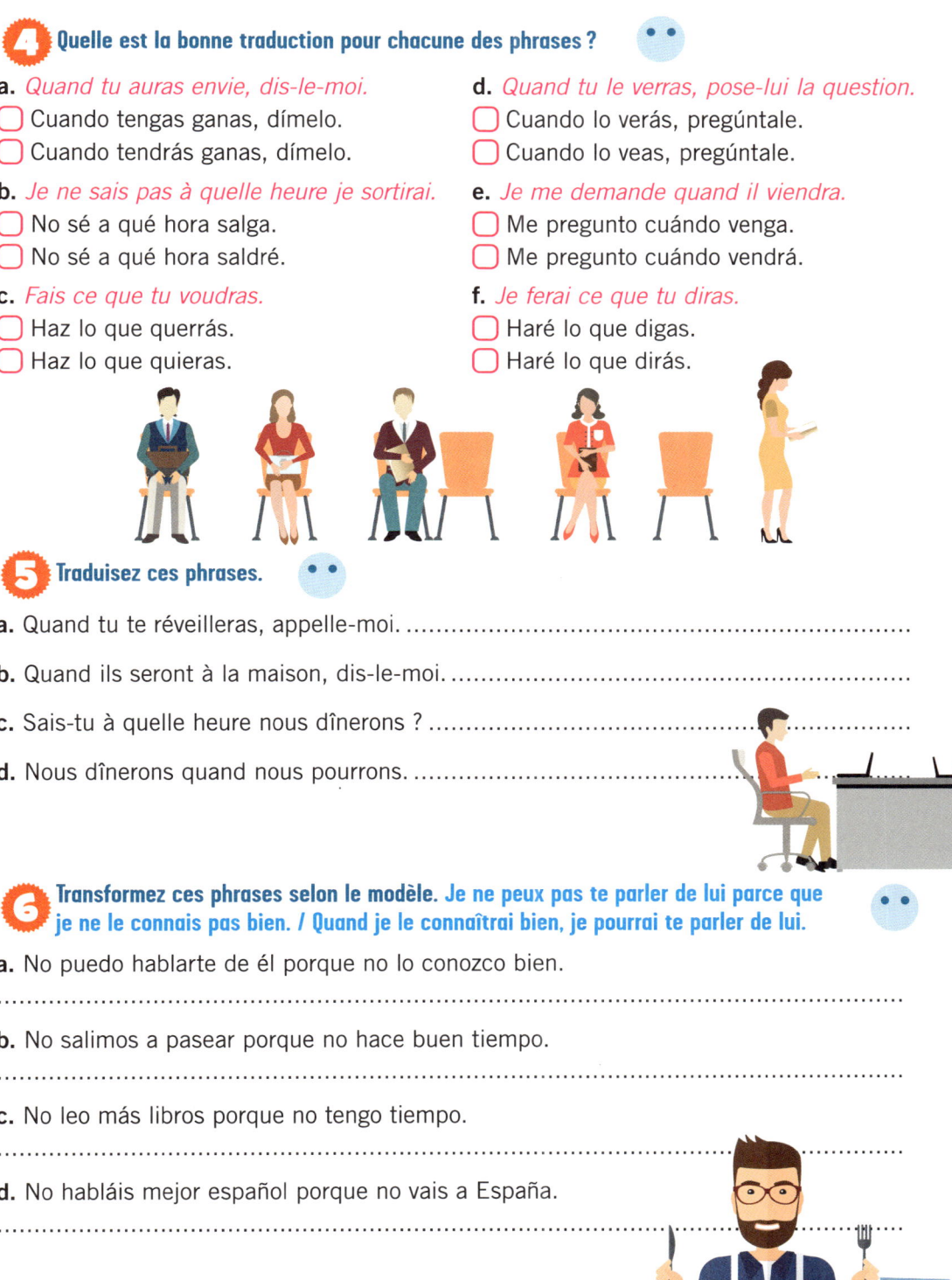

109

CHAPITRE 16 : ENVISAGER L'AVENIR ET L'IRRÉEL

Le futur dans le style indirect

- Le futur peut aussi se trouver dans une subordonnée complétive, introduite par **que**. La construction est ici la même qu'en français : **Dice que me ayudará**, *Il dit qu'il m'aidera.*

- La concordance des temps se fait également de la même manière dans les deux langues. Si le verbe principal est au passé, le futur devient un conditionnel : **Dijo que me ayudaría**, *Il a dit qu'il m'aiderait.*

- Pour former le conditionnel espagnol, il vous suffit d'avoir en tête le futur : les radicaux sont les mêmes, qu'ils soient réguliers (c'est l'infinitif) ou irréguliers. La terminaison ressemble, comme en français, à celle d'un imparfait du 2ᵉ groupe : **-ía**, **-ías**, etc.

trabajar
trabajaría
trabajarías
trabajaría
trabajaríamos
trabajaríais
trabajarían

decir	diría, dirías…
haber	habría, habrías…
hacer	haría, harías…
poder	podría, podrías…
poner	pondría, pondrías…
querer	querría, querrías…
saber	sabría, sabrías…
salir	saldría, saldrías…
tener	tendría, tendrías…
venir	vendría, vendrías…

7 Traduisez ces phrases.

a. Je pensais qu'il serait content de te voir.

....

b. Tu croyais qu'il ne me dirait rien ?

....

c. Je me demandais si tu mangerais avec nous.

....

d. Il me disait que je serais toujours le bienvenu.

....

e. Je savais qu'il pleuvrait.

....

CHAPITRE 16 : ENVISAGER L'AVENIR ET L'IRRÉEL

8 Réécrivez les phrases de l'exercice précédent en mettant le verbe principal au présent.

a. ....
b. ....
c. ....
d. ....
e. ....

Envisager l'irréel

- Les événements simplement possibles s'expriment, comme en français, par une conditionnelle aux temps de l'indicatif. **Si puedo, iré a verte**, *Si je peux, j'irai te voir.* C'est ce que l'on appelle le potentiel.

- L'irréel du présent (événements non réalisables au moment où l'on parle) s'exprime par le conditionnel dans la principale (comme en français), mais avec l'imparfait du subjonctif dans la subordonnée. **Si pudiera, iría a verte**, *Si je pouvais, j'irais te voir.*

- L'imparfait du subjonctif, peu courant dans le français parlé, est donc très usuel en espagnol. Il se construit sur la 3ᵉ personne du pluriel du passé simple, dont on remplace la dernière syllabe par des terminaisons en **-ra**, **-ras**, **-ra**, **-ramos**, **-rais**, **-ran**. Exemples : **trabajaron** (passé simple) / **trabajara, trabajaras**, etc. ; **tuvieron** (passé simple) / **tuviera, tuvieras**, etc.

trabajar	salir	tener
trabajara	saliera	tuviera
trabajaras	salieras	tuvieras
trabajara	saliera	tuviera
trabajáramos	saliéramos	tuviéramos
trabajarais	salierais	tuvierais
trabajaran	salieran	tuvieran

- Soyez attentif à l'accentuation de ces formes, qui commande la prononciation. À la 1ʳᵉ personne du pluriel : **trabajáramos** [tRaba**Ha**Ramoss]. L'accent vous permet souvent de distinguer l'imparfait du subjonctif et le futur : **trabajarás**, *tu travailleras* [tRabaHa**Rass**]. **Trabajaras**, *que tu travaillasses* [tRaba**Ha**Rass].

- Sachez qu'il existe une deuxième forme de l'imparfait du subjonctif, équivalente, en **-se** : **trabajase, trabajases, trabajase, trabajásemos, trabajaseis, trabajasen**.

CHAPITRE 16 : ENVISAGER L'AVENIR ET L'IRRÉEL

9 Les phrases proposées sont, comme vous le voyez, formulées au potentiel. Traduisez-les, puis exprimez-les à l'irréel du présent.

Si tu m'aimes, tu le feras.
a. .... b. ....

Si tu le fais, je serai contente.
c. .... d. ....

S'il neige, nous irons à Sierra Nevada.
e. .... f. ....

Si nous allons à Sierra Nevada, nous verrons aussi Grenade.
g. ....
h. ....

10 Les rêveries du personnage sont exprimées au futur ; reformulez-les à l'irréel du présent. Exemple : Quand je serai riche… / Si j'étais riche…

a. *Cuando me toque la lotería, no sabré qué hacer con el dinero.*
b. *Cuando tenga millones, la gente vendrá a pedirme.*
c. *Cuando sea rico, ¿seré más feliz?*

a. ....
b. ....
c. ....

CHAPITRE 16 : ENVISAGER L'AVENIR ET L'IRRÉEL

L'irréel du passé

- On peut, enfin, parler d'événements qui auraient pu se produire dans le passé (« si j'avais fait ceci, j'aurais eu cela »). Pour dire cet irréel du passé, on utilisera donc des temps composés. Ceux-ci se forment en espagnol avec l'auxiliaire *avoir*.
- Dans la subordonnée, on aura le plus-que-parfait du subjonctif (**haber** à l'imparfait du subjonctif + participe passé) : **Si hubiera sabido…**, *Si j'avais su…*
- Dans la principale, on a le conditionnel passé (**haber** au conditionnel + participe passé) : **no lo habría hecho**, *je ne l'aurais pas fait.*

11 Transformez ces phrases à l'irréel du passé.

a. Si me quisieras, lo harías.
....

b. Si lo viera, te lo diría.
....

c. Si le escribiéramos, se pondría contento.
....

d. Si hicierais deporte, perderíais peso.
....

12 Associez logiquement les étiquettes des deux boîtes, et rédigez les phrases qui en résultent à l'irréel du passé.

a. Si .... c. Si ....
b. Si .... d. Si ....

Bravo, vous êtes venu à bout du chapitre 16 ! Il est maintenant temps de comptabiliser les icônes et de reporter le résultat en page 128 pour l'évaluation finale.

TABLEAUX DE CONJUGAISON

Infinitivo (infinitif)	Presente de indicativo (indicatif présent)	Presente de subjuntivo (subjonctif présent)	Imperativo (impératif)		Pretérito imperfecto de indicativo (indicatif imparfait)
Les verbes réguliers					
Hablar *parler*	hablo hablas habla hablamos habláis hablan	hable hables hable hablemos habléis hablen	habla	hablad	hablaba hablabas hablaba hablábamos hablabais hablaban
Aprender *apprendre*	aprendo aprendes aprende aprendemos aprendéis aprenden	aprenda aprendas aprenda aprendamos aprendáis aprendan	aprende	aprended	aprendía aprendías aprendía aprendíamos aprendíais aprendían
Vivir *vivre*	vivo vives vive vivimos vivís viven	viva vivas viva vivamos viváis vivan	vive	vivid	vivía vivías vivía vivíamos vivíais vivían
Les verbes à diphtongue e → ie o → ue					
Pensar *penser*	pienso piensas piensa pensamos pensáis piensan	piense pienses piense pensemos penséis piensen	piensa	pensad	pensaba pensabas pensaba pensábamos pensabais pensaban
Entender *comprendre*	entiendo entiendes entiende entendemos entendéis entienden	entienda entiendas entienda entendamos entendáis entiendan	entiende	entended	entendía entendías entendía entendíamos entendíais entendían
Contar *raconter*	cuento cuentas cuenta contamos contáis cuentan	cuente cuentes cuente contemos contéis cuenten	cuenta	contad	contaba contabas contaba contábamos contabais contaban
Mover *bouger*	muevo mueves mueve movemos movéis mueven	mueva muevas mueva movamos mováis muevan	mueve	moved	movía movías movía movíamos movíais movían
Les verbes à affaiblissement e → i					
Pedir *demander*	pido pides pide pedimos pedís piden	pida pidas pida pidamos pidáis pidan	pide	pedid	pedía pedías pedía pedíamos pedíais pedían

Même modèle pour : seguir, corregir, despedir, elegir, impedir, medir, servir, vestir.

Les irrégularités sont indiquées en orange.

TABLEAUX DE CONJUGAISON

Pretérito indefinido (passé simple)	Pretérito imperfecto de subjuntivo (subjonctif imparfait)	Futuro (futur)	Condicional (conditionnel)	Gerundio / part. pasivo (part. présent / passé)
Les verbes réguliers				
hablé hablaste habló hablamos hablasteis hablaron	hablara hablaras hablara habláramos hablarais hablaran	hablaré hablarás hablará hablaremos hablaréis hablarán	hablaría hablarías hablaría hablaríamos hablaríais hablarían	hablando hablado
aprendí aprendiste aprendió aprendimos aprendisteis aprendieron	aprendiera aprendieras aprendiera aprendiéramos aprendierais aprendieran	aprenderé aprenderás aprenderá aprenderemos aprenderéis aprenderán	aprendería aprenderías aprendería aprenderíamos aprenderíais aprenderían	aprendiendo aprendido
viví viviste vivió vivimos vivisteis vivieron	viviera vivieras viviera viviéramos vivierais vivieran	viviré vivirás vivirá viviremos viviréis vivirán	viviría vivirías viviría viviríamos viviríais vivirían	viviendo vivido
Les verbes à diphtongue e ➜ ie o ➜ ue				
pensé pensaste pensó pensamos pensasteis pensaron	pensara pensaras pensara pensáramos pensarais pensaran	pensaré pensarás pensará pensaremos pensaréis pensarán	pensaría pensarías pensaría pensaríamos pensaríais pensarían	pensando pensado
entendí entendiste entendió entendimos entendisteis entendieron	entendiera entendieras entendiera entendiéramos entendierais entendieran	entenderé entenderás entenderá entenderemos entenderéis entenderán	entendería entenderías entendería entenderíamos entenderíais entenderían	entendiendo entendido
conté contaste contó contamos contasteis contaron	contara contaras contara contáramos contarais contaran	contaré contarás contará contaremos contaréis contarán	contaría contarías contaría contaríamos contaríais contarían	contando contado
moví moviste movió movimos movisteis movieron	moviera movieras moviera moviéramos movierais movieran	moveré moverás moverá moveremos moveréis moverán	movería moverías movería moveríamos moveríais moverían	moviendo movido
Les verbes à affaiblissement e ➜ i				
pedí pediste pidió pedimos pedisteis pidieron	pidiera pidieras pidiera pidiéramos pidierais pidieran	pediré pedirás pedirá pediremos pediréis pedirán	pediría pedirías pediría pediríamos pediríais pedirían	pidiendo pedido

Même modèle pour : seguir, corregir, despedir, elegir, impedir, medir, servir, vestir.

TABLEAUX DE CONJUGAISON

Infinitivo (infinitif)	Presente de indicativo (indicatif présent)	Presente de subjuntivo (subjonctif présent)	Imperativo (impératif)		Pretérito imperfecto de indicativo (indicatif imparfait)
Les verbes à alternance e ➜ ie et i o ➜ ue et u					
Sentir *sentir, ressentir*	siento sientes siente sentimos sentís sienten	sienta sientas sienta sintamos sintáis sientan	siente	sentid	sentía sentías sentía sentíamos sentíais sentían
	Même modèle pour : divertir, mentir, preferir, sugerir.				
Dormir *dormir*	duermo duermes duerme dormimos dormís duermen	duerma duermas duerma durmamos durmáis duerman	duerme	dormid	dormía dormías dormía dormíamos dormíais dormían

Même modèle pour : divertir, mentir, preferir, sugerir.

Même modèle pour : morir.

Infinitivo	Presente de indicativo	Presente de subjuntivo	Imperativo		Pretérito imperfecto de indicativo
Les verbes en -acer / -ecer / -ocer / -ucir, type conocer c ➜ zc					
Conocer *connaître*	conozco conoces conoce conocemos conocéis conocen	conozca conozcas conozca conozcamos conozcáis conozcan	conoce	conoced	conocía conocías conocía conocíamos conocíais conocían

Même modèle pour : nacer, obedecer, padecer, parecer, pertenecer, relucir.

Les verbes en -ducir, type conducir c ➜ zc c ➜ j					
Conducir *conduire*	conduzco conduces conduce conducimos conducís conducen	conduzca conduzcas conduzca conduzcamos conduzcáis conduzcan	conduce	conducid	conducía conducías conducía conducíamos conducíais conducían

Même modèle pour : deducir, introducir, producir, traducir, seducir.

Autres verbes irréguliers					
Andar *marcher*	ando andas anda andamos andáis andan	ande andes ande andemos andéis anden	anda	andad	andaba andabas andaba andábamos andabais andaban
Caber *rentrer, tenir*	quepo cabes cabe cabemos cabéis caben	quepa quepas quepa quepamos quepáis quepan	–	cabed	cabía cabías cabía cabíamos cabíais cabían
Caer *tomber*	caigo caes cae caemos caéis caen	caiga caigas caiga caigamos caigáis caigan	cae	caed	caía caías caía caíamos caíais caían

TABLEAUX DE CONJUGAISON

Pretérito indefinido (passé simple)	Pretérito imperfecto de subjuntivo (subjonctif imparfait)	Futuro (futur)	Condicional (conditionnel)	Gerundio / part. pasivo (part. présent / passé)
Les verbes à alternance e → ie et i o → ue et u				
sentí sentiste sintió sentimos sentisteis sintieron	sintiera sintieras sintiera sintiéramos sintierais sintieran	sentiré sentirás sentirá sentiremos sentiréis sentirán	sentiría sentirías sentiría sentiríamos sentiríais sentirían	sintiendo sentido
Même modèle pour : divertir, mentir, preferir, sugerir.				
dormí dormiste durmió dormimos dormisteis durmieron	durmiera durmieras durmiera durmiéramos durmierais durmieran	dormiré dormirás dormirá dormiremos dormiréis dormirán	dormiría dormirías dormiría dormiríamos dormiríais dormirían	durmiendo dormido
Même modèle pour : morir.				
Les verbes en -acer / -ecer / -ocer / -ucir, type conocer c → zc				
conocí conociste conoció conocimos conocisteis conocieron	conociera conocieras conociera conociéramos conocierais conocieran	conoceré conocerás conocerá conoceremos conoceréis conocerán	conocería conocerías conocería conoceríamos conoceríais conocerían	conociendo conocido
Même modèle pour : nacer, obedecer, padecer, parecer, pertenecer, relucir.				
Les verbes en -ducir, type conducir c → zc c → j				
conduje condujiste condujo condujimos condujisteis condujeron	condujera condujeras condujera condujéramos condujerais condujeran	conduciré conducirás conducirá conduciremos conduciréis conducirán	conduciría conducirías conduciría conduciríamos conduciríais conducirían	conduciendo conducido
Même modèle pour : deducir, introducir, producir, traducir, seducir.				
Autres verbes irréguliers				
anduve anduviste anduvo anduvimos anduvisteis anduvieron	anduviera anduvieras anduviera anduviéramos anduvierais anduvieran	andaré andarás andará andaremos andaréis andarán	andaría andarías andaría andaríamos andaríais andarían	andando andado
cupe cupiste cupo cupimos cupisteis cupieron	cupiera cupieras cupiera cupiéramos cupierais cupieran	cabré cabrás cabrá cabremos cabréis cabrán	cabría cabrías cabría cabríamos cabríais cabrían	cabiendo cabido
caí caíste cayó caímos caísteis cayeron	cayera cayeras cayera cayéramos cayerais cayeran	caeré caerás caerá caeremos caeréis caerán	caería caerías caería caeríamos caeríais caerían	cayendo caído

TABLEAUX DE CONJUGAISON

Infinitivo (infinitif)	Presente de indicativo (indicatif présent)	Presente de subjuntivo (subjonctif présent)	Imperativo (impératif)		Pretérito imperfecto de indicativo (indicatif imparfait)
Autres verbes irréguliers					
Dar *donner*	doy das da damos dais dan	dé des dé demos deis den	da	dad	daba dabas daba dábamos dabais daban
Decir *dire*	digo dices dice decimos decís dicen	diga digas diga digamos digáis digan	di	decid	decía decías decía decíamos decíais decían
Estar *être*	estoy estás está estamos estáis están	esté estés esté estemos estéis estén	está	estad	estaba estabas estaba estábamos estabais estaban
Haber *auxiliaire avoir*	he has ha hemos habéis han	haya hayas haya hayamos hayáis hayan	–	–	había habías había habíamos habíais habían
Hacer *faire*	hago haces hace hacemos hacéis hacen	haga hagas haga hagamos hagáis hagan	haz	haced	hacía hacías hacía hacíamos hacíais hacían
Ir *aller*	voy vas va vamos vais van	vaya vayas vaya vayamos vayáis vayan	ve	id	iba ibas iba íbamos ibais iban
Oír *entendre*	oigo oyes oye oímos oís oyen	oiga oigas oiga oigamos oigáis oigan	oye	oíd	oía oías oía oíamos oíais oían
Poder *pouvoir*	puedo puedes puede podemos podéis pueden	pueda puedas pueda podamos podáis puedan	–	–	podía podías podía podíamos podíais podían
Poner *mettre,* *poser*	pongo pones pone ponemos ponéis ponen	ponga pongas ponga pongamos pongáis pongan	pon	poned	ponía ponías ponía poníamos poníais ponían

TABLEAUX DE CONJUGAISON

Pretérito indefinido (passé simple)	Pretérito imperfecto de subjuntivo (subjonctif imparfait)	Futuro (futur)	Condicional (conditionnel)	Gerundio / part. pasivo (part. présent / passé)
Autres verbes irréguliers				
di / diste / dio / dimos / disteis / dieron	diera / dieras / diera / diéramos / dierais / dieran	daré / darás / dará / daremos / daréis / darán	daría / darías / daría / daríamos / daríais / darían	dando / dado
dije / dijiste / dijo / dijimos / dijisteis / dijeron	dijera / dijeras / dijera / dijéramos / dijerais / dijeran	diré / dirás / dirá / diremos / diréis / dirán	diría / dirías / diría / diríamos / diríais / dirían	diciendo / dicho
estuve / estuviste / estuvo / estuvimos / estuvisteis / estuvieron	estuviera / estuvieras / estuviera / estuviéramos / estuvierais / estuvieran	estaré / estarás / estará / estaremos / estaréis / estarán	estaría / estarías / estaría / estaríamos / estaríais / estarían	estando / estado
hube / hubiste / hubo / hubimos / hubisteis / hubieron	hubiera / hubieras / hubiera / hubiéramos / hubierais / hubieran	habré / habrás / habrá / habremos / habréis / habrán	habría / habrías / habría / habríamos / habríais / habrían	habiendo / habido
hice / hiciste / hizo / hicimos / hicisteis / hicieron	hiciera / hicieras / hiciera / hiciéramos / hicierais / hicieran	haré / harás / hará / haremos / haréis / harán	haría / harías / haría / haríamos / haríais / harían	haciendo / hecho
fui / fuiste / fue / fuimos / fuisteis / fueron	fuera / fueras / fuera / fuéramos / fuerais / fueran	iré / irás / irá / iremos / iréis / irán	iría / irías / iría / iríamos / iríais / irían	yendo / ido
oí / oíste / oyó / oímos / oísteis / oyeron	oyera / oyeras / oyera / oyéramos / oyerais / oyeran	oiré / oirás / oirá / oiremos / oiréis / oirán	oiría / oirías / oiría / oiríamos / oiríais / oirían	oyendo / oído
pude / pudiste / pudo / pudimos / pudisteis / pudieron	pudiera / pudieras / pudiera / pudiéramos / pudierais / pudieran	podré / podrás / podrá / podremos / podréis / podrán	podría / podrías / podría / podríamos / podríais / podrían	pudiendo / podido
puse / pusiste / puso / pusimos / pusisteis / pusieron	pusiera / pusieras / pusiera / pusiéramos / pusierais / pusieran	pondré / pondrás / pondrá / pondremos / pondréis / pondrán	pondría / pondrías / pondría / pondríamos / pondríais / pondrían	poniendo / puesto

TABLEAUX DE CONJUGAISON

Infinitivo (infinitif)	Presente de indicativo (indicatif présent)	Presente de subjuntivo (subjonctif présent)	Imperativo (impératif)		Pretérito imperfecto de indicativo (indicatif imparfait)
Autres verbes irréguliers					
Querer *vouloir, aimer*	quiero quieres quiere queremos queréis quieren	quiera quieras quiera queramos queráis quieran	quiere	quered	quería querías quería queríamos queríais querían
Saber *savoir*	sé sabes sabe sabemos sabéis saben	sepa sepas sepa sepamos sepáis sepan	sabe	sabed	sabía sabías sabía sabíamos sabíais sabían
Salir *sortir, partir*	salgo sales sale salimos salís salen	salga salgas salga salgamos salgáis salgan	sal	salid	salía salías salía salíamos salíais salían
Ser *être*	soy eres es somos sois son	sea seas sea seamos seáis sean	sé	sed	era eras era éramos erais eran
Tener *avoir, posséder*	tengo tienes tiene tenemos tenéis tienen	tenga tengas tenga tengamos tengáis tengan	ten	tened	tenía tenías tenía teníamos teníais tenían
Traer *apporter*	traigo traes trae traemos traéis traen	traiga traigas traiga traigamos traigáis traigan	trae	traed	traía traías traía traíamos traíais traían
Valer *valoir*	valgo vales vale valemos valéis valen	valga valgas valga valgamos valgáis valgan	vale	valed	valía valías valía valíamos valíais valían
Venir *venir*	vengo vienes viene venimos venís vienen	venga vengas venga vengamos vengáis vengan	ven	venid	venía venías venía veníamos veníais venían
Ver *voir*	veo ves ve vemos veis ven	vea veas vea veamos veáis vean	ve	ved	veía veías veía veíamos veíais veían

TABLEAUX DE CONJUGAISON

Pretérito indefinido (passé simple)	Pretérito imperfecto de subjuntivo (subjonctif imparfait)	Futuro (futur)	Condicional (conditionnel)	Gerundio / part. pasivo (part. présent / passé)
Autres verbes irréguliers				
quise quisiste quiso quisimos quisisteis quisieron	quisiera quisieras quisiera quisiéramos quisierais quisieran	querré querrás querrá querremos querréis querrán	querría querrías querría querríamos querríais querrían	queriendo querido
supe supiste supo supimos supisteis supieron	supiera supieras supiera supiéramos supierais supieran	sabré sabrás sabrá sabremos sabréis sabrán	sabría sabrías sabría sabríamos sabríais sabrían	sabiendo sabido
salí saliste salió salimos salisteis salieron	saliera salieras saliera saliéramos salierais salieran	saldré saldrás saldrá saldremos saldréis saldrán	saldría saldrías saldría saldríamos saldríais saldrían	saliendo salido
fui fuiste fue fuimos fuisteis fueron	fuera fueras fuera fuéramos fuerais fueran	seré serás será seremos seréis serán	sería serías sería seríamos seríais serían	siendo sido
tuve tuviste tuvo tuvimos tuvisteis tuvieron	tuviera tuvieras tuviera tuviéramos tuvierais tuvieran	tendré tendrás tendrá tendremos tendréis tendrán	tendría tendrías tendría tendríamos tendríais tendrían	teniendo tenido
traje trajiste trajo trajimos trajisteis trajeron	trajera trajeras trajera trajéramos trajerais trajeran	traeré traerás traerá traeremos traeréis traerán	traería traerías traería traeríamos traeríais traerían	trayendo traído
valí valiste valió valimos valisteis valieron	valiera valieras valiera valiéramos valierais valieran	valdré valdrás valdrá valdremos valdréis valdrán	valdría valdrías valdría valdríamos valdríais valdrían	valiendo valido
vine viniste vino vinimos vinisteis vinieron	viniera vinieras viniera viniéramos vinierais vinieran	vendré vendrás vendrá vendremos vendréis vendrán	vendría vendrías vendría vendríamos vendríais vendrían	viniendo venido
vi viste vio vimos visteis vieron	viera vieras viera viéramos vierais vieran	veré verás verá veremos veréis verán	vería verías vería veríamos veríais verían	viendo visto

SOLUTIONS

Chapitre 1 : Prononcer l'espagnol

❶ **a.** Tenerife **b.** Toledo **c.** Lugo **d.** Burgos **e.** Teruel

❷ **a.** [aoustRalia] **b.** [loÏRa] **c.** [éouRopa] **d.** [RRéïno ounido] **e.** [bouénoss aïRéss]

❸ **a.** [RR] **b.** [R] **c.** [RR] **d.** [R] **e.** [RR] **f.** [R] **g.** [RR]

❹ **a.** [g'ni] **b.** [bi] **c.** comme en français **d.** [lya] **e.** comme en français **f.** [tcho] **g.** [a'n]

❺ **a.** guitaRRa **b.** Hitano **c.** RRoHo **d.** agoua **e.** HiRafa **f.** a'nHél

❻ **a.** [ZaRagoZa] **b.** [caZéRéss] **c.** [mouRZia] **d.** [écouadoR] **e.** [bRassil] **f.** [bénéZouéla]

❼ **a.** □■ **b.** □□■ **c.** □■□ **d.** □■□ **e.** □■□ **f.** □■□

❽ **a.** Pérez **b.** Dalí **c.** Tomás **d.** Martín **e.** Miró **f.** Sánchez

❾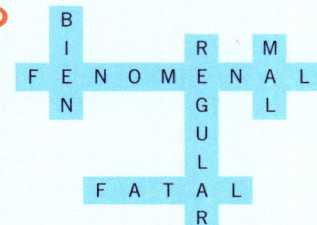

❿ **a.** bien **b.** regu<u>lar</u> **c.** mal **d.** fenome<u>nal</u> **e.** fat<u>al</u>

⓫ **a.** buenas tardes **b.** buenas noches **c.** buenos días

⓬ **a.** hasta pronto **b.** hasta la próxima **c.** adiós

Chapitre 2 : Accorder les mots

❶ **a.** la ; del **b.** las ; de los **c.** el ; de **d.** los ; de la

❷ **A1.** Quiero café. **A2.** Tengo amigas. **A3.** Tengo pan. **B1.** Tengo vecinos. **B2.** Quiero azúcar. **B3.** Quiero pescado. **C1.** Tengo vino. **C2.** Tengo un niño. **C3.** Quiero carne.

❸ **a.** azul **b.** negro **c.** rojo **d.** amarillo **e.** verde

❹ **a.** La moto es naranja **b.** La sangre es roja. **c.** El tomate es verde. **d.** La leche es blanca. **e.** El coche es rosa. **f.** El café es marrón.

❺ **a.** Los reyes de España son jóvenes. **b.** Los perros son fieles. **c.** Las manos son útiles. **d.** Los problemas son fáciles.

❻ **a.** La leche caliente **b.** La vecina fea **c.** La hermana alegre **d.** El idioma difícil **e.** La mano grande **f.** El compañero bajo

❼ **a.** El coche del deportista es grande. **b.** El amigo de la vecina es guapo. **c.** La hija del vecino es alegre. **d.** La moto de la mujer es marrón.

❽ **a.** Tengo el pelo negro. **b.** Quiero pasta. **c.** La gente es triste. **d.** Quiero fruta verde. **e.** La ropa es pequeña. **f.** Tengo un equipaje azul.

❾ **a.** Portugal ; portugués **b.** Alemania ; alemán **c.** Francia ; francés ; **d.** Argentina ; argentino **e.** Inglaterra ; inglés **f.** Bélgica ; belga **g.** México ; mexicano **h.** Estados Unidos ; estadounidense

❿ **a.** Guadalupe es mexicana. **b.** François y Julie son franceses. **c.** Hillary es estadounidense. **d.** Linda y Lucinda son portuguesas. **e.** Jules y Théo son belgas. **f.** Margareth es inglesa. **g.** Diego y Eva son argentinos. **h.** Angela y Frida son alemanas.

Chapitre 3 : Poser des questions et y répondre

❶ **a.** doce **b.** siete **c.** tres **d.** once **e.** cinco **f.** ocho **g.** dos **h.** nueve **i.** seis **j.** diez **k.** cuatro **l.** uno **m.** cero

❷ **a.** Son las dos de la tarde **b.** Son las once y media de la mañana **c.** Son las nueve menos cinco de la mañana **d.** Son las diez menos cuarto de la noche **e.** Son las tres y cuarto de la mañana **f.** Son las doce y diez de la mañana

❸ dieciocho, diecinueve, veinticuatro, veinticinco, veintisiete, veintiocho, treinta y tres, treinta y cuatro, treinta y cinco

❹
	treinta y ocho	treinta y seis	
treinta y dos			veintiséis
	veintiocho	treinta	
	catorce		cuarenta

❺ **a.** entre **b.** menos **c.** por **d.** más

❻ **a.** ¿Qué edad tienes? **b.** Tengo cincuenta y cuatro años. **c.** ¿Cuántos años tenéis? **d.** Tenemos doce años.

❼ **a.** ¿Qué edad tiene usted? **b.** Tengo veintinueve años. **c.** ¿Cuántos años tienen ustedes? **d.** Tenemos setenta y siete años.

❽ **a.** j.cordoba@gmail.com **b.** cordoba57.j@telefonica.es

❾ **a.** nueve cincuenta veintitrés cincuenta y seis setenta y siete **b.** seis ochenta y tres treinta y uno cuarenta y cuatro diez **c.** nueve cero dos ochenta y cinco cincuenta y nueve noventa

❿ **a.** ¿Cómo te llamas? **b.** Me llamo Gloria. **c.** ¿Cómo os llamáis? **d.** Nos llamamos Isabel y Fernando. **e.** ¿Cómo se llama usted? **f.** Me llamo Belén Pellicer. **g.** ¿Cómo se llaman tus perros? **h.** Mis perros se llaman Loco y Atila.

⓫ **a.** ¿Cuál es tu nombre? **b.** ¿Cuál es tu apellido? **c.** ¿Cuál es tu dirección de correo? **d.** ¿Cuál es tu número de teléfono?

⓬ **a.** ¿De dónde eres? Soy andaluz. Soy de Sevilla. **b.** ¿Es usted catalana? Sí, soy catalana. Soy de Barcelona. **c.** ¿Es usted gallega? No, no soy gallega. Soy de Mérida, soy extremeña. **d.** ¿De dónde eres? Soy vasco. Soy de Bilbao.

⓭ **a.** ¿Sois navarros? Sí, somos navarros. Somos de Pamplona.

⓮ **a.** ¿De dónde sois? Somos valencianas. Somos de Valencia.

Chapitre 4 : Présenter une personne

SOLUTIONS

1 **a.** ¡Soy yo! **b.** ¡Somos nosotras! **c.** ¿Sois vosotros/vosotras? **d.** ¿Eres tú? **e.** ¿Es usted? **f.** ¡Son ellos!

2 Hola, soy Manolito. Él es mi padre, se llama Manuel, y ella es mi madre, Isabel. Ellas son mis dos hermanas, Adriana y Ángeles. Y él es mi hermano pequeño, Gerardo.

3

4 - ¿Cuántas hermanas tiene Manolito?
- Manolito tiene dos hermanas.

5 **a.** moreno **b.** rubia **c.** fuerte y bajo **d.** alta y delgada **e.** gafas **f.** ojos azules **g.** bigote **h.** pelo largo

6 **a.** ¿En qué trabajáis? Somos panaderos. **b.** ¿Cuál es tu profesión? Soy carnicero.

7 **a.** ¿Cuál es su profesión? Somos pintoras. **b.** ¿A qué se dedica usted? Soy cantante.

8 **a.** ¿Dónde vive usted, Carmen? **b.** ¿Cuál es su dirección?

9 **a.** ¿Vivís en México? **b.** No, vivimos en Francia, en París.

10 **a.** ¿En qué número de la calle Almagro vives? **b.** Vivo en el veinticinco.

11 **a.** ¿Qué idiomas habla usted? **b.** ¿Qué tal lee usted el inglés? **c.** ¿Qué tal escribe usted el francés?

12 **a.** ¿Qué idiomas habláis? **b.** ¿Qué tal leéis el inglés? **c.** ¿Qué tal escribís el francés?

13 **a.** Hablo fatal el inglés, pero lo leo muy bien. **b.** Hablo regular el ruso, y lo escribo muy mal. **c.** Hablo mal el portugués, pero lo escribo bien y lo leo fenomenal.

Chapitre 5 : Parler des goûts, des caractères et des humeurs

1 **a.** A Pablo le encantan las manzanas y le gustan los plátanos, pero no le gusta el melón y le horroriza la piña. **b.** A mis hijos les encanta el limón y les gusta el mango, pero no les gustan las cerezas y les horrizan las ciruelas. **c.** A mí me encanta la sandía y me gustan los melocotones, pero no me gusta la uva y me horrizan las avellanas. **d.** A nosotros nos encantan las peras y nos gustan los kiwis, pero no nos gusta el coco y nos horrizan las fresas. **e.** A ti te encantan las naranjas y te gustan las almendras, pero no te gustan los albaricoques y te horrizan los aguacates.

2 **a.** ¿Le gusta el vino? **b.** ¿Le gustan los perros? **c.** Le encanta el café. **d.** Le horroriza el azúcar.

3 **a.** ¿Os gusta el pan? **b.** ¿Os gustan mis gafas? **c.** No os gustan mis padres. **d.** Os encanta leer.

4 **a.** dan miedo **b.** dan asco **c.** dan pena **d.** da gusto **e.** da vergüenza **f.** da pereza

5 **a.** J'ai peur des gros chiens. **b.** Les cafards ne te dégoûtent pas ? **c.** Les animaux du zoo lui font de la peine. **d.** Ça nous fait plaisir d'avoir des amis. **e.** Vous n'avez pas honte d'avoir les cheveux longs ? **f.** Ils ont la flemme de travailler.

6 **a.** es lista **b.** es mala **c.** es divertido **d.** es valiente **e.** es trabajador

7 **a.** furioso **b.** enfermo **c.** pensativo **d.** preocupado **e.** cansado **f.** sorprendido **g.** decepcionado **h.** contento **i.** enamorado

8 **a.** Estamos preocupadas. **b.** Estás furioso. **c.** Están pensativos. **d.** ¿Está usted decepcionado? **e.** ¿Estáis sorprendidas?

9 **a.** ¿Estás contento? No, estoy enamorado. **b.** ¿Estáis enfermos? No, estamos cansados.

Chapitre 6 : Le verbe et l'action (1)

1 **a.** ¿A qué hora te despiertas por la mañana? **b.** Me despierto a las ocho menos cuarto. **c.** ¿A qué hora se acuesta usted por la noche? **d.** Me acuesto a las doce y media.

2 **a.** ¿Cuántas horas duermes? **b.** ¿A qué hora te duermes?

3 **a.** Nos despertamos a las siete y cuarto. **b.** Desayuno a las ocho. **c.** Comes a las dos menos cuarto. **d.** Cenan a las diez y media. **e.** Se acuesta a las doce menos cuarto. **f.** Os dormís a las doce de la noche.

4 **a.** ¿Adónde vas? **b.** Voy a la fábrica. **c.** ¿A qué hora sales de casa? **d.** Salgo de casa a las ocho. **e.** ¿A qué hora vuelves a casa? **f.** Vuelvo a casa a las siete.

5 **a.** ¿Adónde va usted? **b.** Voy a la oficina. **c.** ¿A qué hora sale usted de casa? **d.** Salgo de casa a las nueve. **e.** ¿A qué hora vuelve usted a casa? **f.** Vuelvo a casa a las seis.

6 **a.** ¿Adónde vais? **b.** Vamos al instituto. **c.** ¿A qué hora salís de casa? **d.** Salimos de casa a las diez. **e.** ¿A qué hora volvéis a casa? **f.** Volvemos a casa a las cinco.

7 **a.** ¿Quién soy? **b.** ¿De dónde vengo? **c.** ¿Adónde voy?

8 **a.** ¿Quiénes somos? **b.** ¿De dónde venimos? **c.** ¿Adónde vamos?

9 **a.** al carnicero. **b.** mi trabajo. **c.** a un escritor español. **d.** mi número de teléfono.

10 **a.** Les doy café. **b.** La veo. **c.** Me lo da. **d.** Le doy mi perro.

11 **a.** ¿Qué están haciendo? **b.** ¿Me estás hablando? **c.** Se está durmiendo. **d.** Me estoy despertando.

12 **a.** Los obreros no están trabajando. Están durmiendo. **b.** El alumno no está leyendo. Está escribiendo. **c.** Yo no estoy desayunando. Estoy comiendo.

Chapitre 7 : le verbe et l'action (2)

1 **a.** Solemos leer libros en español. **b.** Suelen ir al

SOLUTIONS

cine. **c.** Suelo hacer deporte por la tarde. **d.** No sueles jugar al balonmano.

② **a.** Mis amigos nunca nadan por la mañana. **b.** Mis amigos no nadan nunca por la mañana. **c.** Yo nunca juego al baloncesto por la tarde. **d.** Yo no juego nunca al baloncesto por la tarde.

③ **a.** Los lunes, Alicia corre. **b.** Los sábados, Pedro y Alba escuchan música. **c.** Los miércoles, Pedro ve una película. **d.** Los domingos, Alicia y Alba juegan al fútbol.

④ **a.** a menudo / pocas veces **b.** a menudo / de vez en cuando **c.** de vez en cuando / pocas veces

⑤ **a.** Le pregunto cuál es su dirección / si le gusta la película / dónde vive / el color de sus ojos. **b.** Le pido la mano de su hija / azúcar / cuarenta euros / pan y vino.

⑥ **a.** sirve **b.** repites **c.** mide **d.** vestimos

⑦ elijo / eliges / elige / elegimos / elegís / eligen

⑧ sigo / sigues / sigue / seguimos / seguís / siguen

⑨ **a.** sigue **b.** Eliges **c.** elijo **d.** ¡Seguimos!

⑩ **a.** ¿Sigues viendo la película? **b.** ¿Seguís escuchando música? **c.** Seguimos trabajando en Madrid. **d.** Sigo corriendo por la tarde.

⑪ **a.** Ya no tengo amigos. **b.** Ya no le gusta nadar. **c.** Ya no dormimos por la tarde. **d.** Ya no comen carne.

⑫ **a.** ¿Sigue lloviendo? **b.** No, ya no llueve. **c.** ¿Sigue nevando? **d.** No, ya no nieva. **e.** ¿Sigue haciendo calor? **f.** No, ya no hace calor. **g.** ¿Sigue haciendo frío? **h.** No, ya no hace frío.

Chapitre 8 : Situer dans l'espace et indiquer la possession

① **a.** son **b.** son **c.** están **d.** está en **e.** somos / estamos **f.** eres / estás en

② **a.** del **b.** a **c.** a **d.** al **e.** en **f.** del **g.** al **h.** de **i.** al

③ 1. cocina 2. buhardilla 3. dormitorio 4. salón 5. cuarto de baño 6. comedor

④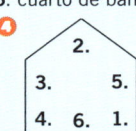

⑤ **a.** El comedor está en la planta baja, en medio. **b.** El salón está en la planta baja, a la izquierda. **c.** La cocina está en la planta baja, a la izquierda. **d.** El dormitorio está en la primera planta, a la izquierda. **e.** El cuarto de baño está en la primera planta, a la derecha. **f.** La buhardilla está en la segunda planta.

⑥ **a.** El gato está detrás de la puerta. **b.** El gato está delante del espejo. **c.** El gato está debajo del sillón. **d.** El gato está al lado de la ventana. **e.** El gato está entre la cama y la silla. **f.** El gato está dentro del frigorífico. **g.** El gato está fuera de la casa. **h.** El gato está encima de la mesa.

⑦ **a.** Quiero estas ardillas, aquí. **b.** Quiero ese conejo, ahí. **c.** Quiero aquella cotorra, allí.

⑧ **a.** Quiero esta cotorra, aquí. **b.** Quiero esos gatos, ahí. **c.** Quiero aquellas ardillas, allí.

⑨ **a.** ¿De quién es este pez rojo, aquí? **b.** ¿De quién son esas tortugas, ahí? **c.** ¿De quién es aquel papagayo, allí?

⑩ **a.** Es nuestro. **b.** Son suyas. **c.** Es tuyo.

Chapitre 9 : Comparer, exprimer des dates, des grandeurs et des quantités

① **a.** 646 **b.** 502 **c.** 973 **d.** 890 **e.** 712

② **a.** Tengo trescientas cincuenta amigas en Facebook. **b.** Tiene ciento veintidós años. **c.** Leo doscientas treinta novelas en un año. **d.** Tienen cuatrocientas sesenta y cinco fotos de su hija.

③ **a.** Brasil tiene doscientos cinco millones seiscientos treinta y ocho mil habitantes. **b.** Indonesia tiene doscientos cincuenta y ocho millones setecientos cinco mil habitantes. **c.** Estados Unidos tiene trescientos veinticuatro millones setecientos cincuenta y siete mil habitantes. **d.** India tiene mil trescientos treinta millones setecientos ochenta y tres mil habitantes. **e.** China tiene mil trescientos setenta y cuatro millones novecientos mil habitantes. **f.** La Tierra tiene siete mil cuatrocientos treinta y dos millones seiscientos sesenta y tres mil habitantes.

④ **a.** El jugador de baloncesto mide dos metros trece. **b.** Un bebé elefante pesa ciento veinte kilos. **c.** La distancia entre la Tierra y la Luna son trescientos ochenta y cuatro mil kilómetros. **d.** Francia tiene una superficie de seiscientos cuarenta y tres mil ochocientos kilómetros cuadrados.

⑤ **a.** Dos litros de vino. **b.** Tres cuartos de kilo de carne. **c.** Un kilo y medio de pan. **d.** Seiscientos gramos de naranjas. **e.** Medio litro de leche.

⑥ **a.** ¿Cuánto cuesta este coche? **b.** Cuesta ciento noventa mil euros. **c.** ¿Cuánto cuesta esta manzana? **d.** Cuesta veinticinco céntimos. **e.** ¿Cuánto cuestan estas gafas? **f.** Cuestan ochenta y cinco euros y cincuenta céntimos (ochenta y cinco con cincuenta).

⑦ **a.** El otoño **b.** diciembre **c.** junio **d.** La primavera

⑧ **a.** ¿Qué día es? **b.** Hoy es veinticuatro de febrero. **c.** ¿A qué día estamos? **d.** Estamos a trece de noviembre. **e.** ¿Qué día es? **f.** Hoy es quince de agosto. **g.** ¿A qué día estamos? **h.** Estamos a veintinueve de enero.

⑨ **a.** doce de octubre de mil cuatrocientos noventa y dos **b.** catorce de julio de mil setecientos ochenta y nueve **c.** ocho de mayo de mil novecientos cuarenta y cinco

⑩ **a.** ~~cerca~~ **b.** ~~cara~~ **c.** ~~lejos~~ **d.** ~~ligero~~ **e.** ~~pesada~~ **f.** ~~barato~~

⑪ **a.** tanto **b.** tan **c.** tantos **d.** tanta **e.** tantas

Chapitre 10 : Dire ce que l'on sait, ce que l'on sent et ce que l'on pense

① **a.** No sé quién es. **b.** No sabe quién eres. **c.** ¿Sabe usted quién soy? **d.** ¿Sabéis quiénes son? **e.** ¿Sabes quiénes somos?

② **a.** No lo conozco. **b.** No te conoce. **c.** ¿Me conoce usted? **d.** ¿Los conocéis? **e.** ¿Nos conoces?

SOLUTIONS

③ a. Parece muy listo. **b.** Parecéis tontos. **c.** Parecen cansadas. **d.** Pareces sorprendida. **e.** Parecemos buenos.

④ a. Nos parecemos. **b.** Se parecen. **c.** Os parecéis.

⑤ a. Me parezco a mis padres. **b.** No me parezco a Javier. **c.** No te pareces a mis padres. **d.** Te pareces a Javier. **e.** Se parece a mis padres. **f.** No se parece a Javier.

⑥ a. Conduces **b.** conduzco **c.** Conducís **d.** conducimos

⑦ a. Oyes a los cantantes. **b.** Tu entends les chanteurs. **c.** Oigo el teléfono. **d.** J'entends le téléphone. **e.** Oímos la música. **f.** Nous entendons la musique.

⑧ a. Oléis a vino. **b.** Huele usted a perro. **c.** Huelo a café. **d.** Este conejo sabe a gato. **e.** Estas fresas no saben a fresa.

⑨ a. Tengo mucho frío. **b.** Tengo mucho calor. **c.** Tengo mucha hambre. **d.** Tengo mucha sed. **e.** Tengo mucho sueño.

⑩ a. Tengo muchas ganas de comer. **b.** Tengo muchas ganas de beber. **c.** Tengo muchas ganas de dormir.

⑪ Pedro – ¿Qué piensas de las corridas? **Gloria** – Estoy en contra. ¿Y tú? **Pedro** – Estoy a favor. Me parece que los matadores son valientes. **Gloria** – No estoy de acuerdo contigo: ¡creo que son cobardes!

⑫ a. A mí también. **b.** A mí no. **c.** A mí tampoco. **d.** A mí sí. **e.** Yo también. **f.** Yo no. **g.** Yo tampoco. **h.** Yo sí.

Chapitre 11 : L'interrogation, l'affirmation et la négation, l'exclamation

❶ a. ¿Cuántas horas dormís al día? **b.** ¿Qué sueles desayunar? **c.** ¿Cuál es tu fruta preferida? **d.** ¿Con quién sales los sábados? **e.** ¿Cuándo os gusta ir a España?

❷ a. No saben de dónde somos. **b.** Me pregunto cómo está. **c.** Sé quiénes son sus amigos. **d.** Se pregunta cuánto cuesta. **e.** No veo cuándo voy a poder ir a España.

❸ a. por qué ; por qué; Porque **b.** por qué ; por qué; porque

❹ a. ¡Por supuesto que no! **b.** ¡En absoluto! **c.** ¡De ninguna manera!

❺ a. Hoy tampoco va a llover. **b.** Hoy no va a llover tampoco. **c.** Aquí nunca hace frío. **d.** Aquí no hace nunca frío.

❻ a. nada. / Je ne sais rien. **b.** Nadie / Personne ne dîne dans la salle de bains. **c.** nada. / Je ne veux rien. **d.** Nadie / Personne ne me croit. **e.** nadie. / Il n'écoute personne. **f.** nada / Je ne suis pas du tout content. **g.** nada. / Il ne pleut pas du tout. **h.** Nadie / Personne ne m'écoute.

❼ a. algo / Tu dis quelque chose ? **b.** alguien / Quelqu'un aime ce film ? **c.** algo / Tu vas manger quelque chose ? **d.** algo / Tu vois quelque chose ? **e.** alguien. / Je sors avec quelqu'un. **f.** Alguien / Quelqu'un a soif ? **g.** Alguien / Quelqu'un n'est pas d'accord ? **h.** algo / Il pleut un peu.

❽ a. ¿A ninguna de vosotras le gustan los grandes almacenes? **b.** ¿No le gustan los grandes almacenes a ninguna de vosotras? **c.** No, ninguno me gusta. **d.** No, no me gusta ninguno.

❾ a. ¿Hay alguna carnicería en esta calle? **b.** No, no hay ninguna. **c.** ¿Hay algún supermercado por aquí? **d.** No, no hay ninguno.

❿ a. A ninguna mujer le horroriza una zapatería. **b.** Algunos grandes almacenes son tristes. **c.** Algunas pescaderías huelen mal. **d.** No hay ningún mercado cerca de casa. **e.** ¿Conoce algún centro comercial cerca de aquí? **f.** ¿Sabes la dirección de alguna buena frutería?

⓫ a. ¡Qué falda más corta! **b.** ¡.Qué vestido más largo! **c.** ¡Qué pantalón más estrecho! **d.** ¡Qué camiseta más ancha!

⓬ a. Cuánto **b.** Qué **c.** Cuántos **d.** Qué **e.** Cómo

⓭ a. ¡Qué bien me quedan estos zapatos! **b.** ¡Cuánto gastas en vaqueros! **c.** ¡Cuántas deportivas tiene mi hermano! **d.** ¡Qué chándal más feo tiene Juan! **e.** ¡Comó me gusta tu cazadora!

Chapitre 12 : Exprimer un souhait, faire une demande, donner un conseil

❶ a. ¡Salud! **b.** ¡Buen viaje! **c.** ¡Feliz Navidad! **d.** ¡Feliz cumpleaños! **e.** ¡Buen provecho! **f.** ¡Feliz año!

❷ a. Te deseo mucha suerte. **b.** Te deseamos muchas felicidades.

❸ a. Te doy mi enhorabuena. **b.** Le damos la bienvenida.

❹

escribir	leer	hablar
escriba	lea	hable
escribas		hables
escriba	lea	hable
escribamos	leamos	
	leáis	habléis
escriban	lean	hablen

❺ a. ~~llamamos~~ **b.** ~~corres~~ **c.** ~~escuchas~~ **d.** ~~gastáis~~ **e.** ~~creen~~ **f.** ~~subimos~~ **g.** ~~vivís~~

❻ a. No creo que sigan viviendo en Madrid. **b.** No pienso que mida más de dos metros. **c.** No me parece que tengáis hambre.

❼ a. Me da miedo que conduzcas una moto. **b.** A tu padre no le gusta que salgas con esa chica. **c.** Me da asco que comas con las manos. **d.** Me da vergüenza que mi abuelo vista vaqueros. **e.** Nos da gusto que vengan. **f.** Me da pena que mi abuela no me oiga.

❽ a. traduzco **b.** eliges **c.** dices **d.** traduzca **e.** elijas **f.** digas

❾ a. Je lui dis qu'il dort beaucoup. **b.** Je lui dis de dormir beaucoup. **c.** Ma femme me dit que je me réveille à six heures. **d.** Ma femme me dit de me réveiller à six heures.

❿ a. visites Francia. **b.** vayas a Grecia. **c.** veas Italia. **d.** estéis unos días en Alemania. **e.** viváis un año en Portugal. **f.** conozcáis Inglaterra.

⓫ a. sepan **b.** sé **c.** seamos **d.** somos

Chapitre 13 : Donner des instructions et interdire

SOLUTIONS

1 a. ¡A cenar! b. ¡A jugar! c. ¡A dormir! d. ¡A trabajar!

2

	leer	subir	jugar
desayuna		sube	
desayunad	leed		jugad

	conducir	oír	
vuelve			elige
volved	conduce	oíd	elegid

3 a. Lee b. desayunad c. jugad d. conduce e. Sube f. volved g. Elige h. oíd

4 a. ¡Sal con tus amigos! b. ¡Id a visitar el Prado! c. ¡Haz tu cama! d. ¡Poned las sillas en el salón! e. ¡Ven a casa a cenar! f. ¡Sed buenos! g. ¡Ten siempre café en casa! h. ¡Decid lo que penséis.

5 a. Recoge los platos. b. Lava las cucharas. c. Pon el mantel. d. Ten la servilleta.

6 a. Recógelos. b. Lávalas. c. Ponlo. d. Tenla.

7 a. Pásame los cubiertos. b. Pásamelos. c. Pásale el cuchillo. d. Pásaselo. e. Pásanos los vasos. f. Pásanoslos. g. Pásales el tenedor. h. Pásaselo.

8 a. ¡Dormíos! b. ¡Despertaos! c. ¡Acostaos!

9 a. ¡Despertémonos! b. ¡Pongamos la mesa! c. ¡Cenemos! d. ¡Acostémonos!

10 a. ¡No duermas! b. ¡No cantéis! c. ¡No hagas tu trabajo! d. ¡No vayas a esa fiesta!

11 a. ¡Venga a verme! b. ¡Dime! c. ¡Sean buenos! d. ¡Aprended español!

12 1/E 2/G 3/F 4/D 5/A 6/H 7/C 8/B

13 a. Pela b. Corta c. Fríe d. Escúrrelas e. Bate f. Sala g. Añade h. Cubre i. Echa j. Mueve k. Cuaja l. Dale la vuelta m. Sirve n. Degusta

14 a. Pele b. Corte c. Fría d. Escúrralas e. Bata f. Sale g. Añada h. Cubra i. Eche j. Mueva k. Cuaje l. Dele la vuelta m. Sirva n. Deguste

Chapitre 14 : S'exprimer au passé (1)

1 pensar, pensabas, pensábamos, pensabais, pensaban / leer, leía, leía, leíamos, leíais / moverse, me movía, te movías, se movía, nos movíamos / me acostaba, te acostabas, se acostaba, nos acostábamos, os acostabais, se acostaban

2 querías / era / Escribíamos / carta / bolígrafo / íbamos / comprábamos / sobre / sello / echábamos / buzón / mandas / móvil / Dejamos / papel / encantan / pantallas / daba / recibía / postal

3 ~~corremos~~ / ~~laváis~~ / ~~penséis~~ / ~~volvemos~~ / ~~descubrís~~ / ~~corre~~ / ~~piensas~~

4 a. salgo b. salí c. te acostaste d. me acuesto e. jugó f. juega g. recogen h. recogieron

5 a. descubrió b. Sabía / era c. pensó estaba d. llamó

6 a. ¿Has salido esta mañana? b. Hemos ido a España. c. He venido a verte. d. ¿Quién ha pedido pescado?

7 a. He dormido demasiado. b. Habéis trabajado mucho. c. Has bebido bastante. d. Han gastado poco.

8 a. ha visto b. he cubierto c. han puesto d. Habéis escrito e. ha dicho f. Has vuelto g. Hemos hecho

Chapitre 15 : S'exprimer au passé (2)

1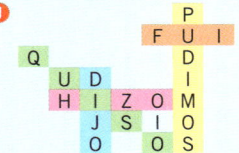

2 a. fui (ser ou ir) b. hizo (hacer) c. dijo (decir) d. pudimos (poder) e. quiso (querer)

3 a. fui b. dijo c. pudimos d. hizo e. quiso

4 a. estuve b. Fueron c. fui d. Estuvimos

5 a. Ayer puse la mesa. b. Colón nunca supo que estaba en América. c. Mis abuelos tuvieron cuatro hijos. d. ¿Por qué no vinisteis por mi cumpleaños?

6 a. ¿Por qué me mentiste? b. Siempre preferí el Sur al Norte. c. Cristóbal Colón murió en 1506. d. Seguimos este coche durante una hora. e. ¿Cuándo elegisteis a vuestro presidente? f. Algunos amigos míos prefirieron no votar.

7 a. ¿Durmió usted bien anoche, señor? b. ¿Te sirvió este libro? c. ¿Qué ropa vestiste ayer? d. No me pidieron dinero.

8 a. Je me suis introduit dans la maison. b. Il n'a rien produit. c. Vous avez traduit ce roman. d. Vous conduisez trop vite.

9 a. leí b. leíste / escribí c. oyó d. oí e. dieron f. dio

10 a. ha robado b. volvía ; chocó c. cayó d. insistió / se despidió e. me di cuenta ; tenía f. Era / llevaba / decía

Chapitre 16 : Envisager l'avenir et l'irréel

1 a. Este año haremos deporte. b. Correré una hora por día. c. Perderéis peso. d. No beberás alcohol. e. No se acostarán tan tarde. f. Mi vida será diferente.

2 a. ¿Vas a venir a verme un día? b. Nunca se va a poner esa camisa. c. No vais a decir nada, ¿de acuerdo? d. No va a querer contártelo. e. ¿Va a coger usted el tren de las cuatro? f. Vamos a ver si es posible.

3 a. Mañana la escribiré. b. El año que viene las sabremos. c. Volverán dentro de dos semanas. d. Pasado mañana lo veré. e. Pronto se lo diremos. f. El lunes próximo saldrá. g. El verano próximo los tendré.

4 a. Cuando tengas ganas, dímelo. b. No sé a qué hora saldré. c. Haz lo que quieras. d. Cuando lo veas, pregúntale. e. Me pregunto cuándo vendrá. f. Haré lo que digas.

5 a. Cuando te despiertes, llámame. b. Cuando estén en casa, dímelo. c. ¿Sabes a qué hora cenaremos? d. Cenaremos cuando podamos.

6 a. Cuando lo conozca bien, podré hablarte de él.

SOLUTIONS

b. Cuando haga buen tiempo, saldremos a pasear. **c.** Cuando tenga tiempo, leeré más libros. **d.** Cuando vayáis a España, hablaréis mejor español.

7 a. Pensaba que estaría contento de verte. **b.** ¿Creías que no me diría nada? **c.** Me preguntaba si comerías con nosotros. **d.** Me decía que siempre sería el bienvenido. **e.** Sabía que llovería.

8 a. Pienso que estará contento de verte. **b.** ¿Crees que no me dirá nada? **c.** Me pregunto si comerás con nosotros. **d.** Me dice que siempre seré el bienvenido. **e.** Sé que lloverá.

9 a. Si me quieres, lo harás **b.** Si me quisieras, lo harías. **c.** Si lo haces, estaré contenta. **d.** Si lo hicieras, estaría contenta. **e.** Si nieva, iremos a Sierra Nevada. **f.** Si nevara, iríamos a Sierra Nevada. **g.** Si vamos a Sierra Nevada, veremos también Granada. **h.** Si fuéramos a Sierra Nevada, veríamos también Granada.

10 a. Si me tocara la lotería, no sabría qué hacer con el dinero. **b.** Si tuviera millones, la gente vendría a pedirme. **c.** Si fuera rico, ¿sería más feliz?

11 a. Si me hubieras querido, lo habrías hecho. **b.** Si lo hubiera visto, te lo habría dicho. **c.** Si le hubiéramos escrito, se habría puesto contento. **d.** Si hubierais hecho deporte, habríais perdido peso.

12 a. Si Colón no hubiera sido buen marinero, no habría descubierto América. **b.** Si hubieras salido antes de casa, no habrías perdido el tren. **c.** Si hubierais sido prudentes, no habríais tenido un accidente. **d.** Si me hubiera tocado la lotería, no habría vuelto al trabajo.

Crédits iconographiques
Couverture : MédiaSabarcane
Intérieur : Shutterstock : 32 pixels : 44h, 61hd ; 6gasix : 41h ; A-R-T : 4h ; abeadev : 72b ; ADE2013 : 21h ; AlbertBuchatskyy : 11 exo2-B1 ; Aleutie : 10h, 51d, 107b ; Alex Gorka : 19h ; Alexander Ryabintsev : 60mg ; alexandrovskyi : 59b ; alexokokok : 44b, 89h ; Alfonso de Tomas : 23m ; Aliaksei_7799 : 22m ; Amplion : 91h, 105b ; Andres Moncayo : 5b ; andriano.cz : 16 exo 10-f-drapeau ; Angkrit : 46hd ; Aniwhite : 3 ; Anna Kucherova : 32 ; Annasunny24 : 11 exo 2-C2 ; arbit : 11 exo 2-A1, C1, C3, 70hm ; Artisticco : 12md ; asantosg : 30 exo 12, 30 exo 13 ; ashva : 97b ; AVS-Images : 18 exo 2 ; Axsimen : 32 ; Banana vector 61mg ; Barmaleeva : 89h, 91m ; Basil Frash : 93d, 93g ; Beresnev : 12mg, 12bg ; beta757 : 101b ; bioraven : 11 exo 2-A3 ; Blueguy : 90, 110b ; BoBaa22 : 33b, 111b ; BOLDG : 24hg ; Bplanet : 28b ; Bukhavets Mikhail : 112m ; Business stock : 48b ; Chernoskutov Mikhail : 47h ; COCOart : 14b ; Comodo777 : 101h ; Creatarka : 24b, 97h ; Crystal Eye Studio : 75hd ; Dark ink : 76d ; Delices : 13 exo 4-e, 47mg, 60m, 64md, 72m ; deviyanthi79 : 64hg ; Dima Groshev : 9hg ; djdarkflower : 60mh ; Dooder : 84b ; EgudinKa : 67mg ; ElkhatiebVector : 104b ; Ellagrin : 100b ; Ellegant : 9b ; Eloku : 17b ; eveleen : 26 ; Evellean : 17h ; feelplus : 22b, 23g, 23d ; FieldGood : 103m ; forden : 27b ; Fotinia : 88h ; Fred Ho : 43 exo 12-hd, 45b, 67hd, 67m, 86m ; GoodVector : 75md, 75b ; graphicsdunia4you : 89b ; grmarc : 13b, 89h, 108h ; grynold : 67hg ; gst : 13 exo 4-d, 60mb, 63bd, 91b ; Gurza : 53m ; happymay : 13 exo 4-b, 18h ; HieroGraphic : 13 exo 4-f ; Huza : 45m ; Iconic Bestiary : 19b ; imnoom : 61md ; Incomible : 11 exo 2-B3, 30bg, 30 bd, 46mg, 59hd, 74m, 74b, 79h ; Inni : 104hd ; Irina Strelnikova : 104mg ; Iriskana : 104md ; Iurii Augulis : 21m ; Jaaak : 49h ; jabkitticha : 36m, 36b ; jesadaphorn : 7, 36h, 39h, 39m, 46hm, 52m, 52md, 59hg, 59mg, 59md, 69h, 70b, 74h, 84h, 110h ; Jiri Perina : 79b ; Julia Tim : 10b, 21 exo 10, 41b, 46b, 56mg, 56bg, 86h ; Julia-art 64hd ; Julie A. Felton : 70hg ; Kanate : 49md ; KannaA : 85h ; karawan : 113m ; KissBeetle : 68h ; kizkulesi : 89h ; kmlmtz66 : 18b, 54b ; koMinx : 81b ; Laralova : 11 exo 2-B2 ; Lavandaart : 51g ; lian_2011 : 54m, 55m ; Lilanakani : 106b ; Lindarks : 105h ; Lindwa : 45h ; liskus : 33h ; Little Bride : 61m ; Liudmila Dobraya : 13 exo 4-c ; LolaBek : 78b ; los_ojos_pardos : 108b ; Loveshop : 85h ; Lucky Team Studio : 57b ; Lyudmyla Kharlamova : 25m ; Macrovector : 8, 11 exo 2-A2, 28h, 29m, 32, 37md, 39b, 42m, 43 exo 12-hg, mg, md, bg, bd, 49b, 56m, 56bd, 60hd, 73, 76hg, 76b, 77b, 80hg, 87, 98h, 106h, 113hd ; majivecka : 100h ; manop : 37bg ; Maquiladora : 56md, 57hd, 57g ; mari.nl : 92 ; Maria Starus : 37b ; Marish : 47md, 47b, 94h ; mart : 11h, 60bg ; Marza : 33m, 34h ; Mascha Tace : 70hd ; MatiasDelCarmine : 69b ; Max Griboedov : 110m, 111h ; Meilun : 31b, 61bg ; melissa held : 94b ; Merfin : 28 exo 6-a ; MG5919 : 16 exo 10-b-drapeau ; mhatzapa : 12hd ; Miceking : 85h ; Michele Paccione : 4b ; Millena : 55 bm ; milo827 : 22h ; mirrra3 : 113b ; Miuky : 55md ; moonkin : 68md ; MSSA : 40m, 56bm ; MuchMania :67mg ; Mushakesa : 32 ; mything : 32 ; nasrin waesalaeh : 16 exo 10-d-drapeau ; Natalia Toropova : 50g ; NGvozdeva : 6b, 42h, 83g, 112md ; Nikita Chisnikov : 63bd ; nikiteev_konstantin : 62hd ; NokHoOkNoi : 55bd ; Noppasin : 24hd ; NotionPic : 28 exo 7-a, 29b, 98b ; Nowik Sylwia : 25b ; Nychytalyuk : 55bg ; oculo : 24hm ; Olga1818 : 16 exo 10-a, b, c, d, e, f, g, h, 27h, 80hm, 80hd, 80m, 80b, 102h, 102m ; olillia : 40b ; openeyed : 49mg ; Orfeev : 20 ; Orgus88 : 101m ; OSIPOVEV : 104m ; Osiv : 55 hg ; Oxy_gen : 13 exo 4-a ; palasha : 46md ; Pan JJ : 64b ; patpat : 65b ; Paul Stringer : 16 exo 10-g-drapeau ; Petrovic Igor : 67md ; phatymak›s studio : 52hg, 52hd ; phipatbig : 86b ; phloxii : 14m ; Photoroyalty : 83hd ; Piotr Przyluski : 16 exo 10a-drapeau ; pluie_r : 68bm ; PODIS : 60hg ; Pretty Vectors : 112b, 81h, 96m ; Pro_Vector : 48m ; red rose : 78h ; Reljic Aleksandra : 52bg ; Rimma Rii : 68b ; Romashechka : 48h ; Rvector : 85h ; Saiana : 14h ; sayhmog : 88b ; Sbitneva Nina : 62h ; schab : 12 bd ; Sentavio : 5h, 13hd, 31h ; She : 77g ; sir_Enity : 15b, 82hd ; SkyPics Studio : 71 ; Slipchenko Nina : 85h ; Smart Design 85b ; snegok13 : 58 ; Spreadthesign : 34m, 62hg, 62md ; SS Stock Studio 9999 : 16 exo 10-c-drapeau ; stefanolunardi : 60b ; Stella Levi : 43h ; SThom : 15h, 67bd, 85h ; Stmool : 35h ; Stocklifemax : 103b ; Stocklifemax : 55hm, 65hd, 96h ; Studio_G : 44m ; Tomacco : 6h, 93m ; Tomnamon : 70m ; Top Vector Studio : 81m ; Treetops Interactive : 57md ; vasabii : 65hg ; Vector Bakery : 102b ; venimo : 103m ; Vetreno : 96b ; Visual Generation : 32b, 46 mm, 66, 82hg, 82b, 109b ; Vlada Young : 26 ; Voin_Sveta : 12hg ; Waehasman Waedarase : 16 exo 10-e-drapeau ; warawiri : 112mg ; WWWoronin : 9hd ; Yoko Design : 54hd, 55hd ; Yuzach : 50h ; Zakharchenko Anna : 56hd, 56g ; Zentangle : 107h, 109h, 109m ; Zubada : 53hg, 53hd, 53bg, 53bd. Fotolia : eyewave : 50d DR : 16 exo 10-e, 28 exo 6-b, 28 exo 67-b, 29hg, 29hd, 34b, 35b, 38, 40h

TABLEAU D'AUTOÉVALUATION

Bravo, vous êtes venu à bout de ce cahier ! Il est temps à présent de faire le point sur vos compétences et de comptabiliser les icônes afin de procéder à l'évaluation finale. Reportez le sous-total de chaque chapitre dans les cases ci-dessous puis additionnez-les afin d'obtenir le nombre final d'icônes dans chaque couleur. Puis découvrez vos résultats !

1. Prononcer l'espagnol..........
2. Accorder les mots..........
3. Poser des questions et y répondre..........
4. Présenter une personne..........
5. Parler des goûts, des caractères et des humeurs..........
6. Le verbe et l'action (1)..........
7. Le verbe et l'action (2)..........
8. Situer dans l'espace et indiquer la possession..........
9. Comparer, exprimer des dates, des grandeurs et des quantités..........

10. Dire ce que l'on sait, ce que l'on sent et ce que l'on pense..........
11. L'interrogation, l'affirmation et la négation, l'exclamation..........
12. Exprimer un souhait, faire une demande, donner un conseil..........
13. Donner des instructions et interdire..........
14. S'exprimer au passé (1)..........
15. S'exprimer au passé (2)..........
16. Envisager l'avenir et l'irréel..........

Total, tous chapitres confondus..........

Vous avez obtenu une majorité de…

¡Matrícula de honor!
Vous maîtrisez maintenant les bases de l'espagnol, vous êtes fin prêt pour passer au niveau 2 !

No está mal…
Mais vous pouvez encore progresser… Refaites les exercices qui vous ont donné du fil à retordre en jetant un coup d'œil aux leçons !

¡Ánimo!
Vous êtes un peu rouillé… Reprenez l'ensemble de l'ouvrage en relisant bien les leçons avant de refaire les exercices.

Mise en pages : Aurélia Monnier pour Céladon éditions
Réalisation : Céladon éditions, www.celadoneditions.com

© 2017 Assimil
Imprimé en Roumanie par Master Print - juin 2023